V&R

Arne Ulbricht

Schule ohne Lehrer?

Zurück in die Zukunft

Vandenhoeck & Ruprecht

Bibliografische Information der Deutschen Nationalbibliothek

Die Deutsche Nationalbibliothek verzeichnet diese Publikation in der Deutschen Nationalbibliografie; detaillierte bibliografische Daten sind im Internet über http://dnb.d-nb.de abrufbar.

ISBN 978-3-525-70174-4

Weitere Ausgaben und Online-Angebote sind erhältlich unter: www.v-r.de

Umschlagabbildung: © drubig-foto, Fotolia

© 2015, Vandenhoeck & Ruprecht GmbH & Co. KG, Göttingen /
Vandenhoeck & Ruprecht LLC, Bristol, CT, U.S.A.
www.v-r.de
Satz: SchwabScantechnik, Göttingen
Umschlag: SchwabScantechnik, Göttingen
Druck und Bindung: ⊕ Hubert & Co., Göttingen

Gedruckt auf alterungsbeständigem Papier.

Inhalt

Für

Maximilian, Alex A., Bryan (in memoriam), Alex B., Nicole, Leonard, Christoph, Celine, Dominik, Timon, Max L., Tiziana, Philipp, Kai M., Steffen, Nadine, Kai S., Gerrit, Christina, Max S., Florian und Sebastian

Danke (I)

Dank Leonard Braunsmann und Steffen Mentzel steht folgender Satz *nicht* in diesem Buch: »Kai schrieb eine SMS über Facebook in die WhatsApp-Gruppe und guckte abends auf RTL2 *Counterstrike*.« Denn Leonard und Steffen haben mir mit viel Geduld und Nachsicht meine vielen Fragen beantwortet, und zu keinem Zeitpunkt haben sie mir das Gefühl gegeben, ein Idiot zu sein. Ohne ihre Mithilfe hätte ich die fiktiven Teile dieses Buches nicht schreiben können. Und das wäre schade gewesen.

Danke (II)

Als ich Ulrike Gießmann-Bindewald von Vandenhoeck & Ruprecht vorschlug, ein Sachbuch mit längeren fiktiven Einschüben zu schreiben, befürchtete ich, sie würde mir nicht mal antworten. Aber sie unterstützte dieses eher ungewöhnliche Buch von Beginn an.

Prolog

Kai[1], 15, zehnte Klasse (6:30–8:05 Uhr)

Montagmorgen.

Kai, der am Abend beziehungsweise in der Nacht zuvor von seinen Eltern unbemerkt bis kurz vor zwei *Counterstrike* gezockt hat, wird Punkt halb sieben von seinem Handywecker aus dem Tiefschlaf gerissen. Er nimmt sein Handy, schaltet den Song aus, schaut aufs Display und … ist plötzlich hellwach: Die acht neuen Nachrichten sind für ihn der Adrenalinschub, den er so dringend benötigt. Er beginnt zu lesen:

1: Jonas schreibt an ihn persönlich und fragt, ob er schon wach sei.

2: Alexei schreibt in die Klassengruppe, zu der nur Simon nicht gehört. (Simon ist ein totaler Spinner: Der hat kein Handy und sagt, er brauche keins! Vollkommen krank der Typ.) Alexei möchte wissen, wer Mathe verstanden habe und ihm Mathe noch in der Pause vor der Arbeit erklären könne.

3: Lisa,

4: Hannes und

5: Leyla haben bereits geantwortet. (Lisa: »Ich versteh auch nix.« Hannes: »Mathe kann ich nicht, aber Physik noch weniger.« Leyla: »Ich geh heute nicht zur Schule.«)

6: Hannes, der Klassensprecher, schreibt: »Denkt dran, wir sollen heute für Deutsch Scheren, Kleber und dicke Filzstifte mitbringen!!!! Sollte ich euch noch mal dran erinnern!!!!« Darauf hat

7: Bülent schon geantwortet: »Kindergartenkram. Wir sagen einfach, wir haben es nicht gelesen. Mathe erklär ich.«

8: Johanna: »Gibt Herr Schmidt heute wieder Noten? Letztes Mal in Französisch: 4,7! Warum überhaupt Französisch?«

Kai antwortet noch im Bett liegend. Er schreibt an …

… Jonas: »Bin wach. Montag. Megahart.«

---

1 Die Kai-Story ist wie die Katie-Story (Teil IV) ein rein fiktiver Text.

… die Klasse:»Mathe? Heute???? Wetten, Frau Schmidt heult wieder rum? Klar gibt Herr Schmidt heute wieder Noten.«

Während er die Nachricht abschickt, hört er die Stimme seiner Mutter:»Kai … AUFSTEHEN!«

Jeden Morgen ruft sie. Als wäre es nicht schon schlimm genug, dass er überhaupt aufstehen muss.

»Ja ja ja, gleich.«

»Das sagst du jedes Mal!«

Das war sein Vater. Können sie ihn nicht einfach in Ruhe seine Antworten schreiben beziehungsweise seine neuen Nachrichten lesen lassen? Zwei hat er schon.

Laura schreibt:»Hallo zusammen. Schule megakacke. Simon auch. Und Frau Schmidt, die Heulsuse, voll peinlich.«

Dazu Bülent:

»Frau Schmidt ist doch eigentlich nett. Herr Schmidt wirkt wie programmiert. Für alles gibt er eine Note.«

Zack! Die nächste Nachricht. Johanna an die Klasse:

»Warum hat Herr Schmidt Frau Schmidt geheiratet?«

Zack! Jonas nur an ihn:

»Mir geht das Gelaber auf den Nerv. Und so schlimm ist Simon doch gar nicht.«

Kai an Jonas:»Ich finde Simon echt krass.«

Und an die Klasse:»Herr Schmidt ist wesentlich cooler als Frau Schmidt. Frau Schmidt macht Unterricht wie vor 100 Jahren.«

Wieder ein Ruf:

»KAI!«

Seine Mutter. Dabei hat er noch nicht mal geguckt, was es auf Facebook alles Neues gibt. Aber eigentlich will er auch nicht gucken, denn Luisa, die er ziemlich geil findet und die in die Parallelklasse geht, hat seine Nachricht, die er ihr am Tag zuvor um 20:43 Uhr geschrieben hat, bereits um 20:47 Uhr gelesen, und sie hat noch immer nicht geantwortet. Und wenn sie auch jetzt, inzwischen müsste sie ja aufgestanden sein, immer noch nicht geantwortet hat … dann … dann … dann wird er frühestens in der ersten Pause das nächste Mal nachschauen, ob sie endlich reagiert hat. Er guckt. Mist. Sie hat sich nicht gemeldet. Kein gutes Zeichen. Stattdessen hat sie auf ihrem Profil drei Freunde geaddet und ein neues Foto gepostet. Im Bikini. Kai hat das Gefühl, heulen zu müssen. Warum antwortet sie nicht? Findet sie sein Profil etwa zu langweilig?

Plötzlich wird die Tür aufgerissen. Gerade will er protestieren, doch dann lacht er. Eva kommt nämlich reingerannt und ruft.

»So, jetzt ziehe ich dir die Decke weg!«

Und das tut sie auch. Dafür kitzelt Kai sie kurz durch.

»Lass das!«, schreit Eva, aber sie meint natürlich, dass er wie eigentlich jeden Morgen unbedingt weitermachen soll.

Also macht er weiter. Irgendwann sagt sie, während sie seine Kleidungsstücke, die auf dem Boden herumliegen, aufsammelt:

»Hier ist deine Hose, hier sind deine Socken … hier … dein T-Shirt!«

Fünf Minuten später sitzen Kai und Eva am Tisch. Die Eltern nicken ihm zu, sein Vater schüttelt den Kopf, weil Kai das Handy neben seinen Teller legt, auf dem zwei geschmierte Brote liegen. Er führt sie zum Mund, während er die neuen Nachrichten auf WhatsApp liest. Es geht um die Schmidts, um Simon und um die Frage, ob es schon Kliniken gebe, in denen solche Leute wie er behandelt werden. Jonas schreibt an Kai persönlich, dass die anderen Simon doch einfach in Ruhe lassen sollten. Johanna fragt, wer ihr helfen könne, sie müsse noch ein Referat in Geschichte für die erste Stunde vorbereiten. Bülent antwortet wenige Sekunden später, dass er sich um das Referat kümmern werde.

»Kai – leg' das Ding weg.«

Sein Vater! Und er ist noch nicht fertig, an ihm herumzukritisieren:

»Kai … kannst du mich jetzt einfach mal angucken?«

Wenn es sein muss, denkt Kai.

»Hast du schon die Deutscharbeit zurückbekommen?«

»Nein.«

Die Wahrheit ist, dass er sie schon am Donnerstag zurückbekommen hat. Note: fünf minus! Die Unterschrift hat er gefälscht und Freitag das Arbeitsheft gleich wieder zurückgegeben. Er hofft, dass sein Vater irgendwann aufhört nach der Arbeit zu fragen.

»Hoffentlich wird es keine Vier. Du bekommst wegen deiner Drei minus in Englisch schon Englischnachhilfe.«

Kai sagt nichts. Was soll er dazu auch sagen? Wichtiger ist eh, ob Luisa endlich geschrieben hat. Die erste Pause ist erst in zwei Stunden … So lange kann er einfach nicht mehr warten. Ein kurzer Wisch übers Display und ein heftiger Stich in der Magengegend: Sie hat noch immer nicht geantwortet.

»Gib das Ding her!«

»Schon gut. Ich mach es aus!«

Sein Vater nickt. Seine Mutter sagt:

»Kai, meinst du nicht, dass du das Handy einfach mal …«

»Nein, geht nicht, das brauchen wir sogar manchmal im Unterricht.«

»Im Unterricht???«

»Klar. Manche Lehrer fordern uns auf, auch mal was zu recherchieren.«

Zum Beispiel macht das Herr Schmidt, der ziemlich cool ist. Bei ihm sollen die Schüler hin und wieder etwas auf Wikipedia nachschauen oder etwas googeln. Und mit dem Whiteboard kann er umgehen wie kein anderer Lehrer. Natürlich hat er ein iPad. (Kai hätte auch gern eins, aber er bekommt es erst, wenn er in Deutsch und Englisch wieder auf einer glatten Drei steht.) Frau Schmidt wiederum hat Handys im Unterricht kategorisch verboten. Die dreht immer richtig durch, wenn jemand sein Handy benutzt. Als sie neulich Leyla erwischt hat, die nur eine Nachricht gelesen und beantwortet hat, war sie kurz davor, Leyla zu ohrfeigen. So hat Frau Schmidt jedenfalls ausgesehen, als sie Leyla angeschnauzt hat. Und sie schreibt noch immer viel an die Tafel (mit Kreide!), die sie immer erst in den Raum schieben muss, weil es in allen Räumen nur noch Whiteboards gibt. Eigentlich ja verrückt, dass Frau Schmidt und Herr Schmidt nicht längst geschieden sind, denkt Kai.

Eva sitzt still am Tisch und meldet sich. Das tut sie immer, seitdem sie in die erste Klasse geht. Dabei mampft sie einfach weiter und wartet. Da Kais Mutter gerade eine SMS schreibt und sein Vater auf dem iPad begonnen hat, Zeitung zu lesen, nimmt Kai sie dran:

»Eva, was ist los?«

Eva beginnt zu erzählen, was sie im Gesprächskreis sagen werde und dass sie am Nachmittag Wald-AG habe und … Kai hört nicht mehr hin. Das Handy hat er wieder eingeschaltet, ohne dass seine Eltern es gemerkt haben. Luisa hat noch immer nicht geantwortet. Bülent ist von vier anderen gefragt worden, ob er nicht auch für sie irgendwelche Referate vorbereiten könne, und Bülent hat gefragt, was er dafür bekomme, und der Erste hat schon geantwortet und zehn Euro geboten.

Eva sitzt nicht mehr am Tisch. Kai hatte gar nicht gemerkt, dass sie aufgestanden ist. Sie steht im Flur und hat sich schon den Ranzen aufgesetzt. Sie wird jeden Morgen zur Schule gebracht, weil die Arztpraxis, in der seine Mutter vormittags arbeitet, in der Nähe der Schule liegt. Deshalb ist sie auch nicht in die nächstgelegene Schule gekommen, auf die Kai noch ging. Eva springt noch schnell zu ihm rüber und gibt ihm einen Kuss auf die rechte Wange. Er ruft sie zurück – so viel Zeit muss sein – und fordert noch einen Kuss für seine linke Wange. Eva lacht … und erfüllt Kai seinen Wunsch.

Während Kai pinkelt, putzt er Zähne und überfliegt noch die letzten Nachrichten auf WhatsApp. Nichts Neues. Auf Facebook leider auch nicht. Er schaut sich noch mal das Profil von Luisa an. Ob er noch kurz onanieren soll? Nein, keine Zeit. Er wird also wie immer erst während der Pornokonferenz onanieren, die jeden Abend um zehn Uhr beginnt und an der drei seiner Kumpels teilnehmen.

Seinem Vater ruft er ein Tschüss zu, aber der antwortet nicht. Umso besser. Im Bus trifft Kai Alexei, der ihm auf dem Handy eine neue App zeigt, die er kurz zuvor runtergeladen hat. Dann spielt Kai eine Runde *Subway Surf*. Hannes schreibt gerade an seine Freundin. Er ist, wie er Kai erzählt, wütend auf sie, weil sie am Tag zuvor mit irgendeinem Typen, dessen Facebookprofil sie cool gefunden habe, eine Stunde geskypt hat. Außerdem habe sie seine Nachricht, die er ihr über Facebook vor 46 Minuten geschickt und die sie vor 45 Minuten gelesen habe, noch nicht beantwortet. Und das gehe gar nicht. Jonas steigt eine Station später ein. Er sagt nichts, weil er gerade Musik hört. Er nickt seinen Freunden nur zu und setzt sich hinter den Vierer, auf dem die anderen sitzen. Eine weitere Station später steigt Johanna ein. Sie strahlt. Bülent habe ihr bereits geschrieben, sagt sie. Er bringe einen Stick mit, auf dem das Referat zum Thema »Kaiserproklamation in Versailles« sei.

»Was ist denn eine Kaiser*proklamation*?«, fragt Kai.

»Interessiert mich doch nicht«, sagt Johanna.

»Na dann.«

Während Kai und Alexei auf ihren Handys *Quizduell* spielen und ihre erste Dose Monster trinken, sucht Hannes, wie er sagt, »irgendeinen Ersatz« für seine Freundin auf Facebook. Johanna fragt:

»Macht Herr Mohn heute wohl eine Stundenwiederholung?«

Die anderen zucken die Achseln. Kai sagt:

»Macht er immer. Aber dich nimmt er eh nicht dran, du hältst ja das Referat. Was haben wir denn letzte Stunde gemacht?«

»Referate gehört«, sagt Hannes.

»Schon klar, aber worum ging es in den Referaten?«

Statt zu antworten, zeigt Hannes Kai die Facebookseite einer Schülerin, die nur siebenundsechzig Freunde hat, die aber, wie er findet, ganz geil aussehe. Wenn sich seine Freundin bei ihm nicht melde, werde er abends mal fragen, ob sie Lust habe, mit ihm zu skypen, sagt er.

»Hast du letzte Woche nicht selbst ein Referat gehalten?«, fragt Johanna Hannes.

»Ähm …«

»Doch«, sagt Alexei: »Hast du! Ich erinnere mich an das eine Bild … da war so ein Typ drauf, mit Schnauzer, sah aus wie ein Walross, und …«

»Stimmt. Das war … wie hieß er noch gleich … das war … ja …«

»Hitler?«

»Nee … Moment mal … Bismarck … Wilhelm von Bismarck!«

»Und worum ging es?«

»Weiß … weiß ich nicht … doch … wartet … genau: Um den deutsch-französischen Krieg!«

»Wann war der denn noch mal?«

»Keine Ahnung, habe das Referat runtergeladen, war cool, komplette PowerPoint war dabei, musste alles nur ablesen. Und Mohn war begeistert!«

»Deutsch-französischer Krieg? Das war doch mit Verdun!«

»Genau. Hitler war da schon in Deutschland!«

»Bismarck aber auch!«

»Und worum ging es in den anderen Referaten?«

Daran erinnert sich niemand mehr.

In der Schule begrüßen sie die anderen, die auf dem Gang vor dem Klassenraum stehen. Alle haben ihre Handys in der Hand. Nur Simon nicht, der auf dem Boden sitzt und irgendeinen Wälzer von Stephen King liest. Kai schaut sich um. Vielleicht steht Luisa ja vor einem anderen Klassenraum. Als ihm einfällt, dass ihre Klasse auf Exkursion in irgendeinem Museum ist, freut er sich: Denn während einer Exkursion und erst recht in einem Museum wird sie viel Zeit haben zu antworten.

Pünktlich um acht Uhr klingelt es. Erste Stunde bei Herrn Mohn. Kai denkt an die Stundenwiederholung. Immerhin weiß er Bescheid. Vielleicht sollte er sich sogar einfach melden und von Verdun, Hitler und Wilhelm von Bismarck erzählen. Da wird Herr Mohn, der nach jeder Stundenwiederholung sofort eine Note gibt, staunen. Sorgen macht er sich eher wegen Deutsch. Frau Heise lebt zwar hinter dem Mond, aber die schaut sich tatsächlich immer die Berichtigungen an. Wenn sie gemerkt hat, dass Kai die Unterschrift gefälscht hat … dann könnte es ein Problem geben. Auf den anschließenden Biounterricht bei Herrn

Wolter, ihrem Klassenlehrer, freut sich Kai sogar. Wahrscheinlich planen sie den Ausflug, den sie am Donnerstag machen werden. Und wenn nicht, machen sie Gruppenarbeiten. Bei ihm arbeiten sie immer in Gruppen. Genaugenommen arbeiten sie bei fast allen Lehrern in Gruppen. Manche Lehrer erzählen auch hin und wieder, wie die Gruppenarbeit heißt. Das findet Kai immer verwirrend, weil alle Gruppenarbeiten irgendeinen Namen haben – er hat bestimmt schon fünfzehn verschiedene Namen gehört! – aber im Großen und Ganzen unterscheiden sich die Gruppenarbeiten nicht voneinander: Man sitzt zu dritt oder viert und arbeitet halt zusammen beziehungsweise tut so als ob. (Und wenn nicht in Gruppen gearbeitet wird, werden Referate gehalten.) Mit ein wenig Pech will Herr Wolter auch noch alles Mögliche reflektieren. Das Wort »reflektieren« ist sein Lieblingswort. Er benutzt es in vielen Variationen: »Lasst uns noch mal gemeinsam reflektieren. Habt ihr schon reflektiert? Jetzt solltet ihr mit der Reflexionsphase beginnen. Könnt ihr zusammenfassen, was eure Reflexion ergeben hat? Nächste Woche beginne ich mit den Reflexionsgesprächen. Usw.« Aber Herr Wolter ... der ist eigentlich in Ordnung. Nach dem Unterricht bei Herrn Wolter wird die Klasse allerdings heftigst leiden müssen: Denn Frau Schmidt wird sie mit Englisch quälen. Genaugenommen ist ihr Unterricht eigentlich okay, aber dass man nicht mal gucken darf, ob man die eine oder andere Nachricht erhalten hat, das ist wirklich kein Spaß. Als Ausgleich direkt im Anschluss der Höhepunkt des Tages: Unterricht bei Herrn Schmidt. Eigentlich ist dem Stundenplanmacher ja etwas Lustiges eingefallen, findet Kai. Erst Unterricht bei einer total hysterischen Frau, dann bei ihrem Mann, der wiederum der lässigste Lehrer ist, den man haben kann. Ach ja ... zwischendurch schreiben sie ja Mathe ... MIST! Er hat noch immer keinen Durchblick. Nachdem Kai noch mal über alles nachgedacht hat, spricht im Großen und Ganzen eigentlich mehr dafür, dass der Tag *besonders beschissen* und nicht nur wie vor allem die Freitage *nicht ganz so beschissen* wird. (Wahrscheinlich kann er auch deshalb den Beginn der Pornokonferenz kaum abwarten. Denn während der Konferenz vergisst er in der Regel alles, was irgendetwas mit Schule zu tun hat.)

Inzwischen ist Herr Mohn aufgetaucht. Die letzte Gnadenfrist ist vorüber. Er schließt bereits den Klassenraum auf und das heißt: Der Ernst des Lebens beginnt.

Wäre Kai doch bloß im Bett geblieben ...

Vorworte

Nicht schon wieder

Mit Kais Schultag, zu dem auch der Nachmittag und der Abend inklusive angekündigter Pornokonferenz gehören, verschone ich Sie natürlich nicht. Aber bevor diejenigen, die ein klassisches »Sachbuch« erwartet haben, das Buch schon jetzt wütend an die Wand werfen, unterbreche ich die Kai-Story. Denn obwohl der Beginn dieses Büchleins rein fiktiv ist, handelt es sich natürlich um ein »Sachbuch«. Und ja: Es handelt sich schon wieder um ein Sachbuch, in dem es um Schüler und um Lehrer[2] geht.

Wahrscheinlich gibt es kein Land, in dem jedes Jahr so viele Bücher zum Thema Bildung erscheinen wie in Deutschland. Der Markt wird geradezu überschwemmt von Titeln, in denen entweder das Wort »Schule« oder das Wort »Lehrer« auftaucht.

Dass dies so ist, liegt zum einen daran, dass, wie ich bereits im Vorwort zu meinem letzten Büchlein[3] schrieb, mit Ausnahme von Kindern unter fünf Jahren wirklich jeder in Deutschland lebende Mensch sich spontan zum Thema Schule oder ganz allgemein zu Lehrern äußern zu können glaubt.

Hinzu kommt, dass Deutschland quasi aus sechzehn Bildungsrepubliken besteht. Das relativiert die Zahl der Neuerscheinungen, denn das Thema G8 wäre nicht ein derart heikles Thema, gäbe es nur eine verbindliche Politik in Deutschland. Aber es gibt eben verschiedenste G8-Experimente, und nur in den ostdeutschen Bundesländern scheint es wenigstens so etwas Ähnliches wie einen Konsens

---

2 Wenn ich allgemein über Lehrer und Schüler oder andere Personengruppen schreibe, meine ich in der Regel auch Lehrerinnen und Schülerinnen. Wenn dies nicht so ist, sollte es sich schnell aus dem Kontext erschließen lassen.
3 Arne Ulbricht, *Lehrer:Traumberuf oder Horrorjob*, Göttingen 2013

zu geben. Sonst herrscht Chaos: G8! G9! Oder, das ist der neueste Trend: beides! Dasselbe trifft auf das Thema Inklusion zu.

Und wann immer man sich in so einer Art schwarzem Loch befindet, erscheint ein Buch. Je vielfältiger und konfuser die bildungspolitischen Ansätze, desto höher das Aufkommen bildungspolitischer Erklärungsnöte seitens der Politiker auf der einen und der Erklärungsversuche seitens der oft selbsternannten Experten auf der anderen Seite.

In diesem Buch soll es aber weder um G8 oder G9 noch um Inklusion gehen – zu diesen Themen sollten sich in erster Linie direkt betroffene Schuldirektoren äußern.

Ich selbst beschäftige mich mit dem Mittelpunkt des Geschehens. Und im Mittelpunkt aller gut gemeinten und in ihrer Umsetzung oft so fragwürdigen Bildungspolitik stehen weiterhin a) die Schüler und b) die Lehrer. Beider Alltag spielt sich noch immer vor allem an der Schule ab, wo sie im Unterricht in einem Klassenraum aufeinandertreffen und dort mithilfe irgendwelcher Methoden versuchen, irgendetwas und am besten viel Sinnvolles zu lernen oder »mitzunehmen«. Dort sitzen die Lehrer und die Schüler dann sozusagen in ein- und demselben Boot, während Politiker immer wieder neue Ideen haben, wie man alles noch besser machen könnte und während Autoren, die weder Lehrer noch Bildungspolitiker sind, in Büchern aufzeigen, weshalb die Ideen der Politiker grundsätzlich Schrott sind, und während Eltern auf die Barrikaden gehen und für die Bildung und vor allem für die bestmöglichen Noten ihrer Kinder kämpfen und dabei selbstverständlich nur an das Allgemeinwohl denken.

Die Lehrer und die Schüler. Noch sind sie diejenigen, die alles ausbaden müssen. Sie sitzen im Boot und müssen gemeinsam darum kämpfen, dass es nicht untergeht. Das ist eine faszinierende und vor allem anspruchsvolle Aufgabe. Eine Aufgabe, die selbst dann zusammenschweißen könnte, wenn Hannes keinen Bock auf Physik hat und Johanna nicht weiß, warum sie Französisch lernen soll.

Lehrer und Schüler! Sie gehören zusammen. Sie sind die Konstante in diesem System, das ständig verändert werden soll. Die faulen Säcke, als die wir noch immer gelten, und die Generation PowerPoint (oder WhatsApp) sollten gemeinsam dafür kämpfen, dass es niemand wagt, einen Keil durch dieses Bündnis zu treiben. Dieses

Bündnis muss bestehen bleiben. Mehr noch: Es sollte so eine Art verschworene Gemeinschaft sein. Eine heilige Allianz. Und diese Allianz darf nicht erschüttert werden. Aber es werden überall Versuche unternommen, den Lehrer in seiner klassischen Lehrtätigkeit einzuschränken und damit diese Allianz zu schwächen. Frontalunterricht und Lehrervorträge werden verteufelt, als seien diese Methoden der Grund für den bevorstehenden Untergang der Bildungsnation Deutschland. Ersetzt werden sie durch eine grenzenlose Methodenvielfalt, die einem Irrgarten gleicht, in dem sich Schüler und Lehrer irgendwann aus den Augen verlieren.

Es wird ernsthaft darüber debattiert, den Begriff »Lehrer« für obsolet zu erklären. »Lernbegleiter« sollen wir werden. Oder »Coach«! Und die Technik verleiht dem Plan, den traditionellen Lehrer abzuschaffen, einen Schub, der so gewaltig und kraftvoll ausgeführt wird, dass niemand sich dagegenzustemmen wagt. Die Zeiten verändern sich halt. Und die Kinder sollen schließlich bestmöglich auf die digitalisierte Berufswelt vorbereitet werden. Deshalb werden Tafeln durch interaktive Whiteboards und Schulbücher durch Software ersetzt.[4]

In den Niederlanden gibt es bereits Steve-Jobs-Schulen. Gelernt wird mithilfe von (geliehenen) iPads in »Ateliers«, wo im Rahmen von »Workshops« gearbeitet wird. Die Lerncoachs (ehemals: Lehrer) erklären die Aufgaben beziehungsweise die Apps. So sollen die Schüler auf die Zukunft vorbereitet werden, und natürlich sollen die iPads vor allem motivieren![5] Auch in Deutschland beginnen die ersten Schulen, jahrgangsweise Unterricht am Laptop und an iPads einzuführen. Die Frage, die viel zu selten gestellt wird, lautet: Ist diese Entwicklung hin zum durchdigitalisierten Unterricht wirklich begrüßenswert?

Schüler gucken zu viel fern und spielen zu viel mit ihren Handys herum und verbringen zu viel Zeit am Computer! Dass dies so ist, nervt alle. Politiker nervt das. Eltern nervt das. Und Lehrer nervt das

---

4   Dass laut einer aktuellen Studie (ICILS 2013) die digitale Ausstattung an deutschen Schulen noch immer zu wünschen übrig lässt, ändert überhaupt nichts an dem grundsätzlichen Trend hin zur digitalisierten Schule. Die Ergebnisse der Studie werden den Trend vermutlich noch verschärfen.

5   Vgl. http://www.taz.de/1/archiv/digitaz/artikel/?ressort=bi&dig=2014/04/09/ a0133&cHash=221cbd136bf40067ba1e868412a31d08.

auch. Im Umkehrschluss werden Lehrervorträge und Frontalunterricht und damit Methoden, die die Schüler zum Zuhören aktivieren sollen, abgeschafft. Im Umkehrschluss lassen 99 % aller Lehrer heutzutage PowerPoint-Referate halten, als gäbe es keine Alternativen. Im Umkehrschluss werden schriftliche Arbeiten nicht mehr angenommen, wenn sie handschriftlich angefertigt worden sind. Im Umkehrschluss rüsten die Lehrer ebenfalls digital auf und lassen bei der Notenvergabe siebenundzwanzig Teilnoten von ihrem Lehrertool ausrechnen und präsentieren das Ergebnis Schülern in blindem Glauben an die Multifunktionalität ihrer mobilen Endgeräte in Notenbesprechungen, während ihr Daumen über den Touchscreen rauscht. (»Rein rechnerisch kommst du auf eine 2,53, also aufgerundet auf eine 3,0.«)

Das alles ist absurd. Ein Kotau vor einer Entwicklung, die vermeintlich ja eh nicht mehr aufzuhalten ist.

Dabei sollte Schule es nicht nötig haben, sich dem Fortschritt um jeden Preis anzubiedern. Schule sollte den Mut aufbringen, sich zu wehren gegen die Prinzipien, die uns der Fortschrittswahn und die grotesken Auswüchse der Leistungsgesellschaft aufzwingen.

Dieses Büchlein ist ein Hilfeschrei. Denn wenn es so weitergeht, dann werden in zwanzig Jahren sowohl Lehrer als auch Schüler ihren mobilen Endgeräten derart ähnlich geworden sein, dass man Lehrer wirklich nicht mehr brauchen wird. Dann werden Schüler von Maschinen unterrichtet werden … und werden selbst zu Maschinen werden. Frank Schirrmacher hat schon im Jahr 2009 im Vorwort seines Bestsellers *Payback* betont, dass ihm nicht die Computer Sorgen bereiteten, »sondern die Verwandlung des Menschen in Computer«.[6]

Die Steve-Jobs-Schulen hatten übrigens geplant, die Schüler (zwischen vier und zehn Jahren) lernen zu lassen, wo sie wollen. So so. Ein Sechsjähriger im Homeoffice. Dann würden Kinder also mit ihrem iPad zu Hause sitzen und Aufgaben bearbeiten. Selbstverständlich Aufgaben, die ganz individuell ihrem Lernniveau angepasst worden sind. Dafür wird man in naher Zukunft definitiv keine Lehrer mehr brauchen. Rein theoretisch bräuchte man sie dafür vermutlich jetzt schon nicht mehr. Noch, das entschied die zuständige

---

6 Frank Schirrmacher, *Payback,* München 2009, S. 9 (zitiert nach der Taschenbuchausgabe, zweite Auflage, München 2011).

Behörde in den Niederlanden, müssten die Schüler allerdings auch an den Steve-Jobs–Schulen zur Schule gehen. Eine weise Entscheidung. Aber wie lange traut sich die Politik noch, sich gegen die zahlreichen Wirtschaftsgiganten, zu denen die Produzenten von Tabletcomputern mitsamt Lehr(er)software und die Internetriesen wie Google gehören, zu wehren, für die Schüler vor allem die Konsumenten der Zukunft sind?

Der Zug in die düstere Zukunft, in der Schüler ausschließlich mithilfe technischer Geräte unterrichtet werden (und dafür zu Hause bleiben), ist längst abgefahren. Es ist ja auch ein Milliardengeschäft. Der Nachfolger von Steve Jobs, Tim Cook, wird gemeinsam mit Mark Zuckerberg und anderen (deren innovative Kraft man gern bewundern darf) bald unser Handeln und Denken komplett und endgültig dominieren.

Wer das will – und die meisten scheinen es zu wollen – der soll aufspringen auf den Zug Richtung Zukunft.[7]

Wer das nicht will, der soll versuchen, den Zug irgendwie zu stoppen. Und dann fahren wir zurück in eine Zukunft, die anknüpft an Werte und Wissensvermittlungen, die als überholt gelten. In diesem Fall wäre ein Rückschritt gewinnbringender als jeder Fortschritt.

Dieser ganze Irrsinn, der schon jetzt gang und gäbe ist und dessen Auswirkung auf das, was man »menschliche Zivilisation« nennt, verheerend sein wird, lässt sich meiner Meinung nach am besten mit den Mitteln der Fiktion darstellen. Deshalb handelt es sich bei diesem Buch formal um ein zumindest teilweise fiktionales Sachbuch.

Übrigens: Ich halte mich weder für einen fanatischen Fortschrittsverweigerer noch für einen komplett naiven Idioten. Ich selbst benutze zum Beispiel hin und wieder ein iPad (zwei Laptops und zwei Handys besitzen wir auch). Mein Sohn (11) darf jeden Tag eine halbe Stunde am iPad spielen – meistens überzieht er! – und meine Tochter (7) sitzt viel zu oft daneben. Da mein Sohn auch unheimlich viel liest und wir nach Frankreich nicht zehn Bücher mitnehmen konnten, hat er einen Tolino[8] bekommen und konnte

---

7 Aber vorher sollte man unbedingt *Der Circle* (Köln 2014) von Dave Eggers lesen. Siehe auch Teil V: Wehrt euch!

8 Der Tolino ist das von Thalia und Hugendubel entwickelte Konkurrenzprodukt zum Kindle, dem E-Reader von Amazon.

sich dann Bücher online bestellen bzw. kaufen. Ich war skeptisch – aber das war die einzige Möglichkeit, da wir wie immer ohne Auto unterwegs waren. (Ich selbst benutze den Tolino auch, wenn ich im Bett oder auf dem Balkon lese.) Für mich ist die Digitalisierung kein Gift, an dem wir zugrunde gehen werden. Es geht auch nicht darum, Schule komplett entdigitalsieren zu wollen, sondern es geht um die digitalen Auswüchse, die von Schulen bekämpft und nicht gefördert werden sollten.

Es ist ein wenig wie mit dem Fernsehen. Meiner Meinung nach ist es für die Persönlichkeitsentwicklung eines Kindes nicht schlimm, sollte es jeden Tag eine halbe Stunde oder zweimal pro Woche zwei Stunden fernsehen. Dass Jugendliche mit vierzehn Jahren täglich mindestens zwei Stunden vor der Glotze sitzen,[9] halte ich aber für die Persönlichkeitsentwicklung für nicht unbedingt förderlich. Vor allem dann nicht, wenn sie nur inhaltlosen Schrott vorgesetzt bekommen. Schule sollte vor Formaten, in denen Kinder gegeneinander singen oder auf dem Laufsteg ihre langen Beine präsentieren, oder Formaten, die Erwachsene (»Prominente«) dabei zeigen, wie sie sich im Dreck wälzen, warnen. Das ist möglich, in dem man thematisiert, warum solche Fernsehformate Kinder dazu erziehen, auf nichts anderes als auf Äußerlichkeiten zu achten, und nebenbei vermitteln, derlei Schwachsinn sei »wichtig«. Es ist die Aufgabe der Schule, der Volksverdummung mit Argumenten entgegenzutreten und Alternativen zum Fernsehkonsum aufzuzeigen.

Nun, die Realität sieht allerdings vergleichsweise kümmerlich aus: Auch viele Lehrer gucken sich diesen Schwachsinn an und entblöden sich nicht, sich im Lehrerzimmer darüber aufzuregen, wie schwachsinnig dieser Schwachsinn mal wieder war (und nebenbei erzählen sie, dass sie den ganzen Abend korrigiert hätten). An den ersten Grundschulen werden Laufsteg-Formate oder Singwettbewerbe nachgespielt und Eltern, die sonst gegen alles protestieren, sagen nichts.

Das Privatfernsehen und längst auch das Internet haben den Alltag der Kinder (und Jugendlichen und Erwachsenen …) erobert. Auf die vom Internet und vom Privatfernsehen dominierte Freizeit der Jugendlichen können wir nur bedingt Einfluss nehmen. Aber darauf,

---

9 Vgl. http://de.statista.com/statistik/daten/studie/152389/umfrage/durch-schnittliche-fernsehdauer-pro-tag/.

was bei uns im Unterricht geschieht und welche Werte wir versuchen zu vermitteln, können wir ganz erheblichen Einfluss nehmen. Und diesen Einfluss sollten wir nutzen.

Um Missverständnissen vorzubeugen: Wenn Lehrer Bücher über Lehrer oder über Bildung schreiben, wirkt es oft so, als hielten sich diese Lehrer für »besser« als das Gros ihrer Kollegen. Das ist, zumindest in meinem Fall, Blödsinn. Ich halte mich selbst für einen ziemlich normalen Lehrer, der einige Dinge ganz gut kann – mit Schülern kommunizieren zum Beispiel – und der andere Dinge überhaupt nicht kann. Ich bin oft extrem unorganisiert und derart spontan, dass ich selbst vergesse, was ich im Unterricht eigentlich wollte. Dann endet eine Stunde manchmal in einem inhaltlichen Nirvana. Ich wünschte oft, ich wäre viel konsequenter, aber ich gebe immer viel zu schnell nach. Ich war noch nie dazu in der Lage, eine Unterrichtsreihe komplett durchzuplanen, und fachlich bin ich in vielen Bereichen nur durchschnittlich.

Das Einzige, was ich den meisten Lehrern voraus habe, ist vermutlich die Anzahl der Schulen, an denen ich unterrichtet habe. Insgesamt sind es acht Schulen in vier Bundesländern gewesen, an denen ich zwischen fünf Jahren und drei Monaten unterrichtet habe. Die ersten acht Jahre nach dem Referendariat habe ich als Vertretungslehrer gearbeitet – zum Teil an zwei Schulen gleichzeitig. Zwischendurch war ich immer wieder vorübergehend arbeitslos. Zu den Schulen gehörten Schulen im Hamburger Speckgürtel mit akademischem Einzugsgebiet, Schulen in Hamburg und Berlin in sozialen Brennpunkten, eine Abendschule in Hamburg und ein Berufskolleg in Nordrhein-Westfalen.

Ich war viele Jahre lang gezwungen, immer wieder neu anzufangen. Und vielleicht bin ich mir deshalb bewusst, dass ich gewisse Stärken habe, aber auch gewisse Schwächen. Und vielleicht bin ich gerade wegen dieser eher untypischen Erfahrungen überzeugt davon, dass es den perfekten Lehrer ebenso wenig gibt wie die perfekte Methode. Wann immer ich Lehrer kennenlerne, die alles können, auf alle Fragen Antworten haben, sich selbst grundsätzlich nie infrage stellen und immer den Schülern die Schuld geben, wenn was auch immer misslingt, empfinde ich eine tiefe Abneigung.

Langer Rede, kurzer Sinn: Aufgrund meiner seltsamen Lehrerkarriere hatte ich viel Zeit zum Nachdenken und manchmal auch zum Grübeln. Was dabei herausgekommen ist, steht in diesem und meinem ersten Buch und in zahlreichen Artikeln, die ich zum Thema Bildung geschrieben habe. Wenn das, was ich zu sagen habe, zum Nachdenken anregt, freue ich mich. Und wenn Sie, liebe Leser, das Buch zuklappen und denken:

»Das ist alles Quatsch, aber der Quatsch war wenigstens unterhaltsam!«

Dann freue ich mich auch.[10]

Das Buch, das nicht geschrieben wurde

Sollten Sie mein erstes Buch nicht kennen, dann können Sie dieses Kapitel überspringen und Ihre Lektüre direkt mit dem ersten Teil beginnen. (Wenn Sie Lust haben, dürfen Sie aber auch gern dieses zweite Vorwort lesen.)

Auf den folgenden Seiten schildere ich, was in dem Buch gestanden hätte, das ich letztendlich nicht geschrieben habe und das eine Fortsetzung meines ersten Buchs geworden wäre.[11] Das Buch hätte »Entamtet und was dann geschah!« geheißen. Das Drama in Form einer Medienlawine, die mich überrollte, begann kurz vor Erscheinen meines Buches *Lehrer: Traumberuf oder Horrorjob*.

Was war geschehen? Eigentlich nichts Besonderes. Ich hatte mich aus Gründen, die ich ausführlich dargelegt und dann in vielen Interviews wiederholt hatte, persönlich dafür entschieden, einen Beamtenstatus in ein Angestelltenverhältnis umwandeln zu lassen. Vor dem Hintergrund, dass sich viele Lehrer die Verbeamtung einklagen, hielt ich meinen Schritt für durchaus ungewöhnlich, aber keineswegs für revolutionär. Das sahen die Medien allerdings anders.

Und natürlich war ich schuld, denn ich hatte die Medienlawine selbst ausgelöst. Zum einen ging es in einem von sieben Teilen im Buch tatsächlich um das Thema Verbeamtung. Zum anderen schrieb

---

10 Vor allem, wenn es mir (genauso wie jegliche Art der Kritik) mitgeteilt wird. Auf meiner Homepage www.arneulbricht.de findet man meine jeweils aktuelle Mailadresse.

11 Ich hasse Sequels, die keiner inneren Logik folgen, regelrecht. Vor allem im Kino. Es ist allerdings auch unerträglich, durch Buchhandlungen zu schlendern und zu sehen, dass es inzwischen sogar Fortsetzungen von Sachbüchern gibt.

ich einen Artikel, der unter dem Titel *Entamtet* am 29.12.2012 in der Süddeutschen Zeitung auf Seite 2 erschien. Natürlich wirkte alles wie von langer Hand geplant. Was niemand wusste, war Folgendes: Ich hatte zuvor schon viele Artikel geschrieben, in denen es um verschiedenste Themen ging (zum Beispiel um die Bedeutung des Vorlesens, mein eigentliches Lebensthema), und viele Artikel wurden von der Süddeutschen und anderen Zeitungen abgelehnt. Meinen ambitioniertesten Artikel (über die einzige, allerdings nicht endgültig bewiesene Begegnung zwischen Karl May und Adolf Hitler) druckte letztendlich das Karl-May-Magazin, andere Artikel der »Vorleseclub«, den es nicht mehr gibt, und einige Artikel sind konsequent abgelehnt worden. Als ich »Entamtet« schrieb, dachte ich, einer gewissen Schreibroutine folgend: »Vielleicht hat ja eine Zeitung Lust, den Text zu bringen!« Als die Süddeutsche den Text nahm, habe ich mich gefreut. Ich hatte mich auch zuvor gefreut, wenn es mir gelungen war, eine Zeitung oder ein Magazin von einem meiner Texte zu überzeugen, und diese Freude durchströmt mich auch heute noch, wenn ich eine Zusage bekomme. Als der Artikel zwei Wochen vor dem Erstverkaufstag des Buches erschien, habe ich natürlich gehofft, dass der Artikel das Interesse am Buch wecken könnte. (Wer hätte das in einer ähnlichen Situation nicht getan?)

Am Erscheinungstag war ich gerade mit meiner Frau in Nürnberg, die Kinder waren versorgt und wir genossen die Zweisamkeit. Das Jahr endete vergleichsweise ruhig, und vor allem der erste Tag des neuen Jahres war rückblickend wie die Ruhe vor dem Sturm, der mein Leben ziemlich durcheinanderwirbeln sollte.

Denn am 2. Januar geschah das, wovon ich immer geträumt hatte, was mich jedoch schon bald heillos überfordern sollte: Ich suchte nicht die Nähe der Medien, damit sie Artikel von mir veröffentlichten, nun war es von einem Tag auf den anderen umgekehrt. Ich bekam eine Reihe von Mails von diversen Zeitungen, Onlineportalen, Fernseh- und Radiosendern. Zunächst, das gebe ich gern zu, fühlte ich mich geschmeichelt. Als die Schule wieder begann und das Interesse sich in einem Maße steigerte, das ich nie für möglich gehalten hätte, verlor ich allerdings zunehmend die Kontrolle. Und die Nerven. Es wurde auch in der Schule angerufen. Kollegen reichten mir im Lehrerzimmer das Telefon mit den Worten: »Arne, irgendein Radiosender!« Die Anfragen begannen, mir peinlich zu werden.

Und ich machte viele Fehler. Weil im Fettgedruckten hin und wieder stand, auf wie viel Geld ich »verzichte«, habe ich bei jeder Gelegenheit betont, dass meine Frau »gut verdiene« und ich mir das leisten könne.[12] (Dabei spielte der Verdienst meiner Frau bei meiner Entscheidung keinerlei Rolle. Glaubt mir wahrscheinlich niemand, aber so denke ich einfach nicht.) Daraufhin lautete eine Überschrift: »Ich bin kein Held!« Als wäre ich Spiderman. Und ich bekam zu hören: »Es kann nicht jeder eine reiche Frau heiraten!« Dass es zwischen »gut verdienen« und »reich sein« einen Unterschied gibt und dass meine Frau auch nur deshalb »gut verdient«, weil wir viermal das Bundesland gewechselt haben, bevor sie den Job gefunden hat, in dem sie »gut verdient«, bemühte ich mich erfolglos zu erklären. Was ich damit sagen will, ist Folgendes: Ich war einfach nie dieser arrogante Moralapostel, dessen Frau ein Vermögen geerbt hat, und der mit dem Finger auf all die doofen Beamten zeigt, die es sich gut gehen lassen.

Das Problem war, dass es offensichtlich nur zwei Möglichkeiten gab: Ich galt als »Held« oder als eine Art »Hetzer«. Dazwischen gab es nichts. Das Gästebuch auf meiner Homepage ließ ich bald löschen. Entweder wurde mir erklärt, dass ich in Stammtischmanier Märchen erzähle, oder ich wurde für den Preis für Zivilcourage vorgeschlagen. Dass es einen solchen Preis gar nicht gab, störte mich weniger. Allein der Vorschlag machte mich nervös. Ich wurde auf Podiumsdiskussionen eingeladen. (Lehnte ich ab.) Ein T-Shirt mit meinem Konterfei und dem Schriftzug *Entamtet* sollte gedruckt werden. (Ich untersagte es.) Es riefen auch Fernsehsender an und wollten an der Schule drehen. (Ich wollte nicht.) Aber bei mir zu Hause waren einige Fernsehteams und filmten mich, den Hausmann, wie ich Geschirr spüle, und reduzierten alles, was ich sagte, auf das Thema Verbeamtung. All das geschah im Januar. Der Januar ist ein recht anstrengender Monat in einem Lehrerjahr, das aus Stoßphasen besteht. Im Januar muss fast jeder Lehrer Überstunden machen, weil Noten eingetragen und dann auf Konferenzen besprochen werden müssen. Nebenbei kümmerte ich mich wie immer jeden Werktag ab fünfzehn Uhr um

---

12 Da man als Beamter keine Sozialabgaben zahlt, verdient man bei fast identischem Bruttolohn als verbeamteter Gymnasiallehrer auf einer vollen Stelle ungefähr 500 Euro netto mehr als der angestellte Kollege im selben Kollegium.

die Kinder, während meine Frau auch in jenem Januar nie vor halb sieben von der Arbeit kam. Der Januar wäre auch ohne die täglichen Anfragen anstrengend gewesen.

Spätestens Mitte Januar war ich vollkommen überfordert und wusste selbst nicht mehr, was ich eigentlich genau wollte. Und natürlich war ich kein Medienprofi. Das bin ich erst nach und nach geworden. Das habe ich unter anderem an dem Tag gemerkt, an dem ein Fernsehteam kam und nichts anderes hören wollte, als dass Beamte irgendwie ja doch faul und unendlich privilegiert seien. Hartnäckig verteidigte ich meine verbeamteten Kollegen. Dreimal lautete während des Gesprächs der Befehl:

»Kamera aus! Herr Ulbricht, Sie müssen uns andere Sachen erzählen, sonst bringen wir das nicht!«

Ich habe aber nichts »anderes« erzählt, und sie haben es nicht gebracht. Als ich im März auf der *didacta* während einer Lesung wüst angepöbelt wurde, veränderte sich kaum meine Atmung, als ich ruhig antwortete. Ich lernte damit umzugehen, vorübergehend in gewissen Kreisen prominent und auch eine Art Hassobjekt zu sein. Mir gelang es, Mails, die mit den Worten »Sie Arschloch« begannen, freundlich zu beantworten und über Blogs, in denen ich als »Querulant, dem ich nicht meine Kinder anvertrauen würde«, bezeichnet wurde, zu lächeln. Einigermaßen verstört war ich wiederum, als in der Remscheider Buchhandlung Potthoff, die eine Lesung mit mir veranstaltete, die Buchhändlerin angerufen und beschimpft wurde. Was ihr einfalle, mit »so einem« eine Veranstaltung zu machen. Ob er das Buch gelesen habe, fragte die Buchhändlerin (die ich persönlich kenne) den Anrufer, einen Lehrer. Antwort: »So etwas würde ich nie lesen!« Am Ende kamen sechs Zuschauer. War trotzdem nett.

Zu keinem Zeitpunkt konnte ich verhindern, dass ich als »der Mann, der kein Beamter sein will«, wahrgenommen wurde. Das war das, was interessierte.

Da ich vorübergehend nicht erreichbar war, riefen Redakteure in der Wuppertaler Buchhandlung Mackensen an, wo eine Lesung angekündigt war. Einer kam immerhin auch zur Lesung. Die Buchhandlung war brechend voll. Ich hatte vorher schon angekündigt: »Ich werde die Wörter Beamte und Verbeamtung nicht erwähnen!« Und ich hielt mich daran. Ich las über meine eigene Schulzeit, über das föderale Chaos, über meine Zeit als Vertretungslehrer und vor allem las ich aus dem Teil *Traum- und Horrorstunden* – dem mit Abstand unterhaltsamsten Teil des Buches. Anschließend wurden Fragen gestellt. (Nicht zum Thema Verbeamtung.) Dann signierte ich Bücher. Viele Bücher. Ich fühlte mich großartig, weil ich zum ersten Mal als Autor wahrgenommen worden war. Der Redakteur stellte mir nach der Lesung noch ein paar Fragen. In der Zeitung stand dann unter der Überschrift »Arne Ulbricht, der Mann, der kein Beamter sein möchte!« ein Artikel, in dem es um das Thema Verbeamtung ging.

Die anderen Inhalte des Buchs wurden mit verblüffender Hartnäckigkeit ignoriert. Deshalb war ich schon fast dankbar, als ich in der FAZ irgendwann eine nicht ganz freundliche Besprechung[13] las. Ich wurde als »Wutbürger« bezeichnet, und es wurde mir vorgeworfen, dass ich nur schimpfe. Störte mich alles nicht: Denn endlich hatte sich jemand die Mühe gemacht, einfach mal das Buch zu lesen. Mir wäre in jenen Tagen ein heftiger Verriss meines Buches wesentlich lieber gewesen als die siebundfünfzigste Anfrage zum Thema Verbeamtung. (Dass mir hervorragende, auf der Titelseite angekündigte Besprechungen noch lieber gewesen wären, versteht sich von selbst.)

Eine Standardfrage lautete übrigens: Und wie haben a) Ihre Familie und b) Ihre Kollegen *darauf* reagiert? Ich fand diese Frage schon merkwürdig, als sie mir zum ersten Mal gestellt worden war. Neulich las ich, dass ernsthaft Menschen gesucht würden, die bereit wären, auf einer Marsstation zu leben. Interesse hätten daran mit Sicherheit viele. (Ich auch.) Aber der Haken: Der Flug zum Mars sei derart kompliziert und teuer, dass man nicht mehr zurückfliegen könne. Angenommen ich hätte mich beworben und wäre für dieses Projekt ausgewählt worden, dann wäre die Frage nach den Reaktionen meines familiären und beruflichen Umfelds für mich wesentlich verständlicher gewesen.

Aber na gut:

Meine Kinder fanden es spannend, weil ständig ein Bild von mir in irgendeiner Zeitung war. Worum es ging, haben sie aber nicht verstanden.

---

13 http://www.faz.net/aktuell/feuilleton/buecher/rezensionen/sachbuch/
arne-ulbricht-lehrer-traumberuf-oder-horrorjob-der-wutbuerger-hat-das-
klassenzimmer-erreicht-12264150.html.

Meine Frau, Lehrerkind, fand es blöd. Vor allem wegen der Altersversorgung, die ich ihrer Meinung nach zu leichtfertig aufs Spiel gesetzt hatte. Das Thema Gartenarbeiten – dazu habe ich einfach nie Lust – hat aber auch damals schon unsere Ehe mehr belastet als das Thema Verbeamtung.

Meine Eltern fanden es okay. Mein Vater, Richter a. D., meinte, meine widerspenstige Haltung hätte ich von ihm.

Meine Direktorin fand es interessant, weil es in der Regel ja genau andersherum sei. (»Das ist mal etwas anderes.«)

Meine Kollegen erfuhren davon erst, als es in den Zeitungen stand. (Die Süddeutsche Zeitung lesen nur wenige im Kollegium, weshalb kaum jemand meinen eigenen Artikel kannte.) Die meisten der über hundert Kollegen haben mich nie darauf angesprochen. Eine Kollegin betonte in einem angenehmen Gespräch, dass sie den Beamtenstatus wichtig finde, weil sie ja wirklich über das Leben der Schüler mitentscheide. Ein anderer klopfte mir auf die Schulter und sagte, dass ich »ein heißes Eisen« angepackt hätte. Zwei Kollegen fragten, was sie tun müssten, um in eine »normale Krankenkasse« zu wechseln. Das war's auch schon.

Ebenso oft wurde ich gefragt, ob ich den Schritt irgendwann bereuen werde. Auch diese Frage habe ich nie wirklich verstanden. Und die Antwort stand eigentlich auch in meinem Buch: Als angestellter Lehrer ist man nicht auf Almosen angewiesen. Zehn Jahre nach dem Referendariat würde ich in Nordrhein-Westfalen in Vollzeit momentan knapp über 50000 (fünfzigtausend) Euro brutto verdienen. Was vor allem die Beamten selbst nicht wissen: Als angestellter Lehrer bin ich zwar nicht offiziell unkündbar, aber angestellte Lehrer haben trotzdem einen fast schon unverschämt sicheren Arbeitsplatz.

Deshalb bleibe ich dabei: Wer die Verbeamtung an sich für falsch hält, sollte sich nicht verbeamten lassen. Im Großen und Ganzen bin ich – das stand so nicht im Buch – auch davon überzeugt, dass die Verbeamtung dem Ansehen der Lehrer massiv schadet und sich die Lehrer mit der Verbeamtung (und die Politiker uns damit) keinen Gefallen tun. Wir gelten noch immer als faul. Und Lehrer können sich das Faulsein ja auch leisten, denn sie sind verbeamtet! Das denken viele Nichtlehrer. Und knapp 99 % aller Lehrer leiden unter diesem Klischee.

Ich hatte übrigens nie etwas »gegen« Beamte, sondern ich hielt (und halte) lediglich die Verbeamtung von Lehrern für problematisch. Aber ich hielt (und halte) verbeamtete Lehrer keineswegs für schlechtere und natürlich auch nicht für bessere Pädagogen als ihre angestellten Kollegen. Letztendlich ist der Status sowieso egal, denn die Schüler interessiert es überhaupt nicht, ob sie von einem verbeamteten oder angestellten Lehrer unterrichtet werden. Deshalb kommt es, Verbeamtung hin oder her, ausschließlich darauf an, ob ein Lehrer Lust hat, in jungen Menschen Neugierde zu entfachen und mit den Schülern die eigene Leidenschaft zu teilen und hin und wieder auch gemeinsam zu leiden.

Die Lehrerpersönlichkeit und die Bereitschaft, sich immer wieder aufs Neue mit Schülerinnen und Schülern auseinanderzusetzen und für sie da zu sein, sind also die entscheidenden Faktoren dafür, ob jemand diesen Beruf gern und gut ausübt – oder ob er an sich selbst beziehungsweise an den Umständen scheitert. (Um die Bedeutung des Lehrers geht es übrigens auch in diesem Buch.)

Bedenklich finde ich noch immer, dass meine Entscheidung als eine derartige Sensation wahrgenommen worden ist. Lag es etwa daran, dass vor allem Lehrer den Ruf haben, besonders scharf auf die Verbeamtung zu sein? Das wäre bitter. Oder lag es daran, dass uns alle anderen insgeheim um unsere Verbeamtung beneiden? Wahrscheinlich lag es an beidem.

Fazit: Ich habe den Entschluss nicht bereut, und dass ich ihn irgendwann bereuen werde, kann ich mir nicht wirklich vorstellen. Das liegt vielleicht auch einfach daran, dass sich mein Leben am 31.1.2013 nicht von dem Leben unterscheidet, das ich seit dem 1.2.2013 als Angestellter führe. Auf Nachfrage kann ich jetzt sagen: »Ich finde die Verbeamtung nicht richtig. Ich bin auch nicht verbeamtet.« Das empfinde ich *wirklich* als Vorteil der Entscheidung, die ich getroffen habe. Allerdings hat mich seit meiner »Entamtung« nie wieder jemand nach meinem Status gefragt.

Teil I: Schule »früher«

Vom Aussterben bedroht – der Frontalunterricht

Die wütende Hartnäckigkeit, mit der der Frontalunterricht beziehungsweise der lehrerzentrierte Unterricht (oft auch als fragend-entwickelnder Unterricht bezeichnet) als rückständig bezeichnet wird, ist einfach nur lächerlich. Als seien diejenigen, die auf diese Art und Weise jahrzehntelang unterrichtet worden sind und heute Unternehmen leiten oder als Oberärzte Operationen am Herzen durchführen oder als Sozialarbeiter in sozialen Brennpunkten tätig sind oder als Lehrer Schüler auf das Leben vorbereiten, sozial inkompetente, ja geradezu asoziale Wissensmaschinen, die Alpträume bekommen, sobald sie an ihre eigene, selbstverständlich beschissene Schulzeit denken.

Sogar auf Wikipedia wird darauf hingewiesen, dass der Frontalunterricht einen schweren Stand hat:

»Der Begriff **Frontalunterricht** wird uneinheitlich verwendet: entweder gleichbedeutend mit *Klassenunterricht* oder aber eingeschränkt auf bestimmte Arbeitsformen, zumeist Lehrervortrag und fragend-entwickelnder Unterricht. Wiechmann (2000) hat den Ursprung des Worts *Frontalunterricht* auf einen Aufsatztitel von Petersen und Petersen (1954) zurückverfolgen können; seit den 1960ern wurde der Ausdruck wie selbstverständlich benutzt, zumeist in pejorativer Absicht, um die favorisierte Gruppenarbeit davon abzuheben. Obwohl der Frontalunterricht der am meisten verwendete Unterrichtsstil im Schulalltag ist, ist er ein Stiefkind der wissenschaftlichen Didaktik.«[14]

Wikipedia gibt damit den Trend leider richtig wieder. Weitere Zitate:

»Dem Frontalunterricht lastet zurzeit ein eher negatives Image an. Wenn der Frontalunterricht als eine vorherrschende Unterrichtsmethode eingesetzt wird, dann sind die Lernergebnisse (motivierendes Lernen ebenso wie Behaltensleistungen) überwiegend als unzureichend für die meisten Lerner einzuschätzen.

---

14 http://de.wikipedia.org/wiki/Klassenunterricht (Abruf am 22.9.2014).

Eine solche didaktische Monokultur könnte nur dann ›erfolgreich‹ sein, wenn sie mit großer Autorität, mit Angst und Kontrollen durchgesetzt wird, um Lerner von außen zu motivieren und zu disziplinieren. Wenn manche heute vom Erfolg des Frontalunterrichts sprechen, dann haben sie – gewollt oder nicht gewollt – oft eine solche didaktische Kultur der Anpassung oder sogar der Unterwürfigkeit vor Augen.«[15]

Der Frontalunterricht ist auch schon als »Osterhasenpädagogik« bezeichnet worden, folgende Erklärung findet man dazu:

Osterhasenpädagogik ist demnach ein

»Synonym für ›fragend-entwickelnden‹ Frontalunterricht. Der Lehrer fragt Wissen ab, das er zunächst vor den Schülern verbirgt. Der Lehrer ›versteckt‹ das Ei in Form eines Problems, eines Sachverhalts (…) und das Ziel der Stunde vor den Schülern. Die Schüler müssen durch Fragen, Probieren und Raten die Lösung finden, die der Lehrer bereits kennt. Diese Unterrichtsform ist auf genau dieses ›Ei‹ ausgerichtet und daher stark gesteuert und eindimensional.«[16]

Hans Klippert, der gefühlt knapp hundert Methodenratgeber geschrieben hat, beschreibt den Frontalunterricht, den er auch als »lehrerzentrierten, verbal-abstrakten Unterricht« oder als »rezeptive Belehrung« bezeichnet, unter anderem folgendermaßen:

»Weitere Indizien für die Fragwürdigkeit der rezeptiven Belehrung ergeben sich, wenn man die moderne Medien- und Konsumkultur näher unter die Lupe nimmt. Kennzeichnend für diese ›Kultur‹ ist, dass sie das vorhandene Rezeptionsbedürfnis unserer Schüler in hohem Maße stillt und damit den Instruktionen sendenden Lehrern das Leben mehr und mehr erschwert. Lehrkräfte, die diese veränderten Umstände ignorieren und unbeeindruckt auf die Wichtigkeit und Attraktivität ihrer ›Botschaften‹ setzen, erleben schon mal leicht ihr Waterloo.«[17]

Und Salman Khan, der die Khan-Akademie ins Leben gerufen hat, lehnt den Frontalunterricht ab,

---

15 http://methodenpool.uni-koeln.de/download/frontalunterricht.pdf.
16 http://www.lehrerforen.de/index.php?page=LexiconItem&id=2 (Abruf am 22.9.2014).
17 Heinz Klippert, *Methoden-Training*, Beltz Verlag 1994, zitiert nach der 20. Auflage 2012, S. 25.

»… weil der Frontalunterricht im Einheitstempo … eine höchst ineffiziente Unterrichts- und Lernmethode ist.«[18]

Deshalb schlägt Khan vor, den Frontalunterricht gleich ganz abzuschaffen.[19]

Weil mir diese Zitate noch nicht reichten – im Internet, vor allem auf Wikipedia, schaut jeder nach, Klippert wird immer zitiert und Khan wird in Zukunft oft zitiert werden – ging ich in die Bibliothek zum entsprechenden Regal und deckte mich mit Neuerscheinungen zum Thema ein. Dank dieser vollkommen unwissenschaftlichen, aber durchaus effektiven Methode stieß ich auf diverse pädagogische Ratgeber, die eines gemeinsam hatten: Der Frontalunterricht wurde einhellig abgelehnt! Stellvertretend zitiere ich Jonas Lanig, dessen Ratgeber »Animativer Unterricht«[20] sich explizit an junge Lehrer und Referendare, also an die zukünftige Lehrergeneration richtet. Abgesehen davon, dass man wie in allen anderen Ratgebern auch viele Ideen findet, die durchaus nützlich sind, ist es beispielhaft, wie er die Wirkung frontaler Unterrichtsformen beschreibt. Gleich auf der ersten Seite seines Ratgebers liest man, dass sich Schüler von »flotten Sprüchen« oder »anbiedernder Rhetorik« nicht beeindrucken ließen. Anschließend stellt er zwei Szenarien gegenüber: »Abtauchen im Frontalunterricht« versus »Aktiv beim Stationenlernen«. Natürlich pennen die Schüler im ersten Szenario und bekommen nichts mit, und der Lehrer ist trotzdem zufrieden mit seinem Unterricht. (Weil Lehrer, die zum Frontalunterricht neigen, sowieso verträumte und unbelehrbare Idioten sind?) Im zweiten Szenario wird »die Klasse zum eigentlichen Aktivposten« und der Lehrer tritt »vollkommen in den Hintergrund«, und selbstverständlich machen alle Schüler toll mit, weshalb die Stunde zu einem überragenden Erfolg wird. Wie wahrscheinlich alle Stunden, in denen die Klassen »zum Aktivposten« werden und die »Lehrer im Hintergrund« verschwinden.

Das Problem an dieser Darstellung ist, dass sie erstens typisch und zweitens eindimensionaler als der eindimensionalste Lehrer-

---

18 Salman Khan, *Die Khan Academy*, München 2013, S. 119. Zu Khan äußere ich mich noch in Teil III.

19 Vgl. ib. S. 126.

20 Jonas Lanig, *Methoden zum Mit-Denken, Mit-Reden, Mit-Machen*, Raabe Fachverlag, 2013, S. 1 ff.

vortrag ist. Die Referendare und jungen Lehrer, die nach der Lektüre denken, dass der Lehrer der Zukunft nur dann ein guter Lehrer ist, wenn er möglichst dauerhaft »im Hintergrund« verschwindet, werden im Berufsalltag feststellen, dass man als Lehrer oft überhaupt nicht im Hintergrund verschwinden kann. Weil man noch immer und auch in Zukunft viel zu oft gebraucht wird.

Wenn man sich überlegt, was mit Frontalunterricht eigentlich genau gemeint ist, hat die grundsätzliche Abneigung gegen diese traditionellste aller Unterrichtsformen etwas leicht Bizarres. Denn zunächst ist mit Frontalunterricht nur gemeint, dass ein Lehrer frontal vor der Klasse steht oder sitzt und dort versucht, der Klasse kollektiv Wissen zu vermitteln oder den Unterricht einfach vom Pult aus frontal zu leiten. Fast alle Stunden beginnen mit Frontalunterricht, weil auch Gruppenarbeiten in der Regel kurz frontal erläutert werden.

Die Frage ist also eher: Wie lange dauert der Frontalunterricht? Neunzig Minuten? Dann schließe ich mich der Meinung der Kritiker an. Neunzigminütiger Frontalunterricht ist kaum auszuhalten. Für den Lehrer übrigens auch nicht. Fünfundvierzig Minuten? Wenn es sich bei diesen fünfundvierzig Minuten zum Beispiel um ein Unterrichtsgespräch handelt, sehe ich ein Problem nur dann, sollte ein Lehrer seinen Unterricht nie anders gestalten. Sollte dies nicht der Fall sein, können auch frontal geleitete Unterrichtsgespräche in dieser Länge äußerst sinnvoll sein. Denn Schüler müssen auch im 21. Jahrhundert an eine gewisse Diskussionskultur herangeführt werden. Die Schüler werden später Eltern sein und dann auf hitzigen Elternabenden oder Vereinsausschüssen – und dort wird oft stundenlang gestritten – ständig mit irgendwelchen Menschen diskutieren müssen, und in solchen Situationen wird es immer jemanden geben, der die Diskussion »leitet«. Und derjenige, ob man es nun will oder nicht, ist so etwas wie der Boss. Diesen Part übernimmt der Lehrer in einem Unterrichtsgespräch. Und das kann er sehr gut, wenn er frontal am Pult vor der Klasse sitzt. Er ist auch besonders gefordert und muss hoch konzentriert sein, denn er muss darauf achten, dass niemand ausfallend wird und seine Mitschüler beleidigt. Er muss darauf achten, dass die hyperaktiven Vielmelder, die auch dann eine Meinung haben, wenn sie keine Ahnung haben, nicht das Heft in die Hand nehmen und niemanden mehr zu Wort kommen lassen. Er muss darauf achten, dass auch diejenigen, die zwar Ahnung haben, aber von ihrem Naturell eher schüchtern sind, zu Wort kommen und sie ermuntern, sich an der Diskussion zu beteiligen. Er muss darauf achten, dass argumentiert wird und nicht mit Halbwahrheiten, die das Niveau von Schlagzeilen der BILD-Zeitung nie überschreiten, um sich geworfen wird. Er muss darauf achten, dass die Schüler einander zuhören und die Argumente der anderen aufgreifen und in ihre Argumentation mit einbeziehen. Wenn an einer solchen Diskussion am Ende drei Viertel aktiv teilgenommen haben und ein Viertel nicht eingepennt ist oder heimlich das Handy gezückt hat, ist diese Stunde ein Riesenerfolg. Dann ist diese Stunde ein kleines Kunstwerk und nichts weniger als eine sowohl pädagogische als auch didaktische Meisterleistung. Denn der Lehrer hat sich eben nicht zurückgezogen. Er ist nicht im Hintergrund geblieben. Er hat sich einer für einen Lehrer unglaublich anspruchsvollen Unterrichtssituation gestellt. Oft geht es bei solchen Diskussionen drunter und drüber. Als Lehrer beginnt man manchmal sogar zu schwitzen und plötzlich erwischt man sich dabei, wie man munter mitargumentiert – auch das ist nicht weiter verwerflich. Verwerflich wäre es, das Unterrichtsgespräch mit einem Lehrer, der die Fäden in der Hand behält, abzuschaffen.

Und ja: In einer Oberstufe kann man den Part des Diskussionsleiters einem kompetenten Schüler übertragen. Das geht. Das ist dann sogar noch besser, sofern der Schüler seine Sache gut macht. Aber wie sieht es in einer neunten Klasse aus? In einer Klasse, die aufgrund um sich greifender pubertärer Erfahrungen und Nöte einem Vulkan gleicht, der kurz vor dem Ausbruch steht?

Diskutieren will gelernt sein. Ein idealer Ort dafür ist ein Klassenraum, eine ideale Lerngruppe ist ein Klassenverband, eine ideale Voraussetzung, um das Diskutieren zu lernen und zu trainieren, ist die Existenz eines Lehrers, der wie ein Dirigent ohne Stab die Diskussion dirigiert. Das Hufeisen ist und bleibt dafür eine optimale Sitzordnung. Der Lehrer ist in einer solchen Stunde im Zentrum des Geschehens. Und dort ist auch sein Platz.

Oft werden die Begriffe »Frontalunterricht« und »Lehrervortrag« synonym verwendet. Genaugenommen ist der Lehrervortrag eine besondere Form des Frontalunterrichts. Der Lehrer steht vor der Klasse und erzählt. Das kann in der Tat sterbenslangweilig sein. Es kann aber auch unerhört spannend sein. Man kann jeden Lehrervortrag würzen mit Anekdoten oder persönlichen Episoden. Der Vortrag sollte Wissen vermitteln, aber er sollte auch persönlich sein. Schüler müssen während des Vortrags erkennen, dass derjenige, der erzählt, ihnen etwas erzählt, weil er ihnen etwas erzählen will. Und nicht, weil er der Meinung ist, den Schülern nur auf diese Art und Weise Wissen vermitteln zu können. Die Schüler sollten spüren, dass der Lehrer seine Geschichte oder seine Erläuterungen selbst spannend findet, und sie sollten den Eindruck gewinnen, dass der Lehrer in dieser Situation nur für sie da ist. Als Lehrer kann man übrigens gar nicht präsenter sein als in solchen frontalen Unterrichtsmomenten. (Und das spricht für den Frontalunterricht, und nicht gegen ihn.)

Ganz generell ist es sinnvoll, als Geschichtslehrer vom Mauerfall zu erzählen, wenn man ihn miterlebt hat. Oder von Ereignissen, über die man besonders fundiertes Wissen hat, so dass man die Fakten mit vielen Episoden anreichern kann, damit der Lehrervortrag bunt und unterhaltsam wird. Eine Pointe an der einen oder anderen Stelle schadet nie und hat absolut nichts mit »anbiedernder Rhetorik« oder »flotten Sprüchen« zu tun.

Ich selbst versuche die Themen meiner Lehrervorträge nach Möglichkeit mit kleinen »Lesungen« zu veranschaulichen. Neulich erzählte ich vom 13. August 1932, als Adolf Hitler von Reichspräsident Paul von Hindenburg zu seinem Entsetzen nicht zum Reichskanzler ernannt worden ist. Ich las, während ich erzählte, Ausschnitte aus Goebbels Tagebüchern vor. Wenn es um den ersten Weltkrieg geht, lese ich grundsätzlich Passagen aus *Im Westen nichts Neues* von Erich Maria Remarque, manchmal auch Gedichte von Erich Kästner oder sogar Auszüge aus *In Stahlgewittern* von Ernst Jünger vor. Ich glaube schon, dass Schüler dann zumindest eine rudimentäre Vorstellung davon bekommen, was Krieg für den Einzelnen bedeutet.[21] In diesem Fall dient der Lehrervortrag dazu, der gesamten Klasse einen Eindruck von einem bestimmten Sachverhalt zu vermitteln.

Der Lehrervortrag sollte nicht eine halbe Stunde dauern. Aber ihn auf drei Minuten zu begrenzen ist auch unsinnig. Und: Natürlich ist

---

21 Natürlich kann ich nicht garantieren, dass mir alle Schüler fasziniert gelauscht haben …

der Lehrervortrag nur eine Möglichkeit. Das Wunderbare am Lehrerberuf ist seine Vielfalt. Und zu dieser Vielfalt gehört der Lehrervortrag dazu. Ich halte ihn sogar für unverzichtbar, weil gerade bei dieser Methode der Lehrer nicht nur als Erklärer, sondern auch als Erzähler und damit als Mensch und nicht als Medien- oder Organisationsmaschine wahrgenommen wird. Übrigens liest man glücklicherweise ab und zu sogar in vergleichsweise modernen Methodenratgebern durchaus, dass der Lehrervortrag auch im 21. Jahrhundert dosiert eingesetzt Wirkung entfalten kann. In *Erfolgreich unterrichten durch Kooperatives Lernen* heißt es zum Beispiel:

»Dennoch kann auch die frontale Unterrichtssituation ein Baustein im erfolgreichen Unterricht darstellen – wenn die Schüler ausreichend Gelegenheit haben, die dargebotenen Informationen zu verarbeiten. Insofern stellt der Frontalunterricht nur eine Phase im Gesamt-Lern-Prozess dar, der eben aus ganz verschiedenen Phasen besteht: der Einzel- oder Gruppenarbeit, der Partnerarbeit oder eben auch aus dem Lehrervortrag.«[22]

Frontalunterricht ist Lehrerunterricht par excellence. Schon bei kleineren Gruppenarbeiten zieht sich der Lehrer zurück. Beim Frontalunterricht kann er das nicht. Er steht frontal vor der Klasse. An der Front sozusagen. Vor diesem Hintergrund ist es nicht verwunderlich, dass der Lehrervortrag von der »Didaktik der Zukunft« nahezu vollständig ignoriert wird. Und wenn er nicht ignoriert wird, wird er als Methode von vorgestern als Negativbeispiel genannt, um dadurch die neuen Methoden umso mehr strahlen zu lassen. Klippert, siehe oben, liefert in seinem zitierten Buch ja auch einen Grund: Schüler seien durch den Medienkonsum nicht mehr in der Lage, auch in der Schule Lehrern einfach zuzuhören. Sie seien zum teilnahmslosen Zuhören und Zuschauen ja täglich schon stundenlang verdammt. Nun stellt sich natürlich die Frage, ob es dann richtig ist zu sagen: Okay, dann passen wir Lehrer uns halt dem Medienkonsum an. Oder ob es nicht besser wäre, gegen die Auswüchse des Medienkonsums anzukämpfen.

Im Zusammenhang mit den Begriffen Frontalunterricht und Lehrervortrag wird auf nervtötende Art und Weise darauf hingewiesen, dass dies veraltete Methoden seien. Früher habe man den Schülern

---

22 Ludger Brüning, *Erfolgreich unterrichten durch Kooperatives Lernen*, 2. Auflage, Essen 2009, S. 84.

halt nichts zugetraut. Und heute? Heute traut den Schülern offensichtlich niemand mehr zu zuzuhören. Übrigens ist konzentriertes Zuhören nicht nur eine Fähigkeit, sondern durchaus eine Aktion. Wer anderer Meinung ist, sollte den Rest seines Lebens nicht mehr in Konzerte gehen und auch keine Hörbücher hören. Insofern ist auch der Lehrervortrag ein aktivierender Unterricht.

Hinweise auf den »veralteten Unterricht« beziehen sich nicht unbedingt auf Zeiten, in denen es noch die Prügelstrafe gab, und die Kritiker des Frontalunterrichts denken auch nicht an den Lehrer, der in einer der legendärsten Spielfilmszenen zum Thema Schule seinen Schülern im Film *Die Feuerzangenbowle* von der Dampfmaschine erzählt. Sie denken vor allem an die Lehrergeneration, die unterrichtet hat, bevor es zur digitalen Revolution kam. In einer Zeit also, in der es Handys und das Internet nicht gab. In einer Zeit, in der man nicht Sachverhalte in der Pause recherchieren und Hausarbeiten in sieben Minuten schreiben und Referate, bestehend aus an die Wand projizierten Kreisen und Pfeilen, halten konnte.

Natürlich hat sich das Unterrichten durch die digitale Revolution massiv verändert. Die Frage ist: Ist es richtig, deshalb alles, was früher gang und gäbe war, einfach zu verbannen und alles, was neu ist, sofort zu übernehmen?

Aber wie sah der schulische Alltag in vorrevolutionärer Zeit eigentlich aus? Und wie verbrachten Schüler damals ihre Freizeit?

Schule vor dreißig Jahren – ein nostalgischer (?) Rückblick

Als ich 1983 in Kiel nach fünfjähriger (!) Grundschulzeit auf ein Gymnasium wechselte, fand ich den Wechsel ziemlich normal, weil mein Bruder auf dasselbe Gymnasium ging und meine besten Freunde ebenfalls in meine Klasse kamen.

Am Gymnasium geschah dann das, was auch heute noch oft geschieht: Ich lernte Lehrer kennen, die keine Frauen waren. Davon wusste ich bis dahin nur vom Hörensagen. Unser Klassenlehrer war aber leider schon wieder eine Klassenlehrerin. Englisch war für uns damals ein komplett neues Unterrichtsfach – und unglaublich aufregend.

Vor allem ältere Lehrer waren für uns Autoritätspersonen. Nie wäre jemand auf die Idee gekommen, den Lehrer grundsätzlich in Frage zu stellen oder ihm nicht zu gehorchen. Wenn überhaupt, hat man es nur einmal nicht getan – Referendare waren für uns dafür da, Grenzen auszuloten und zu überschreiten.

Gruppenarbeiten gab es in der Sekundarstufe I nicht. (Ich erinnere mich jedenfalls nicht daran.) Die Lehrer standen vorne und »organisierten« Schulbuchunterricht. Methodenwechsel? Fehlanzeige. Und niemand hatte daran etwas auszusetzen. Man kannte ja nichts anderes. Sobald Filme gezeigt und dann besprochen wurden, glich das schon einer kleinen Sensation. Wir saßen sogar manchmal in Klassenräumen, die Ähnlichkeit mit kleinen Hörsälen hatten. Man konnte in diesen Räumen weder Tische zusammenstellen, noch war es möglich, ein Hufeisen zu bilden. In der Regel freuten wir uns darauf, im Bio- oder Erdkunderaum unterrichtet zu werden. Die Lehrer standen vorn und führten Versuche vor oder zeigten etwas auf Wandkarten, die die Erdkundehelfer zuvor aus dem Kartenraum geholt und aufgehängt hatten. Auf einer solchen Karte sah man einen ganzen Kontinent, und für uns Sextaner war die Karte auch so groß wie ein ganzer Kontinent.

Der Unterricht war nicht immer spannend. Aber er war auch nicht immer langweilig und öde. Es gab Stunden, in denen man im Hörsaal saß und nicht viel mitbekommen hat. Aber es gab auch Stunden, in denen man aufgepasst hat, weil der Lehrer etwas besonders Spannendes erzählt oder vorgeführt hat. Und in den Klassenräumen war es ähnlich. Die Hufeisenform lernten wir in der achten oder neunten Klasse kennen. Vorher saßen wir in Reihen und rotierten, so dass jeder mal vorne beziehungsweise hinten sitzen durfte. Fanden wir cool. Die beste Reihe war die erste, wenn der Lehrer okay war, und viele der Frontalunterrichtsmonster waren okay, und die allerbeste Reihe war die letzte. (In Lehrerkonferenzen sitze ich noch immer grundsätzlich in der letzten Reihe – diese Reihe schätze ich auch heute noch aus demselben Grund wie damals.)

Englisch und Französisch lernten wir nicht, indem wir uns Grammatik selbst erschließen mussten. Die klassische Aufgabenstellung »Schau dir dieses oder jenes Phänomen genau an, was erkennst du und was für Regeln kannst du daraus ableiten«, die man heute unter fast jedem Lektionstext findet, gab es meines Wissens nicht. Der Lehrer erklärte Grammatik, wir hatten ein Grammatikheft, und in dieses Grammatikheft schrieben wir die Regeln und anschließend machten wir in Stillarbeit Übungen dazu, die dann verglichen wurden. Ob wir gern in den Englischunterricht gingen, hing fast zu 100 % vom Lehrer ab. Und natürlich mochten wir Lehrer, die witzig waren. Lehrer, die auch mal etwas Persönliches erzählten. Lehrer, die nicht nur Lehrer waren. Daran, dass solche Lehrer geschätzt werden, hat sich nichts geändert. (Wer Lehrer wird und denkt, es kommt nur darauf an, wie brillant er seine modernen Methoden umsetzt, *der* wird sein Waterloo erleben – und nicht der Frontalunterrichtslehrer, dem es gelingt, auf nette und witzige Art mit dem Klassenkollektiv vom Pult aus zu kommunizieren.)

Die Schulbücher waren grausam. Eigentlich alle Schulbücher. Ich erinnere mich noch heute an die leblose Zeichnung im Englischbuch, unter der stand: »Hello, my name is Colin Scott.« Grässlich. In Französisch lernte ich recht früh den Satz »Il pleut, la rue est grise et triste.« kennen.[23] Weniger motivierend konnten Schulbücher nicht gestaltet werden. Auch in anderen Fächern waren sie ein Sammelsurium aus Texten, die an Ödnis kaum zu überbieten waren. Hinter jedem Satz versteckte sich irgendwo eine pädagogische Botschaft. Schüler wissen heutzutage natürlich nicht zu schätzen, dass die bunten und munteren Schulbücher, mit denen sie lernen dürfen, ein Geschenk sind. Allerdings gibt es noch Luft nach oben: Zum Beispiel könnte man ein Schulbuch im Fremdsprachenunterricht entwickeln, das die Schüler wie eine geniale Fernsehserie wirklich fesselt. Das ist gewiss möglich. Schulbuchtexte könnten schon in der neunten Klasse mit Themen wie Gewalt, Drogen und Sex gewürzt werden.[24] Man stelle sich die Begeisterung der Schüler vor, wenn Colin sich auf dem Schulhof mit David schlägt, der dann von der Schule fliegt und sich einer kriminellen Bande anschließt und sich am Ende des Schulbuchs an Colin rächt, indem er ihm Drogen verkauft, die dann versehentlich Colins Freundin Kate schluckt – und so hört das Schulbuch der neunten Klasse

---

23 Was Colin Scott sagt, dürften die meisten Leser verstehen. Die Übersetzung des französischen Satzes lautet wortwörtlich: »Es regnet, die Straße ist grau und traurig.«

24 Allerdings weiß ich nicht, ob die zuständigen Behörden, die ein Schulbuch mit solchen Texten genehmigen müssten, meine Idee gutheißen würden.

auf. Weiter geht es in der zehnten Klasse! Die Schüler würden weiterlesen wollen und es gar nicht erwarten können, die Vokabeln und die notwendige Grammatik für die folgenden Episoden zu lernen …

Zurück zu den Achtzigern. Erstaunlicherweise lernten wir trotzdem viel. Ich war immer gut in Grammatik, aber ich war auch immer weit davon entfernt, nur so etwas Ähnliches wie ein Genie zu sein. Dennoch ist mir in den zurückliegenden Jahren selten ein Schüler begegnet, der es mit den grammatikalischen Fähigkeiten, die ich als Zehntklässler hatte, hätte aufnehmen können. Ich wiederhole vorsichtshalber: Ich war kein Genie! Ich war für damalige Verhältnisse gut in Grammatik, und das heißt: Weitaus besser als die meisten Schüler, die sich heute an einem stinknormalen Gymnasium die Grammatik selbst erschließen müssen. Vielleicht kam ich deshalb auch nie auf die Idee, irgendetwas zu hinterfragen. Ich lernte an der Schule etwas.

Die Bedeutung des Lehrers spürte ich vor allem im Physikunterricht. In der neunten und zehnten Klasse hatte ich einen Lehrer, der sehr gut an der Tafel erklären konnte. Ich war und bin vollkommen talentlos in naturwissenschaftlichen Fächern, und bei diesem Lehrer hatte ich trotzdem immer eine stabile Drei. In der elften Klasse bekam ich einen anderen Lehrer. Mein bester Freund, der im Gegensatz zu mir unglaublich viel Talent hatte, behielt seine Eins. Mein Bruder, der den Lehrer zuvor hatte, hat in der Oberstufe weder in Mathe noch in Physik jemals eine schlechtere Note als fünfzehn Punkte (1+) geschrieben (stimmt wirklich – heute ist er Matheprofessor). Er hatte auch keine Probleme. Ich war zwar nicht besonders ehrgeizig, aber eine Fünf wollte ich nicht im Zeugnis haben. Also ließ ich mir von meinem Bruder und meinem Freund Physik erklären. Half nichts. In Physik brauchte ich einen Lehrer, der gut erklären konnte. Und basta.

Natürlich gab es auch die Extrembeispiele unter den Lehrern. Beispiele, an die die radikalen Frontalunterrichtskritiker wahrscheinlich denken, wenn sie die ihrer Ansicht nach antiquierten Unterrichtsmethoden verteufeln: Lehrer, die vor der Klasse standen und redeten und redeten und redeten und nichts, aber auch wirklich nichts anderes taten. Und als Hausaufgabe musste man dann zehn Seiten im Buch lesen und wurde in der nächsten Stunde dazu abgefragt. Davor hatte man in der Regel Angst. Das war die Hölle, und es ist gut, dass dieser Lehrertypus ausstirbt.

Dann endete die Sekundarstufe I und damit der Unterricht im Klassenverband. In der Oberstufe begannen wir gleich im elften Jahrgang mit Leistungskursen. Unser Leistungskurslehrer in Geschichte verlangte von uns das, was heute jeder Lehrer in jedem Fach verlangt: Wir mussten tatsächlich Referate halten! Also hielten wir Referate. In meiner gesamten Gymnasialzeit stellte ich zwei Bücher im Deutschunterricht vor – auf jeden Fall einen Roman von Jules Verne, an das andere Buch erinnere ich mich nicht mehr, ich befürchte aber, es handelte sich um einen Krimi von Edgar Wallace – und dann hielt ich noch ein langes Referat (fünfundvierzig Minuten!) über Mahatma Gandhi. Einen klassischen, frontalen Schülervortrag also.

Unsere Referate im Geschichtsleistungskurs waren Events. An Tagen, an denen einer von uns ein Referat halten musste, ging man gern zur Schule. Man war neugierig, wie derjenige, der vortrug, sein Thema gestaltete. Man guckte und hörte allein deshalb zu, weil es etwas Besonderes war und man sich damals auch nicht vorstellen konnte, dass Schülerfrontalunterricht den Lehrerfrontalunterricht phasenweise komplett ersetzen könnte. (Zum »Erfolg« des Gandhi-Referats und zum Thema PowerPoint-Referate siehe Teil III.)

Bei demselben Geschichtslehrer machten wir auch »aktuelle Stunden«. Die aktuellen Stunden organisierte in der Regel ein Schüler. Der Schüler übernahm also die Moderation, und auch auf diese Stunden freuten wir uns. Wir waren allerdings ein Leistungskurs. Mit knapp fünfzehn Schülern. Wir verstanden uns großartig mit dem Lehrer. Im Rückblick gesehen war der Unterricht dieses Lehrers unglaublich innovativ.

Und eine Deutschlehrerin ließ uns damals schon ständig in Gruppen arbeiten. Wir diskutierten während der Gruppenarbeiten über alles Mögliche – höchst selten allerdings über das Thema, über das wir diskutieren beziehungsweise das wir uns erarbeiten sollten. Uns haben Gruppenarbeiten immer Spaß gebracht. Vor allem, weil wir nicht beobachtet wurden. Man ließ uns in Ruhe. Kontrolle erfolgte nur am Ende der Stunde. Herausgekommen ist dabei wenig. Das lag allerdings auch daran, dass unsere Gruppe – immer in derselben Zusammensetzung – die Gruppenarbeit ausnutzte, um mit großer Leidenschaft über Politik zu diskutieren. Und es gab immer etwas zu diskutieren! Als ich in die Oberstufe kam, gab es die DDR noch. Dann fiel die Mauer, die richtungsweisenden Wahlen von 1990 fanden statt, man spürte damals die Veränderung geradezu. Und … uns fehlte etwas beziehungsweise uns fehlte etwas überhaupt nicht, was heute die Schüler gnadenlos ablenkt. Wir besaßen keine Handys. Es gab noch kein Internet. Wir hatten gar nicht die Möglichkeit, heimlich *Quizduell* zu spielen.[25] Wir hatten nicht das zwanghafte Bedürfnis immer erreichbar zu sein und auf wen oder was auch immer sofort reagieren zu müssen.

Deshalb unterschied sich unser Verhalten auf dem Weg zur und von der Schule und in den Pausen auch massiv vom Verhalten der Schüler heute. Wir fuhren, nachdem uns unsere Wecker mit schrillem Klingelton aus dem Schlaf gerissen (oder unsere Mamas rechtzeitig geweckt) hatten, mit dem Bus zur Schule. Im Bus unterhielten wir uns. Immer. Einige hörten Kassetten auf Walkman. Ich besaß nie einen. Meine besten Freunde auch nicht. Man musste so etwas nicht haben. (Heute *muss* man ein Handy[26] haben.) Wir unterhielten uns auch auf der Rückfahrt. Und zwar immer. Und in den Pausen. Und zwar immer. Dabei guckten wir uns an.

Und Klassenfahrten damals? In der siebenten und zehnten Klasse war die größte Herausforderung, sich nachts mit den Mädchen zu verabreden. Das erste Problem war: Wie stellt man überhaupt einen Kontakt her? Das war unglaublich anspruchsvoll und verlangte höchste Kreativität. Im dreizehnten Jahrgang fuhren wir nach Schweden. Kanutour. Irgendwann waren wir auf irgendeiner Insel. Es regnete, und wir hatten kein Brot. Der Lehrer sagte zu uns: »Arne, Fabian, könnt ihr versuchen, irgendwie an Brot zu kommen?«

Wir konnten! Wir fuhren mit dem Kanu ans bewaldete Ufer, von dem wir nicht mal wussten, ob es wieder irgendeine Insel oder tatsächlich das Festland war. Anschließend suchten wir eine Straße und warteten, bis ein Auto kam, das wir einfach anhielten. Irgendwie landeten wir in irgendeinem Dorf, das auf uns wirkte wie Bullerbü und auch nicht viel größer war. Dort kauften wir Brot und fanden, ich weiß nicht mehr wie, Stunden später unser Kanu und fühlten uns wie Helden, als wir unsere Insel erreichten. Der Lehrer hatte uns ver-

---

25 Wir spielten Schiffe versenken oder schrieben Zettel, die wir uns zuschoben.
26 Die Begriffe »Handy« und »Smartphone« benutze ich in diesem Buch synonym: Schüler besitzen keine Handys mehr ohne Internetzugang. Meine Schüler sagen, wie sie auf Nachfrage bestätigt haben, in der Regel: »Handy«.

traut. Und wir hatten – das klingt jetzt ein bisschen blöde, aber es war einfach so – unseren Instinkten vertraut. Wie sähe heute eine solche Kanutour aus? Liegen dann alle Schüler in ihren Zelten und surfen im Internet, während sie gleichzeitig Stöpsel im Ohr haben, und hören gar nicht mehr, wie der Regen gegen die Zeltwände prasselt? Googeln sie dann in einer Tour das Wetter? Verlieren die Schüler auf diese Weise nicht langsam, aber sicher das Gespür für die Natur? Bin ich zu romantisch? Zu naiv? Gar beides?? Vielleicht.

Wie haben wir, als wir elf und zwölf Jahre alt waren, unsere Nachmittage verbracht? Wir haben uns irgendwann getroffen und dann Brettspiele gespielt. Wir hatten eine ausgeprägte Schwäche für das Spiel *Risiko,* bei dem man in der ersten Version die Welt »erobern« und in der späteren Version die Welt »befreien« musste. Wir saßen an einem Tisch, haben Kekse gegessen und geredet und gewürfelt und geredet und gewürfelt und geredet … Oder wir haben gepokert. Um Pfennige. Wenn man einen guten Tag hatte, hat man auf diese Weise zwei Mark gewonnen. Fernsehen? Bis wir zwölf waren, gab es nur drei Sender und selten mehr als einen Fernseher pro Haushalt. Ich selbst hatte einen eigenen Fernseher mit fünfzehn. Benutzt habe ich ihn kaum (was mich damals selbst gewundert hat).

Dann kamen wir in die Pubertät. Plötzlich wollten wir das Phänomen Frau näher beziehungsweise so nah wie möglich erkunden. Wir begannen zu onanieren und suchten Anschauungsmaterial. In einem Buchladen kauften wir uns ein Buch, in dem es um Sexualpraktiken ging. Bei den Illustrationen handelte es sich um Schwarzweiß-Zeichnungen. Um ja nicht in den Verdacht zu geraten, wir selbst könnten uns für die Inhalte eines solchen Titels interessieren, ließen wir das Buch als Geschenk verpacken, packten es allerdings, kaum hatten wir den Buchladen verlassen, sofort aus. Vor allem diverse Zeitschriften dienten als Quelle der Inspiration. Wir diskutierten in der Nähe eines Zeitungskiosks stehend ausgiebig und ernsthaft darüber, wer den Playboy kaufen sollte. Nachdem einer von uns schließlich all seinen Mut aufgebracht und die Zeitschrift besorgt hatte, verzogen wir uns in den Keller oder auf den Dachboden und blätterten und waren dabei herrlich aufgeregt, weil wir wussten, dass wir zwei nackte Frauen zu Gesicht bekämen. Frauen, die nicht viel mehr zeigten als heute irgendwelche »Models«, die im Internet für Kontaktseiten werben, sobald man seine Mails abrufen möchte.

Okay, später, als wir achtzehn waren, liehen wir uns auch mal einen Porno aus und schauten ihn bei dem, dessen Eltern einen Videorecorder besaßen und unterwegs waren. Gemeinsam. Den Porno musste man allerdings einen Tag später wieder abgeben. Die Entdeckung der passiven Sexualität war ein unbeschreibliches Abenteuer für uns. Und verliebt sein damals ... oder eine Freundin haben ... war unglaublich kompliziert. Ich schrieb innerhalb der Stadt lange Briefe, die ich klassisch mit der Post verschickte. Briefe von Kiel nach Kiel. Und dann wartete ich auf die Antwort, die frühestens zwei Tage, in der Regel drei Tage später und spätestens am vierten Tag zu Hause auf mich wartete. Ich kam von der Schule, das fragende Gesicht meiner Mutter zeigte auf einen Briefumschlag mit Mädchenhandschrift, ich nickte einmal kurz, verzog mich aufs Zimmer und las und schmolz dahin.

Manchmal telefonierte ich auch. War aber teuer. Und meine Eltern durften nicht zu Hause sein, denn das Telefon stand ja im Flur, und da war ein Kabel dran. Obwohl die gesamte Kommunikation aus heutiger Sicht fast schon steinzeitlich wirkt, werde ich den Eindruck nicht los, dass wir uns im Vergleich zu heutigen Jugendlichen unendlich frei fühlten. Es gab diesen Druck nicht, immer und überall erreichbar zu sein. Es gab diesen Druck nicht, ebenfalls auf Facebook zu sein und dort auch immer zu posten und für seine Posts gefeiert zu werden. Weshalb ich das schreibe? Weil ich glaube, dass Schule diese Entwicklung hin zur totalen Abhängigkeit vom Internet nicht fördern darf (siehe Teil III und vor allem Teil V).

Krönender Abschluss meiner gymnasialen Karriere war das Abitur. Und der Abiball. Und der Abistreich. Einige von uns ärgerten sich, dass der Abiball nicht an der eigenen Schule stattfand, obwohl unsere Schule über eine große Aula verfügte. Letztendlich feierten wir in einem Vereinshaus. Schulen, die sich wichtiger fanden, mieteten das so genannte Kieler Schloss. Das klingt gewaltiger, als es ist. Vom Kieler Schloss ist nicht viel übrig und niemand, der es zum ersten Mal sieht, käme auf die Idee, dass es sich bei diesem merkwürdigen Bau jemals um ein Schloss gehandelt haben könnte. Heute werden Abibälle manchmal nicht mal mehr von Schülern geplant. Es handelt sich dabei um organisierte Events, und man staunt, wie viel für Eintrittskarten verlangt werden.

Abistreiche arten heutzutage in halbe Schlachten aus.[27] Damals haben wir an unserem allerletzten Schultag auf dem Schulhof gezeltet, dort getrunken und getanzt und sind am nächsten Morgen durch die Klassen gezogen, nach der vierten Stunde gab es dann eine Party in der Aula. Der größte Skandal war, dass ein Schüler durch die Sprechanlage der ganzen Schule seine Meinung über eine gewisse Lehrkraft mitgeteilt hatte. (Er hatte von der Lehrkraft keine hohe Meinung.)

Natürlich klingen meine »Erinnerungen« extrem nostalgisch und verherrlichend und natürlich fühlt sich der eine oder andere an die sehr sehr alten Menschen erinnert, die Kopf schüttelnd durch die Straßen gehen und immer folgenden Satz murmeln:

»Früher war alles besser.«

War früher alles besser? Nein. Aber es war keineswegs so schlecht, dass man momentane Entwicklungen, die auf eine vollkommene Digitalisierung setzen und damit auf eine totale Abkehr von der traditionellen Pädagogik abzielen, nicht infrage stellen sollte.

Wie sieht Schule »heute« eigentlich aus?

Schauen wir uns einfach Kais (Schul-)Tag an. Und hören wir, was Frau Schmidt nach fünfzehn Berufsjahren über die Entwicklung ihres Berufs zu sagen hat.

---

27 Beispielhaft für die Auswüchse ist folgender Artikel: http://www.spiegel.de/ schulspiegel/leben/kkk-abistreich-abitur-mottowoche-in-koeln-wird-was-serschlachten-a-963659.html.

Teil II: Der Akku ist leer

Kai, 15, zehnte Klasse (8:06–15:17 Uhr)

Kai setzt sich an seinen Gruppentisch und legt das Handy so in die Federmappe, dass Herr Mohn es nicht sehen kann. Bei ihm ist es ungefährlich, hin und wieder die eine oder andere Nachricht zu tippen. Eigentlich macht nur Frau Schmidt Theater wegen der Handys. (Die muss bestimmt irgendwann mal zum Psychiater.) Nachdem Herr Mohn die Klasse begrüßt hat, legt er sein iPad auf das Pult, wirft einen Blick aufs Display und sagt:

»Na … wer kann denn mal wiederholen, worum es in den Referaten in der letzten Stunde ging?«

Kai überlegt kurz, dann meldet er sich. Meistens reicht es Herrn Mohn, wenn jemand wenigstens weiß, worum es in *einem* der Referate gegangen ist. Und das weiß Kai! Herr Mohn lächelt – vermutlich, weil sich in der Regel nur Simon meldet – und nickt Kai zu. Kai sagt:

»In der letzten Stunde ging es unter anderem um den deutsch-französischen Krieg, der in Verdun stattfand. Bismarck und Hitler waren auch dabei … und … ja … Deutschland hat gewonnen. Aber, ich denke, man muss noch hinzufügen, dass das, was der Hitler dann gemacht hat, ich meine mit den Juden und so, natürlich nicht so gut war.«

Kai lehnt sich zurück und ist stolz. Vor allem auf den letzten Satz.

»Hannes, stimmt das?«, fragt Herr Mohn, der erstaunlicherweise nicht so wirkt, als sei er von Kais Ausführungen beeindruckt.

Hannes zuckt zusammen. Das Handy, das vor ihm in der Federtasche liegt, kann Herr Mohn nicht sehen. Aber Kai sieht, dass Hannes gerade auf Facebook ist. Hannes fragt:

»Stimmt *was*?«

»Das, was Kai gesagt hat.«

»Ja ja, klar!«

Herr Mohn nickt und sagt, während er in sein iPad tippt:

»Kai, für die Stundenwiederholung kann ich dir eine Fünf minus geben, Stundenwiederholungen machen, wie du weißt, zehn Prozent der mündlichen Note aus, und warte, ja, dann kommst du jetzt insgesamt auf eine 3,53, abgerundet also auf eine vier. Na dann hau mal rein.«

Während Kai die Welt nicht mehr versteht – er hat doch eine ganze Menge gewusst! – bekommt Kevin eine Sechs und Simon, den Herr Mohn anschließend aufruft, eine Zwei plus. Nachdem Herr Mohn auch Simons Leistung notiert und kommentiert hat, sagt er:

»Na, das war ja insgesamt sehr dürftig. Johanna, bitte.«

Johanna steht auf, steckt den Stick in den Rechner und öffnet auf dem Whiteboard die PowerPoint-Präsentation. Kai guckt nicht hin. Er schaut, ob Luisa ihm endlich geantwortet hat. Hat sie aber nicht. Aus Frust spielt er ein wenig *Subway Surf*. Johanna bekommt für ihr Referat, das eigentlich Bülents Referat ist, eine Eins. (Worum es ging, hat Kai nicht mitbekommen.) Die anderen Referate werden ebenfalls gut benotet. Kai, der am Abend zuvor nach der Pornokonferenz wahrscheinlich doch einen Tick zu lange *Counterstrike* gezockt hat, döst einmal kurz ein, wacht aber rechtzeitig vor dem Ende der Stunde wieder auf.

Nach der Stunde Geschichte haben sie zwei Stunden Deutsch bei Frau Heise, die schon unterrichtet hat, als es noch kein Internet gab, also vor langer, langer Zeit. Bei ihr sind Handys zwar im Unterricht verboten, aber sie merkt eh nicht, ob man Handys benutzt oder nicht.

»Für eure Plakate nehmt ihr dann die Filzstifte, und ich habe buntes Papier, damit könnt ihr dann …«

»Ich habe nichts mit«, sagt irgendjemand.

»Filzstifte???«, sagt ein anderer.

»Ja, ich hatte Hannes doch am Freitag gesagt, er solle euch alle noch mal informieren«, sagt Frau Heise.

»Habe ich gestern gemacht!«, sagt Hannes.

»Zu spät«, sagt Leyla, die erst zu Deutsch gekommen ist.

»Ich dachte, ihr guckt alle drei Minuten auf eure Handys«, sagt Frau Heise.

»Nö, höchstens zweimal am Tag«, sagt Lisa.

Frau Heise nickt, als wäre ihr nun alles klar. Das ist das Praktische an Frau Heise: Sie hat absolut keinen Durchblick, so dass man ihr grundsätzlich alles erzählen kann. Wenn irgendjemand aufs Handy guckt, reicht es zum Beispiel, wenn man sagt, man habe auf die Uhr geguckt. Dabei hängt doch eine Uhr im Klassenraum. Frau Schmidt ist anders. Sie hasst Handys vor allem, weil sie den Durchblick hat. Dass ihr Kampf gegen Handys vollkommen sinnlos ist, versteht sie wiederum nicht. Das könnte ihr ruhig mal ihr Mann erklären. Tut er aber scheinbar nicht.

»Na dann arbeitet halt ohne Stifte und Scheren an euren Aufgaben«, sagt Frau Heise mit einem Tonfall, der immer gleich klingt.

Die Schüler machen Gruppenarbeit zu *Kabale und Liebe* – wie immer seit drei Wochen. Frau Heise selbst korrigiert und bekommt nicht mit, wie in den Gruppen gearbeitet wird. Die Ergebnisse sollen die Schüler dann auf Folien präsentieren. Na gut. Sie sollen irgendwen charakterisieren. Kai, Hannes, Alexei und Bülent losen, wer die Aufgaben bearbeitet und wer vorträgt. Während Alexei und Bülent die Aufgaben bearbeiten, indem sie, ohne dass Frau Heise es merkt, Charakterisierungen runterladen und den runtergeladenen Text eins zu eins auf die Folie schreiben, schauen Kai und Hannes, was es Neues auf Facebook gibt und lachen über das Foto, das Leyla der Klasse geschickt hat: Das Foto zeigt Simon im Unterricht, wie er sich meldet. In einer eingefügten Sprechblase steht: *Ich heiße Simon, und ich bin nicht von dieser Welt.*[28] Nachdem Kai das Foto kommentiert hat (»super!!!!!«), zeigt Kai Hannes das Foto von Luisa aus der Parallelklasse.

In der Pause zwischen den beiden Deutschstunden will Kai eigentlich Mathe üben, aber Johannes aus der neunten Klasse hat ihn zum *Quizduell* gefordert. Und das bringt mehr Spaß. In der zweiten Deutschstunde werden die Gruppenarbeiten vorgestellt. Kai und Hannes lesen ab, was Bülent und Alexei »erarbeitet« haben, Frau Heise ist zufrieden, was will man mehr? Sie bekommen für die Gruppenarbeit eine glatte Zwei. Als es klingelt, möchte Kai so schnell wie möglich den Klassenraum verlassen, damit Frau Heise gar nicht erst auf die Idee kommt, ihn nach der Unterschrift zu fragen. Er ist schon an der Tür, als er Frau Heises Ruf hört:

»Kai!«

Mist. Er lächelt so freundlich, wie es geht, und sagt:

---

28 Einer meiner Romane heißt *Nicht von dieser Welt*. In diesem Roman geht es um einen eigentlich liebenswürdigen Lehrer, der weder Fernseher noch ein Handy besitzt und das Internet ablehnt, der darüber hinaus den kompletten Charles Dickens auf Englisch und über siebzig Romane von Karl May gelesen hat. Am Ende des Romans läuft er Amok.

»Ich muss dringend …«

»Das hat Zeit. Komm' mal her.«

Kai bleibt nichts anderes übrig, als ihr zu gehorchen. Sie legt sein Deutscharbeitsheft aufgeschlagen auf das Pult und sagt:

»Das soll also die Unterschrift deiner Mutter sein?«

Kai schweigt.

»Guck mich an!«

Kai guckt sie an. Ihm ist plötzlich übel.

»Kai?«

Kai zuckt die Achseln. Soll er Frau Heise erzählen, dass er es einfach nicht mehr hören kann, wenn sein Vater ihn darauf hinweist, dass er das Abitur nicht schaffen werde? Soll er ihr erzählen, dass er schon lange keine Lust mehr hat, nach Hause zu gehen mit Noten, die schlechter als glatt Drei sind? Nein, er erzählt es nicht. Frau Heise interessiert das mit Sicherheit nicht. Solche Sachen hören sich nur Herr Wolter und … ja … Frau Schmidt an. (Die ist zwar gestört, aber sie hört sich immer an, was Schüler zu sagen haben.)

»Okay, ich rufe dann heute deine Eltern an. Vielleicht fällt denen ja etwas dazu ein.«

Kai sagt nichts. Inzwischen steht fast schon fest, dass dieser Montag besonders beschissen wird.

In der Fünfminutenpause schreibt er, während er auf dem Klo sitzt, an Jonas: »Mist, Frau Heise hat gemerkt, dass die Unterschrift gefälscht ist.«

Jonas antwortet eine Minute später – Kai ist inzwischen fertig und liest Jonas' Nachricht auf dem Gang:

»Oha. Willst du heute Nachmittag mit zu mir kommen?«

Kai dazu: »Bist du schwul, oder was?«

Jonas ruft, während Kai auf sein Handy guckt: »Nein.«

Inzwischen steht er neben ihm. In der nächsten Stunde haben sie Klassenlehrerunterricht. Zeit zum Durchatmen. Denn in der Regel macht die Beschissenheit des Schultages in Herrn Wolters Stunden Pause.

Herr Wolter begrüßt sie wie immer gut gelaunt mit den Worten:

»Guten Morgen! Die Kanutour am Donnerstag fällt leider aus.«

»Warum das denn?«, fragt irgendjemand.

»Wetteraussichten sind schlecht. Das sagt jedenfalls meine Wetter-App, und die irrt sich nie.«[29]

Doch, denkt Kai. In der neunten Klasse haben sie einen Ausflug zu einem See gemacht, und es hat in Strömen gegossen. Dabei hatte die Wetter-App Sonnenschein angekündigt. Herr Wolter sagt:

»Jetzt hört mal genau zu: Heute beginnen wir uns mit dem Stoffwechsel der Organe zu befassen. Das ist – hey, Lisa, geht's dir gut? – unglaublich spannend, weil es letztendlich darum geht, wie *wir* funktionieren.«

Herr Wolter redet knapp fünf Minuten, während hinter ihm auf dem Whiteboard eine PowerPoint-Präsentation bestehend aus drei Bildern läuft. Er strahlt die Schüler dabei an, als fände er wirklich spannend, was er erzählt ... und ... Kai muss zugeben, dass es eigentlich auch recht spannend ist, was in seinem Körper alles geschieht. Anschließend zählt Herr Wolter die Klasse in Viererschritten durch – Kai ist die Ziffer Zwei – und dann sollen sich alle Einser, alle Zweier usw. zusammensetzen. Na toll. Kai muss mit Lisa, Laura und Leyla arbeiten. Lisa bleibt eh sitzen und tut schon lange nichts mehr. Leyla hat zwar eine Eins in Französisch, Deutsch und Englisch, aber Bio mag sie nicht. Und Lauras Eltern lassen sich gerade scheiden, weshalb sie momentan zu nichts zu gebrauchen ist – sieht aus, als bliebe alles an Kai hängen. Und genau darauf läuft es hinaus. Als Herr Wolter die Arbeitsblätter verteilt, schiebt Leyla ihr Arbeitsblatt wortlos in Kais Richtung. Lisa sagt:

»Mach mal, ich schicke dir dafür ein Foto nur mit BH.«

Laura und Leyla lachen, Kai weiß nicht genau, wie er reagieren soll, weshalb er zu arbeiten beginnt und sich intensiv mit der Synthese zell-eigener Proteine aus Aminosäuren befasst.

Nach zwanzig Minuten sagt Herr Wolter plötzlich:

»Okay, jetzt tauschen wir die Gruppenergebnisse aus, indem wir Gruppen neu bilden.«

Nun sollen immer zwei Schüler aus der einen Gruppe in eine andere Gruppe gehen. Das Durcheinander, das dadurch entsteht, sorgt für

---

29 Zu den wenigen Höhepunkten meines Referendariats gehörte eine Kanutour in der zehnten Klasse. Es regnete so stark, dass ich mich nicht gewundert hätte, wäre der Regen der Beginn einer neuerlichen Sintflut geworden. Es war herrlich. Mehr zu dieser Fahrt und zu anderen Höhe- und Tiefpunkten in meinem eigenen Lehrerleben in: Arne Ulbricht (2013)

herrliches Chaos. Schließlich sitzen alle in den neu zusammengesetzten Gruppen.

Kai und Leyla sind nun in einer Gruppe mit Simon und Jonas. Sie tauschen sich aus und sollen die Ergebnisse der anderen notieren, und dann geht es weiter. Kai schaut sich um. An dem Tisch, an dem Lisa und Laura sitzen, gibt es Streit, weil Lisa und Laura keine Ahnung haben. Plötzlich … fängt Laura an zu heulen. Sie schluchzt und legt den Kopf auf die Unterarme. Ihr ganzer Körper zittert. Die Gruppenarbeiten werden vorübergehend eingestellt. Denn alle Schüler, auch Kai, starren zu Lauras Tisch. Herr Wolter steht auf, legt seine Hand auf Lauras Schulter und flüstert ihr etwas ins Ohr. Dann verlässt er gemeinsam mit ihr den Klassenraum. Bevor er die Tür zumacht, sagt er:

»Arbeitet bitte einfach weiter.«

Ausnahmslos alle Schüler beginnen weiterzuarbeiten. Kai denkt: Meine Eltern nerven mich zwar tierisch, aber immerhin lassen sie sich nicht scheiden. Und er denkt: Ob es Herrn Wolter wohl gelingt, Laura zu beruhigen? In diesem Moment geht die Tür wieder auf. Laura wischt sich mit dem Ärmel über das Gesicht … und lächelt. Sie setzt sich wieder neben Lisa, die gerade notiert, was ihr erklärt wird.

Als es klingelt, zucken die meisten Schüler vor Schreck zusammen. Hannes fragt, was er für die Gruppenarbeit für eine Note bekomme, und Herr Wolter sagt, dass er diese Gruppenarbeit nun wirklich nicht benoten könne, woraufhin ihn Maximilian, der nur selten an die Klasse schreibt und dessen Facebook-Profil megapeinlich ist, fragt, warum sie »das« denn dann überhaupt gemacht hätten. Herr Wolter grinst und sagt, dass sie einfach mal etwas lernen sollten, ohne an irgendeine Note zu denken, aber Maximilian schaut nicht so aus, als sei er mit der Antwort glücklich. Herr Wolter verabschiedet sich mit den Worten:

»Nächste Woche werden wir dann die Gruppenarbeiten reflektieren.«

Pause. Zehn Minuten Zeit, um Mathe zu lernen. Bülent schickt einen Link an die Klasse, auf dem das Problem erklärt wird. Der Link ist nicht schlecht. Lisa, Leyla und Kai gucken gemeinsam aufs Display von Lauras Handy.

»Oh Simon … Süßer … hilfst du uns mal kurz?«, säuselt Leyla Simon zu, der gerade an ihnen vorbeigeht.

Simon bleibt stehen, guckt aufs Display, runzelt die Stirn (dieser Spinner!), dann bückt er sich, kramt in seinem Rucksack, holt einen losen Zettel und einen Stift heraus und sagt:

»Schaut mal … und Leyla, gib mal dein Spielzeug her.«

(Er sagt immer »Spielzeug«.) Leyla sagt:

»iPhone!«

»Mein' ich doch.«

Lisa sagt:

»Nun gib es ihm schon.«

Kai sieht Leyla an, wie schwer es ihr fällt, ausgerechnet Simon ihr iPhone zu geben. Simon legt das iPhone auf den Boden, kniet sich hin, legt das Blatt Papier neben das iPhone und sagt:

»Kniet euch mal neben mich.«

Kai kniet sich sofort hin. Lisa und Leyla werfen sich einen irritierten, fast schon angewiderten Blick zu, zucken die Achseln und knien sich ebenfalls hin. Nun bilden sie gemeinsam mit Simon einen knienden Halbkreis ums iPhone und das Blatt Papier.

»Schaut mal …«, beginnt Simon seine Erklärung.

Er zeigt abwechselnd aufs Display, dann auf den Zettel, auf den er immer wieder etwas notiert, mal eine Ziffer, mal einen Pfeil, mal einen Merksatz … und Kai hat ein Problem: Er versteht Mathe! Und Simon, ausgerechnet Simon verdankt er, dass Logarithmen plötzlich verständlicher sind als ägyptische Hieroglyphen.

»Alles klar?«

Leyla nimmt ihr iPhone (ein megageiles Teil!) und stellt noch eine letzte Frage, bevor sie verschwindet. Lisa nickt und Kai … bedankt sich. Lisa, die schon in Richtung Klassenraum aufgebrochen ist, ruft aus einigen Metern Entfernung zu:

»Mensch, Simon, danke: Wenn ich eine Eins schreibe, schenke ich dir mein altes Handy, damit kannst du dann immerhin SMS schreiben.«

Das war unnötig, denkt Kai, aber Simon lacht (!) und sagt:

»Ich denke, du schreibst höchstens eine Zwei.«

Mathearbeit. Kai hofft auch dank Simons Hilfe darauf, irgendwie eine Drei zu schaffen. In der letzten Arbeit hatte er nämlich nur eine Vier minus, im Test eine Sechs, in der letzten Gruppenarbeit eine Vier und neulich in der Partnerarbeit eine Fünf. (Daran, dass die Partnerarbeit derart in die Hose ging, war übrigens Bülent schuld, weil er ihm während des Unterrichts einen Link auf ein YouTube-Video geschickt hat.)

Vor der Mathearbeit hat Frau Hildebrandt alle Handys eingesammelt. Da sie das immer macht, nimmt Kevin sich inzwischen ein zweites Handy mit in die Schule. Dem Trend zum Zweithandy folgen in der Parallelklasse schon mehrere, in Kais Klasse ist es nur Kevin. Das denkt Kai jedenfalls, bis Frau Hildebrandts Schrei die Stille im Raum geradezu zerreißt:

»Hannes – Hände auf den Tisch!«

Hannes fängt fast an zu heulen, aber er gehorcht. Frau Hildebrandt geht zu seinem Tisch und fragt:

»Okay, Hannes, gleich zum Direktor und eine Sechs oder lieber *nur* eine Sechs – und du erklärst deinen Eltern dann einfach, warum ich sie dir gegeben …«

»Nur eine Sechs«, sagt Hannes.

Frau Hildebrandt streicht die Arbeit durch, schreibt eine Sechs drunter, bedankt sich bei Hannes dafür, eine Arbeit weniger korrigieren zu müssen – niemand lacht – und mit Hannes' Zweithandy in der Hand setzt sie sich wieder hinters Pult. Sie macht ein paar Eingaben in ihr eigenes Handy und sagt:

»Hannes, Gesamtnote – diese Sechs mitgerechnet – Vier minus. Vielleicht solltest du noch ein Referat halten. Oder Nachhilfe nehmen.«

Hannes nickt. Er sitzt mit verschränkten Armen auf seinem Platz und starrt an die Wand, während Kevin sein Zweithandy vorsichtig in seinen Rucksack gleiten lässt und erleichtert aussieht, als es verschwunden ist.

Unmittelbar nach der Klassenarbeit beginnt die nächste Stunde. Nach der Arbeit nun also Englisch bei Frau Schmidt. Die Stunde könnte entsetzlich werden, sowohl für die Schüler als auch für Frau Schmidt. Denn erstens sind die Schüler eh ab der vierten, spätestens aber ab der fünften Stunde nicht mehr wirklich aufnahmefähig, zweitens haben sie gerade Mathe geschrieben, und drittens ist Frau Schmidt absolut nicht cool: Abgesehen vom radikalen Handyverbot darf man bei ihr im Unterricht weder trinken noch essen – und aufs Klo gehen sollte man lieber schon vorher in Mathe – das ging dieses Mal aber nicht. Immerhin: Nach Englisch haben sie nach einer Pause noch Herrn Schmidt in Französisch. Dann können sie sich von Frau Schmidt erholen.

Frau Hildebrandt geht, Frau Schmidt kommt. Das Problem ist – und Frau Schmidt ist die Letzte, die dafür Verständnis hat – dass man während der Mathearbeit weder schauen konnte, was sich in der Zwischenzeit alles auf Facebook getan hat, noch war es möglich, die neuesten Nachrichten zu lesen und zu beantworten.

Frau Schmidt ist heute besonders gereizt. Sie schiebt eine der wenigen mobilen Tafeln in den Klassenraum, schreibt mit Kreide, die staubt und quietscht, die Wörter

Ukraine and Russia

an die Tafel und sagt nach einer kurzen Begrüßung: »Tell me, what do you now about the conflict between Ukraine and Russia?«
Niemand weiß irgendetwas über den Konflikt zwischen der Ukraine und Russland.
»I wait.«
Simon meldet sich. Frau Schmidt lässt ihren Blick schweifen. Nach einer endlos langen Minute sagt Frau Schmidt:
»Okay, Simon.«
»Moscow is the capital of Russia, I think. And Kiev is the capital of Ukraine. And ... and ... I ... there was a revolution in Ukraine ... and ... yes ... that is all, what I know.«
Frau Schmidt nickt, scheint aber nicht wirklich zufrieden zu sein. Kai wundert sich, denn schließlich hat Simon doch eine ganze Menge gewusst. Kai hätte nur die Sache mit Moskau gewusst. Aber das Wort *capital* hätte er nicht gekannt. Anstatt Simon zu loben, was Frau Schmidt eigentlich immer tut, verteilt sie Arbeitsblätter. Bei dem Text handelt es sich um einen Zeitungsausschnitt, Überschrift:

Ukraine is close to war

Die Schüler sollen den Text lesen, Ländernamen und Personenna-men unterstreichen, den Text zusammenfassen und anschließend die Meinung des Autors herausarbeiten. Kai liest die ersten Zeilen und begreift erst nach einigen Minuten, dass es sich um einen englischen Text handelt und nicht mehr um Matheaufgaben. Den anderen scheint es genauso zu gehen. Irgendjemand sagt:
»Frau Schmidt, wir sind alle fertig, wir haben gerade Mathe geschrie-ben.«
Frau Schmidt, die am Pult sitzt und aussieht, als müsste sie sich gleich übergeben, sagt auf Deutsch, obwohl sie doch im Klassenraum eigentlich nur Englisch redet:
»Ich bin auch ziemlich fertig. Ihr habt ja keine Ahnung, wie mein heutiger Tag ...«

Sie hält kurz inne. Dann fährt sie fort:

»Ach … egal … arbeitet einfach weiter.«

Frau Schmidt wirkt auf Kai, als sei sie noch frustrierter als sonst. Damit sie ihren Frust nicht an der Klasse beziehungsweise konkret an ihm auslässt, versucht Kai sich auf den Text zu konzentrieren und unterstreicht irgendwelche Begriffe, die er für Länder- oder Personennamen hält (Ukraine, Krim, Lawrow, Russia, NATO), dann verliert er die Lust und fragt Bülent, ob sich die Ukraine eigentlich für die WM qualifiziert habe. Bülent schüttelt den Kopf und wettet mit Kevin, dass er nicht in der Lage sei, ohne Handy mindestens zwanzig Länder aufzulisten, die an der WM teilnehmen. Kevin schlägt ein und beginnt eine Liste. Hannes, der sich vom Schock, den er während der Mathearbeit erlitten hat, erholt zu haben scheint, schlägt ebenfalls ein. Während Hannes seine Liste erstellt, wird er aufgerufen. Er soll den Text vorlesen. Nachdem er den ersten Absatz gelesen hat, soll Laura weiterlesen. Sie hat aber keine Ahnung, wo Hannes aufgehört hat. Frau Schmidt schüttelt genervt den Kopf, nennt ihr die Zeile, doch anstatt weiterzulesen, beginnt Laura zu heulen.

»Laura … komm mal mit raus«, sagt Frau Schmidt zu Laura, und zum Rest der Klasse wieder auf Deutsch:

»Schreibt bitte die Zusammenfassung.«

Endlich Zeit, um zu schauen, was sich auf Facebook Neues getan hat. Mist. Luisa hat noch immer nicht geantwortet. Was ist eigentlich los mit der? Johanna hat ein Foto von Simon gepostet, das aussieht wie ein Fahndungsplakat, Überschrift: *Achtung, gefährlicher Streber! Tot oder lebendig!* Jonas daraufhin an Kai: »Immer gegen Simon – was soll das? Das ist doch Mobbing. Ich mache da nicht mehr mit.«

Kai antwortet erst ihm:

»Stimmt. Er hat gerade Mathe erklärt, war gut.«

Dann schreibt er an die Klasse:

»Simon ist zwar nicht von dieser Welt, aber er kann gut Mathe erklären. In Ruhe lassen?«

Innerhalb weniger Minuten summt sein Handy fünfmal. Auch Hannes, der neben ihm sitzt, hat ihm beziehungsweise der Klasse geantwortet:

»Nun übertreib mal nicht.«

Die anderen Antworten lauten:

»Eine Stunde können wir ihn ja in Ruhe lassen.«

»Er merkt doch eh nichts.«

»Jedenfalls grinst er immer nur blöd.«

»Ich finde gut, ihn einfach mal eine Stunde in Ruhe zu lassen.«

»ACHTUNG!«, ruft Johanna, die an der Tür sitzt.

Laura, gefolgt von Frau Schmidt! Die wirft einen flüchtigen Blick in die Klasse, scheint aber nervlich derart am Ende zu sein, dass sie nicht mal gemerkt hat, wie Lukas und Jonas ein wenig zu spät, dafür aber umso hektischer, ihre Handys wieder in ihre Hosentasche gesteckt haben. Dass Hannes, der offensichtlich Frau Schmidts und Lauras Rückkehr nicht mitbekommen hat, auf seinem Handy gerade den Spielplan der WM studiert, das wiederum merkt Frau Schmidt sofort. Hannes jauchzt in diesem Moment wie jemand, der etwas Ungewöhnliches entdeckt hat. Er sagt zu Bülent in einer Lautstärke, als wären sie allein im Klassenraum, dass er am Tag nach dem Deutschlandspiel bestimmt nicht zur Schule kommen werde. Inzwischen steht Frau Schmidt vor ihm, und damit, was dann geschieht, hätte Kai, der Frau Schmidt eine ganze Menge Kurzschlussreaktionen zutraut, nicht gerechnet: Sie reißt dem vollkommen verdutzten Hannes mit einer katzenhaft flinken Bewegung das Handy aus der Hand. Hannes wird blass ... ganz weiß im Gesicht ... dann sagt beziehungsweise stottert er:

»Hey ... hey ... hey ... was soll das denn?«

»IN MEINEM UNTERRICHT SIND HANDYS ABSOLUT VERBOTEN!«

»Sie ... Sie dürfen mir das Handy aber nicht einfach wegnehmen.«

Hannes' Stimme zittert und er guckt derart deprimiert, als habe er gerade erfahren, dass sich seine Eltern bei einem Verkehrsunfall schwer verletzt hätten. Kai starrt wie der Rest der Klasse Frau Schmidt an. Abgesehen von Frau Schmidt und Hannes regt sich niemand.

»So so. Deiner Meinung nach darf ich das also nicht.«

Sie lacht. Kai hat noch nie einen Menschen gesehen, der lacht und gleichzeitig so unendlich traurig aussieht.

»Ich sag das ... ich sag das meinem Vater ...«, sagt Kai mit einer Stimme, die klingt, als würde er ein Gebet sprechen.

»Ja? Dann sag ihm auch das«, sagt Frau Schmidt, während sie das Handy wie zufällig auf den Boden fallen lässt und – Kai glaubt zuerst, er habe eine Halluzination – drauftritt.

Es knirscht und kracht ... und ... ja ... das Display hat mehrere feine Risse. Hannes, der den roten Gurt in *Tae-Kwon-Do* hat und schon dreimal betrunken war, beginnt zu heulen. Heftiger als Laura kurz zuvor! Krass. Neulich ist sein Mountainbike geklaut worden, das er einen Tag zuvor zum Geburtstag bekommen hat – da hat er nicht geheult. Immer wieder schüttelt er den Kopf. Inzwischen kniet er auf dem Boden, tippt auf der Tastatur rum ... und hört von einer auf die andere Sekunde auf zu heulen. Mit einem Strahlen, das triumphierender nicht sein könnte, sagt er zu Frau Schmidt:

»Da haben Sie Glück gehabt, das Display ist beschädigt, aber mehr ist nicht passiert.«

Frau Schmidt schaut ihn stumm und traurig, geradezu verzweifelt an. Nun sieht sie aus, als habe *sie* gerade erfahren, dass sich ihre Eltern bei einem Verkehrsunfall schwer verletzt hätten. Im Klassenraum ist es merkwürdig still. Als sie zum Pult geht, ihre Sachen packt und wortlos den Klassenraum verlässt, obwohl die Stunde noch längst nicht zu Ende ist, schaut nicht nur Kai ihr entgeistert hinterher. Hat er das, was gerade geschehen ist, eventuell nur geträumt? Nein ... Simon sagt:

»Sagt mal ... ich weiß ja, dass ihr mich alle für einen Idioten haltet, aber findet ihr nicht, dass ihr übertreibt?«

Niemand schaut Simon an. Niemand sagt etwas. Niemand schreibt in den folgenden Minuten irgendeinen Kommentar. Kai findet, dass Simon nicht ganz unrecht hat. Wenigstens ein bisschen hätten sie ja arbeiten können, aber was hat Frau Schmidt eigentlich mit ihrem Text über die Ukraine gewollt? In der Ukraine spricht man doch nicht mal Englisch, glaubt Kai zu wissen. Nächstes Mal kommt sie dann mit einem Text über Japan.

In der Pause haben sie keine Zeit, über Frau Schmidt zu sprechen. Denn in einem Klassenraum auf demselben Gang, in dem sich knapp achtzig Schüler drängen, organisieren die Abiturienten eine Karaoke-Show. Es ist Tag eins der Mottowoche. Die Schüler haben als Thema Casting gewählt. Einige sind mit Dieter-Bohlen-Haarschnitt, andere im Xavier-Naidoo-Outfit und viele Mädchen als Heidi Klum verkleidet gekommen. Während eine Abiturientin in kürzest möglichem Minirock und knappest möglichem Top auf einem Tisch tanzt und aus einer Sektflasche trinkt, nimmt sich Kai vor, das Abi auf jeden Fall zu schaffen: Denn ohne Abi keine Mottowoche und vor allem kein Abistreich! Im letzten Jahr haben die Abiturienten in Uniformen, bewaffnet mit Baseballkeulen, vermummt eine andere Schule überfallen. Kai fragt sich, wie man diese Aktion toppen könnte. (Bedauerlich war allerdings, dass die Anwohner die Polizei gerufen hatten ...)

Weil der Unterricht bei Herrn Schmidt so chillig ist, erscheinen die meisten trotz der Karaokeparty relativ pünktlich zu Französisch. Herr Schmidt begrüßt die Klasse, fährt den Rechner hoch und schaltet das Whiteboard ein. Einfach ein cooler Typ. Auf dem Whiteboard erscheint ein Stadtplan von Paris, und eine sonore Stimme beschreibt auf Französisch einen Weg. Die Schüler dürfen ihre Handys benutzen und den Kartenausschnitt auf Google.maps suchen und sich auch das Luftbild angucken, und ja, nebenbei schauen die meisten kurz auf Facebook nach und lesen Neuigkeiten. Kai hat zum Beispiel eine Nachricht von seiner Handballgruppe – aber die Schüler schauen auch immer wieder auf den Stadtplan und verfolgen, was auf dem Whiteboard passiert. Währenddessen holt Herr Schmidt jeden einzelnen Schüler nach vorn und zeigt ihm auf seinem iPad das Notenbild. Das macht er alle zwei Wochen. Kai hat sich in den letzten acht Französischstunden einen Notenschnitt von 2,37 erarbeitet: Der Test ist mit 3,7, die zwei Gruppenarbeiten mit 3,0 und die PowerPoint-Präsentation mit 1,0 bewertet worden. Gesamtnote zweites Halbjahr: 2,24! Tendenz verglichen mit dem ersten Halbjahr steigend, die Steigerung wird durch eine Kurve veranschaulicht. Das ist echt der Hammer. (Allerdings versteht Kai nicht, warum er für die Gruppenarbeit nur eine 3,0 bekommen hat.) Die Notenverkündung hat nicht mal eine Minute gedauert, so dass Herr Schmidt mit der ganzen Klasse nach siebzehn Minuten durch ist. Dann halten Johanna, Lisa und Laura, die wieder zu weinen beginnt, weshalb Herr Schmidt sie bittet, einmal kurz draußen Luft zu holen, eine Power-Point-Präsentation zum Thema Conditionnel. Sie lesen französische Sätze vor, die die anderen mitlesen können.

Kai schafft es kaum zuzuhören. Die Buchstaben am Whiteboard beginnen sich zu drehen. Er kann einfach nicht mehr. Gegessen hat er auch nichts. Herr Schmidt lässt anschließend die Sätze von den anderen Schülern korrigieren und gibt am Ende die Note 1,5 für das Referat. Nur Laura bekommt keine Note. Sie soll einen Tag später ein Referat zu einem anderen Thema halten.

»Okay, nächste Woche beginnen wir dann mit den Reflexionsgesprächen!«

Das wiederum ist nicht so cool. Herr Schmidt spricht – das macht er viermal im Jahr – jeweils fünfzehn Minuten mit einem Schüler, und das heißt, dass der Schüler knapp zehn Minuten seinen Leistungsstand und seine Mitarbeit reflektieren soll – anschließend wird dann kurz gemeinsam mit Herrn Schmidt reflektiert, wie man sich verbessern kann. Kai hatte noch nie den Eindruck, dass er anschließend schlauer war als zuvor. Dabei hat er schon in der neunten Klasse ständig mit Herrn Schmidt reflektieren müssen.

Auf der Heimfahrt isst Kai die Brote, die ihm seine Mutter geschmiert hat. Niemand redet. Kai und die anderen sind zu kaputt, um Nachrichten zu schreiben. Sie spielen ihre Lieblingsspiele oder einfach die Spiele, bei denen sie am wenigsten nachdenken müssen. (Kai spielt nach der Schule immer *Jetpack Joyride*.)

Aber nicht mal aufs Spiel kann er sich konzentrieren. Er fragt sich, wie der Nachmittag wohl werden wird. Als Kai daran denkt, dass er mit seiner Mutter und später mit seinem Vater über die gefälschte Unterschrift sprechen muss, wird ihm kalt. Gibt es wohl Menschen, denen es in diesem Augenblick schlechter geht als mir selbst, fragt er sich. Laura wahrscheinlich. Und Frau Schmidt. Sie wirkt zwar oft, als sei sie kurz davor, die Nerven zu verlieren, aber dieses Mal hat sie sie wirklich verloren – und alle haben es gesehen.

Wahrscheinlich ist sie gerade beim Arzt und lässt sich krankschreiben. Vielleicht liegt sie aber auch einfach auf dem Sofa und erholt sich.

Auf dem Sofa

Frau Schmidt liegt auf einem roten Sofa und starrt an die Decke. Eine Armeslänge entfernt sitzt ein Mann mit grauem Vollbart auf einem Stuhl. Er hat einen Notizblock in der einen und einen Stift in der anderen Hand und sagt:

»Dann erzählen Sie doch einfach mal von Anfang an.«

»Gut … zum heutigen Tag komme ich dann später. Sie werden es wahrscheinlich nicht glauben, aber es war ein Lebenstraum von mir, Lehrerin zu werden. Und da ich schon immer ziemlich besessen von englischsprachiger und deutscher Literatur war, kam für mich eigentlich nur die Laufbahn an einem Gymnasium in Frage.

Meine ersten Lehrerjahre waren so, wie ich es erwartet und erhofft hatte. Das 21. Jahrhundert hatte begonnen, aber als Lehrer stand man in der Regel trotzdem noch vor Schulklassen – das meine ich wortwörtlich. Manchmal machte man eine Gruppenarbeit, manchmal eine Partnerarbeit, oft arbeiteten die Schüler aber auch einfach an oder mit irgendwelchen Texten und anschließend wurden in einem Unterrichtsgespräch die Ergebnisse an der Tafel zusammengetragen. Es gab Schüler, die musste ich immer wieder motivieren, und es gab Schüler, die das nicht nötig hatten. Und natürlich saßen in jeder Klasse ein oder zwei Schüler, die nicht mehr mitkamen oder die sich einfach nicht für meine Fächer erwärmen konnten.

Plötzlich, ich weiß nicht mal mehr genau, in welchem Jahr es war, geschahen viele Dinge gleichzeitig. Wegen einiger Elternproteste beschloss die Schule, das konsequente Handyverbot aufzuweichen. Natürlich war die Benutzung der Handys weiterhin im Unterricht verboten. Aber die Schüler durften es mitbringen. Das führte dazu, dass ich in den Pausen plötzlich beobachten musste, wie Schüler kleine Trauben bildeten. Zuerst wusste ich nicht, warum. Früher geschah so etwas unmittelbar vor Fußballweltmeisterschaften, weil vor allem Jungs Karten tauschten. Da keine Weltmeisterschaft bevorstand, wunderte ich mich. Deshalb schaute ich etwas genauer hin. Und das, was ich dann sah, war für mich schon so etwas Ähnliches wie das Ende einer Pausenhofkultur, die ich für richtig gehalten habe: Denn die Trauben bildeten sich um diejenigen Schüler, die ihr Smartphone mit in die Schule genommen hatten und zeigten, was sie damit alles konnten.

Dann begann mal wieder ein neues Schuljahr, und ich hatte den Eindruck, dass sich in den Sommerferien auch der letzte Schüler, der noch kein Smartphone besaß, eins gekauft hatte. Das hatte unmittelbare Folgen für den Unterricht. Zunächst ärgerten sich fast alle Kollegen darüber, sogar mein Mann. Zu den neuen Spielchen, die Schüler mit den Lehrern trieben, gehörte zum Beispiel, dass sich die Schüler im Unterricht anrufen ließen. Ich wollte gleich ein Zeichen setzen und sammelte Handys ein. Erst am nächsten Tag gab ich sie zurück. Das wirkte! Leider beschwerte sich nach knapp einem Jahr relativer Ruhe ein Vater bei der Direktorin, und sie untersagte mir, Handys einzukassieren. Immerhin: Heute ist es nicht mehr besonders cool, sein Handy im Unterricht zu benutzen, sondern ... normal. Ich bin bekannt dafür, dass ich es nicht erlaube, und in den meisten Klassen habe ich deshalb nur selten Probleme. Mein Problem ist vielmehr, dass ich noch immer vollkommen fassungslos bin, sobald ich einen Schüler erwische. Der Handywahn begann mich langsam aber sicher verrückt zu machen.

Als fast ebenso schlimm empfand ich, dass wir Lehrer irgendwann alle eine Zwangs-E-Mail-Adresse bekamen. Das mache ja die ganze Kommunikation so viel einfacher, hieß es. Im ersten halben Jahr habe ich trotzdem kein einziges Mal meine Mails abgerufen. Als ich es dann tat, hatte ich acht Mails. Daraufhin rief ich meine Schulmails erst mal gar nicht mehr ab. Wenn ich gewusst hätte, welche Folgen das, was ich für Vernunft und andere für Sturheit hielten, haben sollte, hätte ich mit Sicherheit einmal pro Woche die Mails abgerufen. Ich habe übrigens eine private Mailadresse und nutze sie häufig. Es ist großartig, dass ich bequem mit meinen Freunden, die ich während meines Austauschjahrs kennengelernt habe, mailen kann. Aber warum soll ich Lehrern mailen, die ich doch fast jeden Tag sehe?

Irgendwann lag ein Zettel in meinem Fach, auf dem nur stand: Bitte kommen Sie in mein Büro! Der Zettel war vom Oberstufenleiter, der entscheidet, wer die Leistungskurse bekommt. Ich wurde informiert, dass ich keinen Leistungskurs in Englisch bekomme, obwohl ich gerade einen Leistungskurs abgegeben hatte. Ich war vollkommen aufgelöst. Ich fragte, warum. Der Oberstufenleiter zuckte die Achseln und sagte, dass er mir mehrfach gemailt, aber nie eine Antwort bekommen habe. Und er sagte, dass er bei den letzten Mails sogar die Direktorin und die Fachleitungen in CC gesetzt habe. Ich sagte, dass ich die Schuladresse nie abrufe und dass wir, also der Oberstufenleiter und ich, zuvor immer alles in einem Gespräch geklärt hätten. Inzwischen saß die Direktorin neben ihm. Ich hatte gar nicht bemerkt, dass sie zur Tür hereingekommen war. Sie sagte, dass sie mein Engagement sehr schätze, dass sie aber den Eindruck habe, dass ich eine Entwicklung verschlafe. Ich müsste wie alle anderen Kollegen auch hin und wieder meine Mails abrufen. Bestenfalls jeden Tag, aber mindestens alle zwei Tage. Darüber hinaus hätte ich weder an der Einführung zu Moodle noch an der Einführung zum Umgang mit den digitalen Whiteboards teilgenommen. Das wundere sie allein deshalb, weil mein Mann doch schließlich längst ein Experte sei.

Mein Mann meint übrigens, ich sei naiv, wenn ich mich gegen die Digitalisierung wehre. Er meint, der Lehrerberuf entwickele sich nun mal immer weiter, und wir müssten uns an die Welt anpassen und die Welt nicht an uns. Natürlich, und das ist mein Problem, hat er auch recht. Aber diese Radikalität, mit der er sich anpasst, diese Abkehr von wirklich allem, was auch er früher für sinnvoll gehalten hat, macht langsam unsere Ehe kaputt.

Im Lehrerzimmer ist es inzwischen kaum mehr auszuhalten. Auf der einen Seite diejenigen, die alles mitmachen und geradezu darum wetteifern, wer sich am besten auskennt, und auf der anderen Seite diejenigen, die zu faul sind, sich das Neue anzueignen, und ... dann gibt es noch mich. Die einzige Lehrerin im ganzen Kollegium aus der mittleren Generation, die findet, dass ... ach, ich könnte jetzt stundenlang über die digitalen Auswüchse an meiner Schule reden, aber das gehört hier nicht her. Im Kollegium fühle ich mich inzwischen selbst dann einsam, wenn in der zweiten großen Pause fast alle Kollegen im Lehrerzimmer herumhängen. Niemand stellt irgendetwas in Frage. Niemand setzt sich bewusst damit auseinander, dass wir die Schüler in einem digitalisierten Klassenraum über kurz oder lang verlieren werden. Dabei müsste doch jeder, der ein Kind hat und merkt, dass das Kind nicht mehr ansprechbar ist, wenn es auf sein Handy oder iPad glotzt, merken, dass wir Schülern an der Schule etwas anderes bieten müssen.

Tja, und heute war dann wohl der schrecklichste Tag in meinem Leben. Der Tag, an dem ich gemerkt habe, dass ich mit Mitte vierzig diesen Beruf nicht mehr länger ausüben möchte. Die dreizehn Mails, neun davon waren Rundmails, mit denen ich nichts zu tun hatte, waren allerdings nur der Anfang eines Tages, den ich wohl nie vergessen werde: Meine Direktorin schaute sich gleich in der ersten Stunde den Unterricht an. Das hatte sie angekündigt. Ich versuchte gar nicht erst, ihr etwas vorzumachen. Ich zeigte ihr also eine für mich typische Stunde in einem Grundkurs Deutsch. Mit den Schülern verstehe ich mich in diesem Kurs ausgezeichnet. In diesem Kurs habe ich manchmal sogar noch das Gefühl, dass sich in den letzten Jahren kaum etwas an dem, was unser Kerngeschäft sein sollte – also am Unterricht selbst – geändert hat. Mir ist es gelungen, fast den ganzen Kurs zwar nicht unbedingt für Feridun Zaimoglus *Leyla* zu begeistern, aber doch dafür zu erwärmen.

Die Stunde begann mit einem Referat über Zaimoglus *Abschaum,* das ein Schüler, der wenig mit *Leyla* anfangen konnte, gehalten hat. Nach diesem Referat war die Klasse wach. Dann besprachen wir einen recht anspruchsvollen Textauszug. Eine Schülerin, Nazli, bedankte sich nach der Stunde dafür, dass wir diesen Roman besprechen. Sie erzählte von ihren Großeltern, die sie jedes Jahr in der Türkei besuche. Der Junge, der *Abschaum* vorgestellt hatte, stand neben ihr. Er interessiere sich ja nicht für Literatur, aber *Abschaum* habe er geil gefunden. Er sagte wirklich: geil! Er fragte mich, ob ich noch ein Buch kenne, das besser sei als *Leyla.* Ich empfahl *Trainspotting.*

Dass ich optimistisch in die Besprechung ging, war aber wohl ziemlich naiv von mir. Die Direktorin ließ mich gar nicht erst zu Wort kommen. Sie wies mich stattdessen darauf hin, dass das Schülerreferat eigentlich in Form einer PowerPoint-Präsentation hätte gehalten werden müssen. Dafür habe man die Whiteboards schließlich angeschafft. In einer siebenten Klasse könne man vielleicht noch Referate mithilfe von Karteikarten halten, aber bitte nicht in der Oberstufe. Und abgesehen vom Einstieg sei mein Unterricht ihrer Meinung nach viel zu lehrerzentriert gewesen. Ich müsse die Schüler viel mehr in den Unterricht einbinden und mich darauf einstellen, dass die Schule plane, im Rahmen eines Pilotprojekts im folgenden Jahr eine Klasse ausschließlich mithilfe von iPads zu unterrichten. Und dass das, daran glaube sie, die Zukunft sei. Dann war die Unterredung zu Ende.

Meinen Unterricht spulte ich nach dieser *Besprechung* leblos herunter. In meiner letzten Stunde hatte ich dann eine zehnte Klasse. Die Klasse nervt ziemlich. Vor allem sitzen da viele Schüler drin, die meinen Mann verehren. Es ist das erste Mal, dass wir in derselben Klasse unterrichten. Und natürlich finden die Schüler ihn sagenhaft cool und mich sagenhaft blöde. In fünften und sechsten Klassen läuft es noch immer recht gut, und in halbwegs motivierten Oberstufenkursen, die ich nicht mehr bekommen soll, auch. Aber pubertierende Schüler sehen in mir einen Menschen, der irgendwie nicht von dieser Welt zu sein scheint. Trotzdem hoffte ich, dass der Unterricht laufen könnte. Schließlich plante ich, den Konflikt zwischen Russland und der Ukraine zu besprechen. Kurz zuvor war in den Medien noch vom dritten Weltkrieg die Rede. Deshalb dachte ich, dass die Schüler wenigstens irgendetwas mitbekommen hätten … aber leider hatten sie keine Ahnung. Ich verteilte einen kopierten Zeitungsartikel, doch kaum hatten wir gemeinsam begonnen, den Text zu lesen, fing ein Mädchen an zu weinen. Ich sagte den Schülern, sie sollten den Text zusammenfassen, und ging mit der Schülerin raus. Sie erzählte mir, dass ihre Eltern sich ständig streiten würden und dass sie es nicht ertrage, würden sie sich scheiden lassen. Ich nahm das Mädchen in den Arm und dachte: Zum Glück ist sie nicht in der Stunde meines Mannes in Tränen ausgebrochen. Der hätte sie wahrscheinlich nur rausgeschickt. Mir gelang es, das Mädchen zu beruhigen. Als ich wieder den Klassenraum betrat, merkte ich natürlich, wie viele Schüler ihr Handy hektisch vor mir versteckten. Ich tat so, als würde ich es nicht merken. Denn immerhin hatten sie ja versucht, die Handys schnell wieder verschwinden zu lassen. Als ich dann aber sah, wie ein Schüler sein Handy weiter nutzte, da konnte ich nicht mehr. Der Schüler merkte nicht mal, dass ich längst vor ihm stand und sah, dass das, was er sich anschaute, keinerlei Bezug zum Unterricht hatte. Mein Herz begann zu rasen. Ich war nicht mehr ich selbst, und es war wohl ein Impuls, den ich nicht unterdrücken konnte, der dafür sorgte, dass ich ihm das Handy aus der Hand riss. Er sagte irgendetwas Unverschämtes, ich glaube, er drohte mit seinem Vater. Daraufhin ließ ich das Handy auf den Boden fallen, so, als wäre es mir aus Versehen passiert, und als es auf dem Boden lag, trat ich einmal drauf. Und wissen Sie was? Das tat gut! Der Schüler heulte wie ein Dreijähriger, dem man seinen Lolli wegnimmt. Aber dann hob er sein Handy auf, stellte fest, dass es noch funktionierte und ich glaube, dass ich, die ich früher eine durchaus beliebte Lehrerin war, überhaupt noch nie mit einem so verächtlichen Blick angeschaut worden bin. Als der Schüler dann noch zu lachen begann, brach das, was über Jahre hinweg der Sinn meines Lebens gewesen war, endgültig zusammen. Ich packte meine Sachen ... und ging. Mitten in der Stunde.«

Frau Schmidt macht eine lange Pause. Tränen laufen ihr die Wangen herunter. Dann fragt sie:

»Was soll ich denn jetzt tun?«

»Sie bleiben jetzt erst mal zu Hause. Ich schreibe Sie für diese Woche krank, und nächste Woche kommen Sie wieder. Ich verschreibe Ihnen noch ein Medikament. Und dann bekommen wir nach und nach alle Probleme in den Griff.«

Frau Schmidt nickt. Sie bedankt sich bei dem Mann, der ihr zugehört und kaum etwas gesagt hat. Ob sie vor den Sommerferien, die in einem Monat beginnen, zur Schule gehen kann, weiß sie nicht. Sie weiß nicht mal, ob sie überhaupt jemals wieder zur Schule gehen kann. Bevor sie die Praxis verlässt, gibt ihr die Sprechstundenhilfe ein Rezept für das Medikament *Prozac*.

Kai, 15, zehnte Klasse (15:17–06:40 Uhr)

Als Kai aus dem Bus steigt, sieht er eine Frau, die deutlich älter als seine Oma ist und vollkommen verwirrt auf den Busplan starrt. Kai fragt:

»Kann ich helfen?«

»Ich ... wann kommt denn ... die Linie 100? Sie müsste doch schon längst da sein. Ich will zum Rathausplatz.«

»Warten Sie.«

Kai schaut auf sein Handy, öffnet eine App, streicht ein paarmal über den Touchscreen und sagt:

»Die Linie 100 fährt wegen einer Baustelle heute einen anderen Weg. Aber Sie können die Linie 200 nehmen, die kommt in zwei Minuten, und dann am Museumsplatz aussteigen. Dort kommt an derselben Bushaltestelle 3 Minuten später die Linie 300, und die fährt Sie direkt zum Rathausplatz. Schauen Sie – da kommt schon die 200!«

Die ältere Dame schaut Kai mit einem Blick an, als sei ihr Jesus höchst persönlich begegnet. Dann sagt sie:

»Danke.«

»Kein Problem.«

Zu Hause fragt Kais Mutter zur Begrüßung:

»Und, hast du Deutsch zurückbekommen?«

Kai sagt:

»Ich habe Hunger.«

»Nudeln stehen bereit – aber erst möchte ich wissen, ob du Deutsch zurückbekommen hast.«

Kai sagt nichts. Die Stimme seiner Mutter klingt viel ungeduldiger als sonst. Fast schon aggressiv.

»So, Kai, jetzt hör' mir mal zu!«

Kai schließt kurz die Augen, weil er am liebsten an einem anderen Ort, bestenfalls auf einem anderen Planeten wäre. Denn immer, wenn seine Mutter so beginnt, folgt ein »ernstes Gespräch«. Und das ist auch dieses Mal der Fall. Wenn Kai nicht so müde wäre, wäre er auf den Grund längst selbst gekommen: Frau Heise hat bereits angerufen. Seine Mutter hat schon mit seinem Vater telefoniert, der ihm zur Strafe das Handy wegnehmen will – es sei denn, Kai strenge sich jetzt an und akzeptiere, dass Schule wichtiger sei als zum Beispiel Handball. Kai nickt. Handball ist ihm eh zu viel.

»Deine Nachhilfelehrerin in Mathe kann auch Deutsch. Sie kommt gleich heute – weißt du eigentlich, wie viel Geld wir für dich für Nachhilfe ausgeben?«

»Nein – wie viel denn?«, fragt Kai.

Seine Mutter sieht aus, als würde sie ihn am liebsten ohrfeigen. Aber sie lässt es. Während Kai, der noch immer nicht weiß, wie viel seine Eltern für Nachhilfe ausgeben, sich nach dem Essen die Hände wäscht, klingelt es. Neunzig Minuten Nachhilfe stehen ihm bevor –

dabei ist sein Kopf doch noch voll mit *Kabale und Liebe,* Enzymen, Bismarck, der Ukraine und Russland, Logarithmen und französischen Konditionalsätzen.

Die Studentin lässt ihn Aufgaben bearbeiten, während sie selbst dreimal telefoniert und pausenlos auf ihrem Handy herumtippt. Kai fragt, ob er auch mal kurz etwas nachschauen dürfe. Die Studentin nickt und sagt, dass er nach jeder bearbeiteten Aufgabe zur Belohnung drei Minuten Handyzeit bekomme. Kai lacht. Wenn seine Lehrer, vor allem Frau Schmidt, ebenfalls auf solch geniale Ideen kämen, dann wären alle Schüler viel motivierter. Er bearbeitet die erste Aufgabe, so schnell es geht, und während die Studentin sich anguckt, was er gemacht hat, liest Kai, was sich in der Zwischenzeit alles getan hat: Jonas fragt ihn, ob alles in Ordnung sei, Kai antwortet (Alles gut!!!); Laura fragt die Klasse, bei wem sie schlafen könne, weil ihre Eltern sich so sehr zanken, und sie hat schon acht Angebote; der Handballgruppe schreibt Kai, dass er wegen schulischer Probleme nicht mehr zum Training kommen könne – und für Facebook hat er keine Zeit mehr.

Kaum hat sich die Studentin verabschiedet, kommt Eva in sein Zimmer gestürzt und erzählt, was sie alles in der Schule erlebt hat. Am meisten schwärmt sie von der Klassenlehrerin, die wie jeden Montag ein Kapitel aus *Hotzenplotz* vorgelesen habe. Dann geht sie wieder. Gerade möchte Kai schauen, was sich bei *Clash of Clans,* das er mit ein paar Handballfreunden spielt, getan hat, als sein Vater ohne anzuklopfen seine Zimmertür aufreißt. Kai schafft es gerade noch, das Worddokument zu öffnen, das er immer öffnet, wenn seine Eltern in sein Zimmer kommen. Sein Vater schimpft und meckert und sagt, dass Kai, wenn es so weitergehe, das Abitur nicht schaffe, und dass er Kai am liebsten das Handy wegnehmen würde, aber das wäre ja sein »sozialer Tod«, weshalb er von einer solchen Strafe absehen werde. Genaugenommen sagt er das, was er seit Beginn der fünften Klasse immer sagt, wenn Kai mal wieder eine schlechte Arbeit zurückbekommen hat. (Dass Kai gut in Französisch und auch seine Bionote in Ordnung ist, ignoriert sein Vater.)

»Aber weißt du was? Du bist uns wichtig! Deshalb kommt die Nachhilfelehrerin künftig an drei Nachmittagen pro Woche.«

Kai nickt. Eigentlich ist es okay, wenn sie kommt. Oft machen sie auch gemeinsam Hausaufgaben. (Wenn er allein ist, kann er sich in der Regel nicht dazu aufraffen, weil ihm meistens etwas Besseres einfällt.)

Nachdem sein Vater endlich verschwunden ist, ist Kai die Lust auf *Clash of Clans* vergangen. Ist eh ein Babyspiel. Stattdessen schaut er, ob Michael gerade Lust auf eine Runde *Counterstrike* hat. Michael, der in Chicago wohnt und den Kai vor drei Monaten geaddet hat, hat Zeit! Das ist richtig cool. Denn Michael ist für Kai inzwischen ein Freund. Sie haben sich nicht nur auf Steam, sondern auch auf Facebook geaddet, und nach den meisten Games skypen sie noch eine Runde. (Einmal hat Michael Kai auf diese Weise bei seinen Englisch-Hausaufgaben geholfen.) Kai und Michael einigen sich auf einen Server und joinen die Terroristen – die sind gerade in der Minderheit! Dann versinkt Kai im Spiel. Kais und Michaels Team gewinnen die Runde, weil Kai ... den letzten Counterterroristen mit einem Headshot gekillt hat. Michael kommentiert sofort im Chat: »Nice Shot!!!« Kai freut sich und stellt nicht zum ersten Mal fest: Mit Michael bringt es am meisten Spaß zu zocken. Am Ende schreibt Kai:

»Nice game!!!«

Und Michael bestätigt seine Aussage mit einem:

»yeah, gg!!!«

Nach dem Game geht es Kai besser.

Während des Abendessens liest und beantwortet er Nachrichten. Am kommenden Wochenende findet eine LAN-Party bei Alexei statt. Hannes hat schon zugesagt. Beginn: Freitag, acht Uhr abends. Ende: Sonntag, vierzehn Uhr. Kai überlegt kurz. Dann sagt er zu. Für die Französischarbeit kann er ja am Sonntagnachmittag lernen, und das Erdkundereferat schafft er auch am Sonntagnachmittag. Meistens trinkt er fünf bis sechs Dosen Monster während einer LAN-Party. Seine Energie müsste also auch noch für den Nachmittag reichen. Kais Eltern achten nicht auf Kai – so gefallen sie ihm am besten. Seine Mutter stellt Eva Kopfrechenaufgaben – damit, wie sie sagt, wenigstens sie später keine Probleme in Mathe habe – sein Vater liest am iPad die Zeitung, die er wenige Minuten zuvor runtergeladen hat.

Auch Laura hat sich gemeldet. Sie übernachtet bei Lisa, und Leyla kommt auch dazu. Laura fragt, wer für sie das Französischreferat vorbereiten könne. Kai erklärt sich dazu bereit und fragt, ob sie eigentlich in Geschichte Hausaufgaben aufbekommen hätten. Wenige Sekunden später erhält er die Antwort: »Sich über Bismarcks Außenpolitik informieren.« So so. Kai steht auf und sagt:

»Muss noch Hausaufgaben machen.«

In seinem Zimmer gibt Kai bei Google *Bismarcks Außenpolitik* ein, kopiert anschließend den Wikipedia-Eintrag, verändert die Schrift, ersetzt die Wikipedia-Überschrift durch eine eigene, und fünf Minuten später kümmert er sich um Lauras Referat. Im Gegensatz zum Text über Bismarcks Außenpolitik liest er die Texte zum Thema *Subjonctif* komplett durch und versucht sie zu verstehen – Laura hat schließlich genug Probleme, deshalb soll sie nicht noch Probleme wegen eines Französischreferats bekommen, das Kai schlecht vorbereitet hat. Anschließend zieht er es auf einen Stick, den er Laura vor der nächsten Französischstunde geben wird.

Um sich von den Hausaufgaben zu erholen, spielt er *Quizduell*. Hannes, der inzwischen ebenfalls weitergespielt hat, liegt vorn. Die Zeit vergeht … plötzlich ist es acht Uhr. Acht Uhr bedeutet: Eva vorlesen! Im selben Moment klopft es. Kai öffnet und muss wie jeden Abend lächeln. Eva steht vor ihm. Im Nachthemd mit Ella, ihrem Stoffnilpferd in der einen und *Pippi Langstrumpf* in der anderen Hand.

»Komm endlich«, sagt sie, und Kai folgt ihr.

Sie legen sich auf ihr Bett, und Kai liest ihr vor. Sein Handy hat er im eigenen Zimmer gelassen. Außer Reichweite. Neulich hat es geklingelt, während Pippi in der Schule gerade ein Pferd im Maßstab eins zu eins auf den Fußboden malte, und das fand nicht nur Eva irgendwie doof.

Als Kai das Buch nach zehn Seiten zuklappt, sagt Eva:

»Weiter!«

Kai gehorcht gern. Er entspannt sich, wenn er Eva vorliest. Nach fünf weiteren Seiten sagt Kai:

»Jetzt liest du mir vor!«

Eva strahlt, schlägt die *Olchis* auf und beginnt. Kai döst fast ein … ein seltsames Gefühl der Zufriedenheit durchströmt ihn. Viel zu früh gibt Eva Kai einen Kuss und sagt, er solle Mama holen.

Schade eigentlich.

Im eigenen Zimmer liest und beantwortet er Nachrichten. Laura hat sich bereits bedankt und allen geschrieben, dass Herr Wolter ihr noch eine lange Mail geschickt und sie beruhigt habe, und Jonas überrascht ihn mit der Neuigkeit, dass er versuchen möchte, jeden Abend ab neun Uhr sein Handy bis zum Morgen ausgeschaltet zu lassen. Krasse Idee. Da es fünf nach neun ist, schreibt ihm Kai noch schnell eine Nachricht – und tatsächlich: Jonas hat zehn Minuten später noch immer nicht geantwortet.

Nachdem Kai seinen Eltern, die fernsehen, gute Nacht gewünscht hat, geht er noch mal aufs Klo und putzt Zähne. Währenddessen gibt er Luisa eine letzte Chance. Sie hat nicht geantwortet! Also schreibt er, während er auf dem Klo sitzt, Melanie. Melanie sieht fast genauso geil aus und das Foto auf ihrer Facebookseite zeigt sie im Top. Sie trägt ein Bauchnabelpiercing. Und ihre Titten scheinen kaum kleiner zu sein als Luisas Titten. Die Nachricht, die Kai um 21:17 geschrieben hat, hat Melanie schon um 21:18 gelesen und – so gehört sich das! – um 21:19 beantwortet:

»Lass uns skypen!«

Kais Herz beginnt zu rasen. Wenige Minuten später skypen sie. Melanie hat ein rotes, enges T-Shirt an … Sie unterhalten sich darüber, welche Lehrer sie gut finden, welche sie schlecht finden und labern über ihre Eltern. Dann fragt sie, ob Kai ihr nicht ein Foto im Schlafanzug schicken könnte, was Kai sofort tut. Kaum hat er es abgeschickt, tauchen zwei weitere Mädchen auf dem Bildschirm auf. Die können sich gar nicht mehr halten – derart komisch finden sie ihre Aktion. Kai beendet mit einer reflexartigen Handbewegung das Programm und bleibt einige Minuten stumm vor seinem Laptop sitzen. Mist. Mädchen. Mädchen können ihn mal. Aber … vor allem Luisa, der zeigt er es jetzt: Er löscht ihren Namen von seiner Freundesliste und blockt sie. Sollen sich andere Jungs von ihr nerven lassen.

Zum Glück sind die Mädchen und Frauen auf *Youporn* eh geiler. Vor allem sind sie unkomplizierter. Die lachen ihn auch nicht aus. Er öffnet die *Youporn*-Seite und bestätigt mit einem Klick seine Volljährigkeit. Alexei, Bülent und Hannes sind ebenfalls in der Pornogruppe (für die sie den unverdächtigen Gruppennamen *Kabale-und-Liebe* gewählt haben), die nur dazu dient, gemeinsam *Youporn* zu gucken und »Erfahrungen« auszutauschen. Um Punkt zehn geht es los. Bülent schreibt:

»Okay, bin gerade auf *big titts,* habe schon einen Ständer.«

Kai – seinen erigierten Penis in der linken und das Handy im fliegenden Wechsel mit der Maus (zum Scrollen und Öffnen der verschiedenen Kategorien) in der rechten Hand – ist schon nach wenigen Sekunden so aufgeregt und erregt, dass er nur noch liest, was geschrieben wird, aber nicht mehr, wer schreibt:

»Blowjobvideo richtig cool.«

»Schon mal *panties* versucht?«

»Nee, aber jetzt guck ich gerade *dildos/toys,* krass, was die sich da reinschieben …«

»Hey … Erster!!!!!!!!!!!!!!!!!!!!!!!«

»Zweiter, bin bei *asians* gekommen!!!!«

»Kai?«

»Alles klar, bin gerade bei *handjob*!«

»Wie langweilig!!!«

»Bin noch mal gekommen, dieses mal bei *teens*!!!«

Und so geht es noch eine halbe Stunde weiter. Gerade möchte er noch einen letzten Kommentar hinzufügen, als das Handy wieder vibriert. Laura hat an die Klasse geschrieben:

»Danke an euch alle – wir sind die geilste Klasse, die es gibt!«

Kai lächelt. Bevor er zum letzten Mal an *Kabale-und-Liebe* schreibt, geht er auf Toilette. Sein Handy lässt er liegen, weil seine Hände sich zu klebrig anfühlen. Als er mit sauberen Händen zurückkommt, liest er die Nachricht von Alexei:

»Stimmt!!!! Wir sind echt geil!!!!«

Dann schreibt Kai:

»Puh, also *handjob* war richtig geil!!!! Die Frau hatte richtig dicke Titten, sah aus wie Mutter von Simon, bin gleichzeitig mit dem Mann im Video gekommen, war das cool!!!!!!!!!!!!!!!!!!!!!!!«

Kai drückt nicht ohne Stolz auf seinen ziemlich coolen Text auf Senden. Er geht davon aus, dass sich Bülent, Alexei und Hannes wenige Minuten später melden, damit sie das letzte Wort haben. Kai geht noch mal pinkeln – das hatte er gerade vergessen! Während er auf dem Klo sitzt, ärgert er sich. Dieses Mal hat er nicht an sein Handy gedacht. Schade. Die anderen haben bestimmt schon geantwortet. Als er sein Handy wieder in die Hand nimmt, hat er aber nur eine neue Nachricht von Leyla, die an die Klasse (!!!) geschrieben hat.

»Schön für dich, Kai.«

Und Sarah, die sich nur selten meldet, die aber mit Luisa befreundet ist, hat ebenfalls an die Klasse geschrieben:

»Habe schon einen Screenshot gemacht – findet ihr auf meiner und auf Luisas Facebookseite!!!!«

Kai, dem schwarz vor Augen wird, wird durch Sarahs und Leylas Nachrichten das ganze Ausmaß der Katastrophe klar: Er hat versehentlich an die Klasse und nicht an *Kabale-und-Liebe* geschrieben! In seinem Magen beginnt sich alles zu drehen. Er rennt aufs Klo und muss sich übergeben. Mehrmals. Seine Eltern, die noch immer fernsehen, bekommen nichts mit. Er wankt zurück ins Zimmer. Bülent hat ihm beziehungsweise der Klasse einen Smiley geschickt. Kai kann nicht mehr. Er beginnt zu weinen, legt sich ins Bett und kommt sich seltsam verloren vor. Wie ein kleiner Junge. Kann er morgen zur Schule gehen? Kann er überhaupt jemals wieder in die Schule gehen? Was wird bloß mal aus ihm werden? Während er weint, schläft er ein und fällt in einen tiefen, traumlosen Schlaf.

Seine Mutter rüttelt ihn wach.

»Hey, aufstehen! Funktioniert dein Handy nicht mehr?«

Kai ist sofort hellwach. Hektisch greift er neben sich. Er tastet nach dem Handy. Verdammt! Wo ist das Handy??? Er springt auf. Sieht sich um, spürt Panik in sich aufsteigen. Dann die Erleichterung: Das Handy liegt auf dem Schreibtisch neben seinem Laptop. Aber ... Nein!!! Schlimmer kann ein Tag nicht beginnen:

Der Akku ist leer!

Teil III: Der Lehrer verschwindet

»Heute machen wir Gruppenarbeit!«

Lesern, die in den Achtzigerjahren und vermutlich auch in den Neunzigerjahren des vergangenen Jahrhunderts zur Schule gegangen und nicht Lehrer geworden sind, haben bei der Lektüre der Kai-Story wahrscheinlich über folgendes Phänomen gestaunt: Kais schulischer Alltag besteht aus Endlosschleifen von PowerPoint-Präsentationen, zu denen ich mich im nächsten Kapitel äußere, und Gruppenarbeiten. Heutzutage gibt es Dutzende Varianten davon, weil inzwischen alles, was im Unterricht geschieht, kategorisiert und auch katalogisiert wird.

Vermutlich haben auch Sie die Begriffe Placemat-Activity und Erotematik noch nie gehört. Ich bis vor Kurzem auch nicht. Dann gab ich auf Wikipedia den Begriff Unterrichtsmethoden ein.[30] Dort werden neben elf Unterrichtsprinzipien wie zum Beispiel *Lernen durch Lehren* (Abkürzung: LdL – ist ganz großartig) oder *Selbstorganisiertes Lernen* (Abkürzung: SOL – ist noch viel großartiger) 46 Methoden von der A-B-C-Methode bis zur Zukunftswerkstatt aufgelistet. Zwei Drittel aller Methoden waren mir vollkommen unbekannt. So auch die Methode Placemat-Activity, bei der es sich um eine besondere Form der Gruppenarbeit handelt (natürlich kann man auf Placemat-Activity klicken, und schon wird die Methode erläutert). Noch neugieriger war ich allerdings darauf, was sich hinter der Methode Erotematik verbirgt. Als ich die Liste überflog, las ich zunächst das Wort »Erotik« und wunderte mich. Nun, unter Erotematik versteht man Folgendes:

---

30 http://de.wikipedia.org/wiki/Liste_der_Unterrichtsmethoden (Abruf 24.9.2014). Übrigens gehöre ich zu den Lehrern, die überhaupt kein Problem damit haben, dass sich Schüler zunächst auf Wikipedia informieren.

»Als **Erotematik** (von griech. ερώτημα, *erotema,* die Frage) oder **Fragekunst** bezeichnet man die Methode, die Fragen, namentlich im Unterricht, so zu stellen, dass man damit die dem jeweiligen Zweck entsprechenden Antworten erzeugt. Die erotematische Lehrform ist besonders im 18. Jahrhundert durch die so genannten Sokratiker ausgebildet worden. Da sie vorzugsweise auf religiöse Themata angewendet wurde, hieß sie auch *die katechetische Methode* und, da sie nach der Weise des Sokrates zur Entwicklung eigener Begriffe in den Schülern dienen sollte, die sokratische Methode.«[31]

Ach so. Die Methodenliste umfasst inklusive der bereits erwähnten Methoden:

»A-B-C-Methode, Aktives Zuhören, Apollo-Technik, Beispiel-Wahl, Collective-Notebook, Drei-Schritt-Interview, Entscheidungsfindung/Konferenz, Erotematik (Katechetik), Fishbowl, Markt der Möglichkeiten, Gruppenpuzzle, Impulsreferat, Deduktive und induktive Verfahren, Karussellgespräch (Kugellager), Kreatives Schreiben, Learning by Doing, Lernen aus Lösungsbeispielen, Lernen am Modell, Lehrkunst, Leittextmethode, Methode 635, Mind Map, Moderation (Gruppenarbeit), Netzplantechnik/Projektplan, Open Space, Papiercomputer, Pinwandmoderation, Planspiel, Placemat Activity, Referat (Vortrag), Rollenspiel, Schneeball-Verfahren, Stationenlernen, Storyline-Methode, Survey-Feedback, Szenario-Plan-Methode, Szenario-Technik, Teamteaching, Visualisierung, Wandzeitung, Lehrgang (›Workshop‹), Zukunftswerkstatt, Rückmeldung und Blitzlicht-Methode.«[32]

Keine Frage: Viele der hier aufgelisteten Methoden bringen sowohl den Lehrern als auch den Schülern mit Sicherheit Spaß und führen zu sinnvollen Ergebnissen. Das Problem ist erstens die Masse und zweitens der Drang, aus jeder Variation einer Methode eine vollkommen neue Methode zu zaubern und dann die neue Methode als der Weisheit letzten Schluss verkaufen zu wollen.

Für mich ist die Placemat-Activity nichts anderes als Gruppenarbeit. Gruppenarbeit gilt allerdings nicht als Methode, sondern als Sozialform. Für Bildungstheoretiker sind diese Unterschiede gravierend, im Unterricht sind sie, sobald man das Referendariat und die Probezeit hinter sich gebracht hat und keine Unterrichtsentwürfe mehr schreiben muss, vollkommen egal.

Gruppenarbeiten sind, wie schon erwähnt, das Nonplusultra im heutigen Schulalltag. Alle Lehrer unter 50 und auch die meisten Lehrer über 50 lassen ständig in Gruppen arbeiten.

---

31 Ebd.
32 Ebd.

Obwohl auch ich oft in Gruppen arbeiten lasse, habe ich mit Gruppenarbeiten ein ganz grundsätzliches Problem: Es ist, und wahrscheinlich wird das kein einziger Lehrer wirklich ernsthaft leugnen, nahezu unmöglich, die Aufgaben so zu stellen, dass jeder Schüler gleichermaßen und durchgehend gefordert wird. Es wird immer den einen Schüler geben, der unglaublich schnell arbeitet. Und wenn er extrem sozialkompetent ist, dann wird er den anderen ja vielleicht sogar helfen. Wenn der Schüler aber einfach ein normaler Jugendlicher ist, dann wird er beginnen, auf seinem Handy herumzuspielen. Oder er wird beginnen, die anderen in ein Gespräch über das zurückliegende Champions-League-Spiel zu verwickeln. Er wird das tun, was Schüler – das wird unterstellt – doch eigentlich nur beim Frontalunterricht tun. Er wird das tun, was Kai und seine Freunde während der Gruppenarbeit machen, und die meisten realen Lehrer verhalten sich in dieser Phase so, wie die meisten fiktiven Lehrer in der Kai-Story. Deshalb werden die Junglehrer, die nach der Lektüre enthusiastischer Methodikfibeln davon überzeugt sind, dass der Schüler, der einfach überhaupt keinen Zugang zu politischen Geschehnissen hat, sich durch wie auch immer gestellte Aufgaben in einer aktivierenden bzw. handlungsorientierten Gruppenarbeit von seinen Mitschülern überzeugen lässt, dass es sinnvoll ist, sich mit der »Partizipation in einem demokratischen System« zu befassen, in ihren ersten Unterrichtsstunden vermutlich manch eine böse Überraschung erleben.

Für einen desinteressierten Schüler ist Gruppenarbeit auch deshalb ein verlockendes Angebot zum Nichtstun, weil der Lehrer den Arbeitsprozess kaum überwacht. Denn die Mitschüler, die sich beim Lehrer darüber beschweren, dass Leyla oder Hannes nichts tun, machen sich in der Klasse eher unbeliebt. Und wie ich finde: zu Recht! Es ist nicht Aufgabe der Schüler, sich um desinteressierte Mitschüler zu kümmern.

Gruppenarbeiten eignen sich natürlich dafür, um die Prinzipien (oder Methoden?) Lernen durch Lehren (LdL) und Selbstorganisiertes Lernen (SOL) umzusetzen. Lernen durch Lehren ist mit Sicherheit hervorragend, wenn es funktioniert. Auf der LdL-Homepage wird die Methode wie folgt angepriesen:

»Bei LdL lernt man vorgegebenen oder ausgewählten Stoff, indem man ihn lehrt, ihn also didaktisch aufbereitet, den Mitlernern aktivierend vermittelt. Nicht

Monologe der Lernerexperten oder Dialoge mit den besten Lernern stehen im Vordergrund, sondern ›Polyloge‹, also die konzentrierte Vernetzung aller Lerner. Durch die hohe Beteiligung der Lerner in den Bereichen Präsentation, Moderation und Teamarbeit ist die Methode besonders geeignet, um Lernern nicht nur Fachwissen, sondern gleichzeitig auch Schlüsselqualifikationen zu vermitteln. Weitere Vorteile der Methode: Der Redeanteil der Lerner steigt erheblich. Themen werden aus Lernerperspektive deutlich. Stoff wird intensiver und vielseitiger behandelt. Die Lehrkraft kann sich besser auf das Aufspüren von Verständnislücken konzentrieren. Lehrkraft und Lerner empfinden mehr Freude am Unterricht und erachten ihn als Gewinn bringend.«[33]

Klingt gut. Klingt sogar super! Aber: LdL funktioniert immer nur dann, sobald ein Schüler wirklich fachlich so überragend ist, dass er anderen den Stoff erklären kann. In den Klassen, die ich momentan unterrichte, würde ich jeweils zwei bis drei Schülern diese fachliche Kompetenz zuschreiben. Und ich habe selten in Klassen unterrichtet, in denen es mehr Schüler waren, die den lehrenden Part hätten übernehmen können.

Man braucht nicht nur einen wirklich leistungsstarken Schüler, sondern man braucht einen wirklich leistungsstarken Schüler, der über ein gewisses Maß an Autorität verfügt. Die fünfzehnjährige Luisa, die einen achtzehnjährigen Freund hat, mit dessen Clique sie sich jeden Freitag trifft, um sich zu betrinken und anschließend bis drei Uhr in einer Disko abzuhängen, die wird den vierzehnjährigen Maximilian, der dem Physiklehrer stolz von seinem neuesten Lego-Technik-Modell erzählt hat, lächerlich finden und sich allein deshalb von ihm nichts erklären lassen wollen. In den meisten Methodenfibeln wird bedauerlicherweise so getan, als gäbe es nur Schüler, die nichts anderes sind als Schüler. Als wären es Aufziehvögel, bei denen zuverlässig immer derselbe Prozess abläuft. Das stimmt nur leider nicht. (Und das weiß eigentlich auch jeder.) Es gibt viele Lauras, die mit dem Trauma der bevorstehenden Trennung der Eltern zu kämpfen haben. Und in solchen Situationen wird die Gruppenarbeit zwar zum Reflektieren genutzt, aber reflektiert werden Alltagssorgen. Ein Lehrer ist hier gefragt. Ein Lehrer mit pädagogischem Gespür. (Wie oft ich selbst ein solches Gespür habe vermissen lassen? Vermutlich oft, denn in der Regel merkt man es nicht.) Manchmal stehen diese Lauras mitten im Unterricht auf. Weinend. Anschließend

---

33 http://www.ldl.de (Abruf 24.9.2014).

stehen sie auf dem Flur. Noch immer weinend. Solche Momente gehören zum Lehreralltag dazu. Und diese Momente sind es, die oft die perfektesten methodischen Ideen, die in der Theorie unfehlbar sind, über den Haufen werfen. Die oft dafür sorgen, dass Unterricht nicht wie geplant funktioniert. Die, sobald das Problem nicht nur Laura, sondern fünf weitere Schüler betrifft, eine Unterrichtsreihe sprengen. Es sind Momente, die das Erreichen irgendwelcher Lernziele unmöglich und irgendwie auch unwichtig erscheinen lassen. Es sind aber auch Momente, die den Lehrerberuf zu etwas einmalig Spannendem machen.

Zurück zu den Methoden, die zu 99,9 % darauf setzen, dass Unterricht unbedingt handlungsorientiert sein muss, also darauf, dass die Schüler bestenfalls alles in Gruppenarbeit selbst machen: Geradezu verheerend können diese Konzepte werden, wenn Maximilian einer ganzen Gruppe – also drei oder vier Schülern – den Stoff beibringen soll. Wer ist am Ende schuld, wenn einer der Schüler nach der Gruppenarbeit und Maximilians geduldigen Erklärungsversuchen immer noch keinen Plan hat? Etwa Maximilian? Natürlich nicht. Aber vielleicht finden das ja seine Mitschüler. Und was geschieht dann? Rufen die Eltern des Schülers, der nichts verstanden hat und deshalb frustriert ist, bei Maximilians Eltern an und beschweren sich? Nicht jeder kann so gut erklären wie Simon in der Kai-Story und steht so selbstbewusst dazu, dass er »anders« ist.

Und SOL?[34] Die Theorie beschreibt das Konzept so:

»Die Mehrheit unserer Schüler ist es durchaus auch heute noch gewohnt, vom Lehrer durch den Unterrichtsalltag geführt zu werden.

Eigenständiges Problemlösen, kooperatives Arbeiten oder gar Phasen des selbstorganisierten Arbeitens über längere Zeiträume hinweg sind noch eher die Ausnahme als die Regel im normalen Schulalltag.

Wer SOL kennen lernt, ist zunächst einmal überrascht, es wird seinem Namen am Anfang überhaupt nicht gerecht.

Die Schülerinnen und Schüler werden in der Einstiegsphase von SOL durchaus lehrerzentriert unterrichtet, allerdings mit einer klaren Zielsetzung: Sie sollen in dieser Phase alle wesentlichen Kompetenzen erwerben, die erforderlich sind, um eigenständig arbeiten zu können. Auch wenn es anfänglich nur klei-

---

34 Die folgenden Zitate finden Sie auf: http://lehrerfortbildung-bw.de/unterricht/sol/01_sol/ (Abruf am 24.9.2014).

nere Aufgaben- oder Problemstellungen sind, die alleine oder kooperativ gelöst werden müssen. Es ist zu berücksichtigen, dass Lernende, die vorwiegend den traditionellen lehrerzentrierten Unterricht gewohnt sind, nicht übergangslos den Anforderungen von selbstorganisierten Lernprozessen gerecht werden können.

Insoweit ist die Fähigkeit, den eigenen Lernprozess selbst organisieren zu können, eine Zielformulierung. Diese Fähigkeit muss in entsprechend konzipierten Unterrichtsarrangements schrittweise erworben werden.«

Ziel des Konzepts:

»Schüler haben das Ziel, selbstorganisiert zu lernen, dann erreicht, wenn
- sie eine ganze Themen- oder Unterrichtseinheit selbstverantwortlich und eigenständig erfolgreich bearbeiten können,
- der zur Bearbeitung erforderliche Zeitraum über einige Unterrichtsstunden bis hin zu mehreren Wochen dauern kann und sich ausschließlich aus der zu bearbeitenden Aufgabenstellung ergibt,
- die Lehrkräfte die von den Lernenden organisierten Arbeits- und Lernprozesse nur noch beraten und begleiten,
- die Sozialformen und Methoden gemäß der Aufgabenstellung von den Lernenden variabel eingesetzt werden können.«

Das Konzept unterscheidet sich natürlich von der herkömmlichen Gruppenarbeit, weil es davon ausgeht, dass Schüler durchaus »allein« lernen, nur in den Phasen der »Kooperation« soll vermutlich in Gruppen gearbeitet werden. Wenn es klappt, ist das eine feine Sache. Die Einwände gegen SOL sind dieselben Einwände, die ich gegen LdL vorgebracht habe. SOL bietet sich meines Erachtens in einem Leistungskurs an. Denn in einem Leistungskurs darf und soll vorausgesetzt werden, dass selbst Kai bereit ist, sich, egal was für Probleme er aktuell hat, immer wieder mit dem Stoff zu befassen und auch Interesse am Stoff zu haben. Er sollte sich also nicht damit begnügen, einen Wikipedia-Beitrag zu überfliegen und dann denken, dass er »fertig« sei.

In Fächern, die die Schüler belegen *müssen,* was in der Sekundarstufe I auf nahezu alle Fächer zutrifft, ist dieses Konzept mit Sicherheit mit einem erheblichen Restrisiko verbunden. Denn es wird auch nach der besten Einführung in dieses Konzept Schüler geben, die den Unterricht nicht selbst organisieren können oder nicht selbst organisieren wollen. Es ist einfach ein Hirngespinst zu glauben, dass sich ein Schüler selbstorganisiert mit etwas befasst, wenn es diesen Schüler überhaupt nicht interessiert. In einer solchen Situation verliert der Lehrer jeden Einfluss, wenn er auf die Rolle eines »Beraters« oder

»Begleiters« reduziert wird. Wir sind dafür da, die Schüler zu motivieren und irgendwie zu begeistern. Das war unsere Aufgabe. Das ist unsere Aufgabe. Und auch in Zukunft sollte es unsere Aufgabe bleiben.

Wir haben dafür unsere Stimme, die begeistert klingen kann. Wir haben unsere Augen, mit denen wir die Schüler anstrahlen können. Wir haben unsere Hände für aufmunternde Gesten. Und notfalls müssen wir auch mit Witz und Ironie versuchen, die Schüler dazu zu bewegen, sich mit den Inhalten, die wir unterrichten, auseinanderzusetzen. Und wenn es uns nicht gelingt, dann scheitern wir, und dann sollten wir auch dazu stehen. Ich selbst bin neulich mal wieder gescheitert. Ich hatte (wie Frau Schmidt) eine Diskussion zur Krim-Krise vorbereitet. Die Schüler sollten sich das Wissen zunächst für die anschließende Diskussion selbst erarbeiten, und ich dachte, als ich den Klassenraum betrat: Heute wird der Unterricht spannend werden, denn das Thema wird ja alle Schüler interessieren.

Ich hatte mich geirrt. Einige meiner durchweg volljährigen Schüler hatten zwei Wochen nach Beginn der Krise von der Krise selbst nichts mitbekommen, obwohl in den Medien bereits vereinzelt vom »Dritten Weltkrieg« die Rede gewesen war. Ich versuchte das Interesse zu wecken. Es gelang mir nicht. Trotz meiner ob der Aktualität begeistert klingenden Stimme. Trotz meiner aus demselben Grund leuchtenden Augen – das Thema knüpfte auch an das Thema Kalter Krieg an, über das wir zuvor gesprochen hatten. Trotz meiner ermunternden Gesten. Es half alles nichts. Irgendwann sagte ein Schüler, dass Putin sich die Krim doch nehmen solle, wenn er sie haben möchte. Ich war geradezu verzweifelt. Früher hätte ich die Schüler wahrscheinlich angeschnauzt. (Das habe ich leider oft getan.) Dieses Mal habe ich mich »nur« fürchterlich aufgeregt. Darüber, dass die Schüler sich nur noch für ihre Handys interessieren. Wir hatten ein paar Wochen zuvor über Hitlers so genannte Machtergreifung gesprochen und über die Gleichschaltung, und eine Schülerin hatte gefragt, weshalb sich so wenige gewehrt hätten. Ihre Frage griff ich nun auf. Ich sagte, dass sich auch in dieser Klasse niemand gegen wen oder was auch immer wehren würde, weil die Hauptsache sei, welche Nachrichten sie auf WhatsApp bekämen und wie die nächste Frage beim *Quizduell* lauten würde. Ich habe mich anschließend bei den Schülern entschuldigt. Aber … ich befürchte, dass ich nicht ganz unrecht hatte. Die Schüler sind heutzutage vom Handyvirus infiziert.

Einige sind daran unheilbar erkrankt. Man hat den Eindruck, sie hätten nicht mal dann Angst, wenn ein Krieg auf deutschem Boden begänne, so lange ihr Empfang nicht gestört wird.

Gruppenarbeit und ihre Töchter LdL und auch SOL … das sind alles Möglichkeiten, die bei dosiertem Einsatz den Unterricht bereichern. LdL kann in einigen Stunden wunderbar eingesetzt werden. Neulich kam Jonas zu mir und bat mich, Nico doch bitte eine gute Note einzutragen. Er habe ihm »das *Passé composé* richtig gut« erklärt. Hinzufügen muss ich, dass Jonas und Nico keine Freunde sind. In diesem Fall haben sich also durch diese Methode Schüler, die sich zuvor wenig zu sagen hatten, fast schon angefreundet. Mehr kann man gar nicht erreichen. Vor allem bei der Rückgabe von Arbeiten ist es eine Bereicherung, wenn diejenigen, die fertig sind mit der Berichtigung, anderen Schülern helfen.

Ich leugne keineswegs die Vorzüge von Gruppenarbeiten beziehungsweise von LDL oder SOL. Und ich leugne auch nicht die Vorzüge der 2000 anderen Methoden, die die Schüler zum Handeln aktivieren sollen.

Was mich stört, sind Formulierungen und damit auch Erwartungshaltungen, mit denen die jetzige, vor allem aber die zukünftige Lehrergeneration so lange begossen wird, bis sich der Lehrer von selbst abgeschafft haben wird. Der unbedingte Glaube an die Vorzüge dieser Methoden läuft oft einher mit einer genauso unbedingten Abneigung gegen den Klassiker Frontalunterricht. Wenn man sich die oben zitierten Huldigungen an LdL und SOL genauer anschaut, dann stolpert man quasi über folgende Sätze:

»Nicht Monologe der Lernerexperten oder Dialoge mit den besten Lernern stehen im Vordergrund …«

Aha. Der Subtext lautet: Lehrervorträge taugen nichts, weil es sich bei ihnen um Expertenmonologe handelt, die eh bloß ein paar Schüler verstehen.

Und:

»Die Mehrheit unserer Schüler ist es durchaus auch heute noch gewohnt, vom Lehrer durch den Unterrichtsalltag geführt zu werden. (…) Es ist zu berücksichtigen, dass Lernende, die vorwiegend den traditionellen lehrerzentrierten Unterricht gewohnt sind, nicht übergangslos den Anforderungen von selbstorganisierten Lernprozessen gerecht werden können.«

Aha. Der Subtext lautet: Es gibt noch immer viele, äußerst bedauernswerte Schüler, die Lehrer ertragen müssen, die sich anmaßen, einfach vor der Klasse zu stehen und den Unterricht zu leiten … die also nicht nach der Begrüßung sofort zum Besten, was es gibt, überleiten, und das ist der aktivierende Unterricht usw. usf.

Mich wundert, dass es viel zu wenig warnende Stimmen gibt. Man müsste den Methodenentwicklern und denjenigen, die fest daran glauben, dass »guter Unterricht« (was auch immer das sein soll) ausschließlich mithilfe dieser Methoden funktioniert, ein Stoppschild direkt vor die Nase halten. Vielleicht wachen sie dann auf. Denn Gruppenarbeiten – in welcher Form auch immer, LdL und SOL und viele andere Methoden – sind nichts weniger als der erste Schritt hin zu einer Schule, in der Lehrer zunächst nur noch beratende und begleitende Funktionen übernehmen (um am Ende dennoch Noten zu geben?), und langfristig werden all diese Methoden gemeinsam mit der Digitalisierung dazu führen, dass SOL nicht für Selbstorganisiertes Lernen, sondern für

Schule ohne Lehrer

steht. Das wäre eine Katastrophe. Deshalb lehne ich den vollkommen unkritischen Glauben an alles Neue, also an jede neue Methode und an die neuen Medien, ab.

Die zunehmende Totaldigitalisierung wird geradezu versinnbildlicht durch PowerPoint-Präsentationen und den Trend, Schiefertafeln nach und nach durch Whiteboards zu ersetzen. Und natürlich auch durch Schülerlaptops oder iPads, die als Klassensätze angeschafft werden.

PowerPoint-Präsentationen, digitale Whiteboards und Schullaptops

Pressemitteilung der dpa, zitiert nach der Süddeutschen Zeitung vom 2. Juni 2014:

»An sechs Hamburger Schulen haben vom kommenden Schuljahr an Tafeln, Bücher und Hefte in einzelnen Klassen weitgehend ausgedient. Unter dem Titel *Start in die nächste Generation* beginnt dort nach den Sommerferien ein zweijähriges Pilotprojekt, bei dem die Schüler stattdessen im Unterricht mit Smartphones, Tablets und Laptops arbeiten und so deren sinnvolle Nutzung erlernen sollen, wie Hamburgs Schulsenator Ties Rabe (SPD) sagte. Die Kosten des Projekts, an dem etwa 1300 Schüler teilnehmen, bezifferte er auf fast 900000 Euro. Vier weitere Schulen würden zudem beispielhaft Informatik-Lehrpläne entwickeln. Bei dem Projekt sollen die Schüler ihre oft bereits privat vorhandenen Geräte im Unterricht verwenden. Für Jugendliche, die sich keinen Laptop oder Tablet leisten können, sollen die Schulen einspringen. Immer mehr Länder und auch Kommunen (…) arbeiten momentan an der Digitalisierung der Schulen. […]«

Es geht also endgültig los. Auch mit dem iPad als Schulbuchersatz wird herumexperimentiert.[35] Und die Begeisterung ist groß (und es wäre irgendwie auch seltsam, wenn das nicht der Fall wäre): Denn die Schüler haben dabei viel Spaß, und die Lehrer lassen sich gern auf von Apple gesponserten Fortbildungen in den Gebrauch der iPads einweisen. Ich bin übrigens überzeugt davon, dass den Schülern der Unterricht mithilfe der Laptops und der iPads *wirklich* Spaß bringt, und am Engagement der Lehrer zweifele ich sowieso nicht. Ich will an solchen Schulen allerdings nicht zu den Lehrern gehören, die sagen: »Ich halte es langfristig trotzdem nicht für richtig, Schüler ausschließlich auf diese Art zu unterrichten.« Und vor allem will ich nicht der Lehrer sein, der daran festhält, die Schüler hin und wieder zum Abschreiben eines Tafelbildes aufzufordern. Solche Lehrer würden vermutlich als Spaßbremse wahrgenommen werden. Als Menschen, die stehen geblieben sind, und einige von ihnen würden enden wie Frau Schmidt.

Wie dem auch sei: Im Grunde genommen hat die Digitalisierung sowieso schon längst und abgesehen von vielen Grundschulen, denen ich Durchhaltewillen und Rückgrat wünsche, überall begonnen. Während der Informatikunterricht vor langer, langer Zeit in Computerräumen stattfand, bestimmt die Digitalisierung in Form von PowerPoint-Referaten schon seit vielen Jahren den Unterrichtsalltag in zahlreichen Fächern. Und nun, siehe oben, starten also auch die ersten Pilotprojekte, deren Ziel es ist, Unterricht digital stattfinden zu lassen.

---

35 Ein Beispiel: http://www.eichenwallschule.de (Abruf 28.9.2014).

Und nein, ein Fluch sind PowerPoint-Präsentationen und die Ausstattung der Schulen mit digitalen Whiteboards nicht, aber der Segen, für den sie gehalten werden, sind sie meiner Meinung nach auch nicht. Und Schülerlaptops (bzw. iPads)? Irgendwann wird man Erkenntnisse darüber haben, ob in Laptopklassen in Hinblick auf den Lernfortschritt aller Schüler erfolgreicher gelernt wird und auch darüber, wie motivierend Laptops im Unterricht wirklich sind. Leuchtende Augen begeisterter Neuntklässler – und deren Augen werden genauso begeistert leuchten wie in den Momenten, in denen sie eine App mit dem neuesten Spiel herunterladen – sind kein Beleg für den Erfolg. (Und natürlich auch kein Beleg für den Misserfolg.) Verbessern Laptops und digitale Whiteboards den Unterricht? Wird ein mittelmäßiger Unterricht durch deren Einsatz gut? Das ist erstens schwer zu messen, und zweitens kommt es wie immer darauf an, wer das Whiteboard wie benutzt. Aber auch derjenige, der jede der vielen Funktionen des Whiteboards sicher beherrscht und die Whiteboardstifte so selbstverständlich nutzt wie ein Lehrer im 20. Jahrhundert Kreide, wird sich während des Unterrichts gemeinsam mit den Schülern in naher Zukunft oft im Netz aufhalten, und deshalb geht es bei der digitalen Aufrüstung auch um folgende Grundsatzfrage: Wie viel Internet brauchen wir im Schulalltag, wenn das ganze Leben der Schüler vom Internet dominiert wird? (Auch dazu werde ich konkrete Vorschläge machen. Um vorzubeugen, dass jemand das Buch schon jetzt aus der Hand legt: Ich bin keineswegs für die netzlose Schule, an der der Gebrauch von Laptops und Whiteboards komplett ausgeschlossen wird.)

Momentan gibt es noch viele Schulen, deren Unterricht an Tafeln stattfindet und die, wenn überhaupt, gerade begonnen haben, erste Räume *um-* oder, je nach Standpunkt, *auf*zurüsten. Und die Pilotprojekte mit Laptop- und iPadklassen starten erst. Dennoch handelt es sich um Trends, die als selbstverständlich empfunden werden und – mal wieder – als der Weisheit letzter Schluss gelten und deshalb viele Nachahmer finden werden. Wenn dem nicht so wäre, würden diverse Bildungspolitiker diese Projekte nicht derart enthusiastisch anpreisen beziehungsweise nicht große Summen investieren.[36]

---

36 Vgl. auch http://www.i-dbnd.de/aktuelles_gewinnuebergabe_broich.html. »Dbnd« steht für »digitale Bildung neu denken«.

Bevor ich mich genauer mit Whiteboards und Laptop-Unterricht befasse, sollen die Vorzüge der (digitalen) PowerPoint-Referate, die inzwischen als alternativlos gelten, zumindest einmal kritisch hinterfragt werden. Und da es sonst niemand tut, mache ich das.

PowerPoint-Referate – der Weisheit letzter Schluss (I)

Für alle, die es nicht wissen, sei an dieser Stelle darauf hingewiesen: Schüler müssen (oft schon in der Sekundarstufe I, spätestens in der Sekundarstufe II[37]) heutzutage ständig Referate halten. In jedem Fach ein Referat pro Schuljahr ist zum Beispiel vollkommen normal. Kai, Hannes und Laura sind durchgehend mit Referaten beschäftigt. Entweder halten sie selbst eins oder sie hören (nicht) zu, wie ihre Mitschüler ein Referat halten. Meistens handelt es sich um Referate, die zu Hause vorbereitet worden sind und anschließend als Ausarbeitung, also als Hausarbeit, dem Lehrer ausgehändigt werden. In solchen Fällen bekommen die Schüler fast immer eine Note für die Präsentation und die Hausarbeit, und sowohl die schriftliche Arbeit als auch die PowerPoint-Präsentation – also das eigentliche Referat – werden noch mal in Teilnoten untergliedert.

Die Lehrer lassen heutzutage so viele Referate halten, weil sie es – daran zweifele ich nicht – aus pädagogischer und auch didaktischer Sicht für richtig halten. Vor vielen Jahren, als PowerPoint »neu« war, gab es noch ein entscheidendes Argument für PowerPoint: Es war ein Methodenwechsel! Solche Referate machten den Unterricht bunter. Diese Wirkung ist aufgrund der Masse an PowerPoint-Referaten längst verpufft. Solche Referate werden inzwischen als so spektakulär angesehen wie eine Vokabeleinführung an der Schiefertafel in den Achtzigerjahren.

PowerPoint-Referate sollte man nur dann halten (lassen), wenn es dafür einen konkreten Grund gibt. Und natürlich gibt es oft konkrete Gründe: PowerPoint bietet in Kombination mit einem Whiteboard zum Beispiel eine unübertroffene Möglichkeit, ein Referat über die

---

37 Für alle Nichtlehrer: »Primarstufe« umfasst die Grundschulzeit, »Sekundarstufe I« die Zeit *nach* der Grundschule und *vor* der »Sekundarstufe II«, also der gymnasialen Oberstufe. PowerPoint-Referate werden vermutlich noch nirgendwo vor der siebenten Klasse gehalten, aber dann geht es langsam los.

späte Schaffensphase von van Gogh zu halten. Dass man in einem solchen Fall versucht, sich Poster oder Folien für den Overheadprojektor zu beschaffen, wäre in der Tat recht altertümlich. Und ein solches Referat zu halten, ohne Bilder zu präsentieren, wäre im wahrsten Wortsinne farblos. Die Liste mit Themen, die sich in nahezu allen Fächern für PowerPoint-Referate anbieten, ist lang. Weil das so ist, werden heutzutage allerdings nur noch solche Referate gehalten. Das wiederum ist bedauerlich, denn die Liste mit Themen, die sich traditionell präsentieren lassen, ist ebenfalls lang.

Für PowerPoint spricht selbstredend, dass Schüler, die eine Schule im 21. Jahrhundert mit welchem Abschluss auch immer verlassen, in der Lage sein sollten, mit PowerPoint umzugehen. Auf Meetings oder Kongressen in der Wirtschaft werden Vorträge ausschließlich mit Hilfe von PowerPoint gehalten. Aber erstens können fast alle Schüler spätestens in der Oberstufe besser mit PowerPoint umgehen als viele Lehrer (als ich sowieso), und zweitens haben wir es in der Wirtschaft, wo das Karteikartenreferat endgültig ausgestorben ist, mit Erwachsenen zu tun (und nicht mit *Heran*wachsenden). Also mit Menschen, die sich längst spezialisiert und ihre Wissensnische gefunden haben. In der Regel dienen die Präsentationen auch nicht dazu, das Wissen der Kongressteilnehmer zu festigen, sondern sie dienen dazu, über bestimmte Sachverhalte und Vorgehensweisen zu informieren. Und auch der Referierende will informieren und sein Wissen mithilfe der Präsentation nicht vertiefen. Das ist ein Unterschied zum Schulbetrieb, der einerseits selbstverständlich ist, der andererseits erstaunlicherweise trotzdem ignoriert wird.

In der Schule geht es, und genau das macht Schule als Bildungsanstalt so wertvoll, noch immer um Allgemeinbildung. Und im Großen und Ganzen halte ich es auch für richtig, dass man nach dem Besuch einer Schule mit einem gewissen Grundgerüst an natur- und geisteswissenschaftlichem Wissen ausgestattet sein sollte. Ich bin ein entschiedener Gegner der Auffassung, dass Schüler vor allem Lernen lernen sollten. Nein, Schüler sollten auch ihr Wissen und ihre Kenntnisse erweitern. Sie sollten nach der Schulzeit einen stabilen Gedächtnisbestand haben. Das Gedächtnis verliert aber an Kraft, wenn es nicht trainiert wird. Dass dies so ist, liegt auch an der Digitalisierung. Ich behaupte sogar, dass konkret PowerPoint-Referate die Tendenz, sich Wissen nur noch kurzfristig anzueignen, fördern.

Denn die Inhalte hinter der PowerPoint-Präsentation befinden sich in der Regel auf einem Stick. Und das heißt: nicht im Kopf! Während einer PowerPoint-Präsentation werden Stichworte präsentiert. Dann drückt man ein Knöpfchen, und es erscheint das nächste Stichwort. Oft bestehen diese Stichworte aus ganzen Sätzen, und die werden dann abgelesen. Manchmal gucken die Schüler, während sie die Sätze ablesen, nicht mal in Richtung der Klasse. Da es durch Copy&Paste einfach geworden ist, eine PowerPoint-Präsentation so zu füttern, dass im Zehnsekundentakt irgendetwas Neues aufflimmert – ein Wort, ein Satz, ein Kreis, ein bunter Pfeil – steht im Vordergrund längst nicht mehr der Vortrag, sondern die Masse an Projektionen. Je bunter, desto besser. Das führt dazu, dass Referate über irgendwelche Kaiser[38] oft folgendermaßen aussehen: Die Mitschüler und der Lehrer bekommen ein Bild von Wilhelm II. zu sehen, dann erscheint klickweise so eine Art Lebenslauf des Kaisers, bei dem es sich um eine meistens immerhin gekürzte Variante des Wikipedia-Lebenslaufs handelt. In diesem Fall hat sich der Schüler eigentlich schon fast Mühe gegeben. Wenn er sich gar keine Mühe gegeben hat, dann hat er sich den Stick vom Kumpel aus der Parallelklasse, der im Monat zuvor dasselbe Referat bei einem anderen Lehrer gehalten hat, ausgeliehen und hält das Referat ad hoc. Schön bunt sieht es ja meistens wirklich aus, und ablesen kann jeder.

Problematisch daran ist, dass viele Schüler bei der Vorbereitung ihrer Referate heutzutage oft *nicht wirklich* in ihr Thema eintauchen. Es muss eben immer alles binnen weniger Minuten gehen. Also googelt man sich alles zurecht, kommt schnell auf irgendwelche Seiten, kopiert und verschiebt hin und her, und zack, schon hat man ein Referat vorbereitet oder eine Hausaufgabe gemacht.

Kai sollte sich »über Bismarcks Außenpolitik informieren«. Heute kann man sich in der Werbepause des Dschungelcamps über Bismarcks Außenpolitik informieren, und in der nächsten Werbepause druckt man das, was man gefunden hat, aus. Früher war das anders. Man brauchte mindestens ein sehr gutes Schulbuch, und dann musste man den entsprechenden Text lesen, und wenn man irgendein Ergeb-

---

38 Dass ich oft Beispiele aus dem Geschichts- und Französischunterricht wähle, bitte ich mir nachzusehen. Das sind meine Fächer, und zu diesen Fächern kann ich mich am konkretesten äußern.

nis präsentieren wollte, musste man sich Notizen machen. Oder die Eltern besaßen ein vernünftiges Lexikon oder weiterführende Literatur. In Einzelfällen ist es mit Sicherheit auch früher vorgekommen, dass man sich die Notizen irgendwelcher Mitschüler geklaut hat, aber das war ungleich komplizierter. Man konnte sich die Notizen nur mit Briefpost zuschicken oder man musste sich treffen. Man musste die in der Regel handschriftlichen Informationen auch entziffern können oder, wenn der Lehrer nicht ganz blöd war, noch mal komplett neu abschreiben, und dass irgendjemand für einen Mitschüler ein Referat »schnell mal« ausgearbeitet hat, daran erinnere ich mich nicht. (Aber natürlich gab es auch das in der vordigitalen Zeit.) Die Leichtigkeit, Referate oberflächlich vorzubereiten oder sich zu klauen, ist eine Verlockung, der Schüler manchmal nicht widerstehen können. Der Wunsch vieler Lehrer nach dem perfekt ausgearbeiteten PowerPoint-Referat macht es ihnen erheblicher leichter, wenig Arbeit und wenig Wissen hinter einer glänzenden Präsentation zu tarnen.

Viele Schüler nutzen neben Google vor allem Wikipedia (weil Google die Sucher auf die Wikipedia-Seite »schickt«), um dann mit dem geringst möglichen Zeitaufwand an Informationen zu kommen. Wikipedia ist übrigens ein sehr gutes Lexikon. Es ist sogar ein hervorragendes Lexikon für Menschen, die sich wirklich über etwas informieren und in einem Thema geradezu versinken wollen. Das Problem ist: Zum Versinken haben die Schüler überhaupt keine Zeit. Denn Wikipedia ist nur eins von vier Fenstern, das gerade geöffnet ist. YouTube, wo man gerade ein cooles Musikvideo entdeckt hat, ist geöffnet, Facebook sowieso, und auf Ebay wird geguckt, ob schon jemand mehr als man selbst für das T-Shirt geboten hat, das man unbedingt haben möchte.

Man sollte den Mut aufbringen, von Schülern zu verlangen, sich Wissen hin und wieder auch aus Büchern anzueignen. Denn indem man die Schüler ausschließlich PowerPoint-Referate halten lässt, macht man es ihnen zu einfach. Der Witz ist: 99,9 % meiner Kollegen finden, dass Lehrer, die explizit keinen Wert auf PowerPoint legen, es den Schülern zu einfach machen. Gerade neulich hörte ich folgenden Satz: »Also Referate nur von Karteikarten ablesen zu lassen, das erlaube ich nicht!« Seltsamerweise halte ich ein Karteikartenreferat, sollten auf den Karteikarten nur Stichwörter notiert sein, heutzutage für eine wesentlich größere Kunst.

Es gibt übrigens Schüler, die kämen nicht mal auf die Idee, sich wegen der Möglichkeiten des Internets nicht trotzdem intensiv mit einem Thema auseinanderzusetzen. Die leistungsbereitesten zehn Prozent (eigene Schätzung beziehungsweise Erfahrungswert) aller Schüler sind einfach interessiert. Die betrachten Schule als Herausforderung und Einladung, sich mit der Welt in all ihren Facetten zu befassen. Die lassen sich in einer solchen Recherchephase durch nichts ablenken, und deren PowerPoint-Referat und deren Ausarbeitung werden sowohl sie selbst als auch die Zuhörer – Lehrer inklusive – bereichern. Aber der stinknormale Schüler? Kai? Hannes? Leyla? Bülent? Alexei? Oder der fünfzehnjährige Arne Ulbricht im Biounterricht? Der erhält durch PowerPoint die Möglichkeit, binnen kürzester Zeit ein gut aussehendes, im wahrsten Wortsinne glänzendes Referat zu einem x-beliebigen Thema zu halten. Übrigens halte ich es für die natürlichste Sache auf der Welt, dass Schüler die Möglichkeiten, die ihnen das Internet und Copy&Paste beim Erstellen von PowerPoint-Präsentationen und beim Schreiben von Hausarbeiten bietet, nutzen. Hätte ich in vielen Fächern auch getan. Für weniger natürlich halte ich die Ausschließlichkeit, mit der Lehrer PowerPoint-Referate und am Rechner geschriebene und formatierte Hausarbeiten einfordern. Die meisten Kollegen wissen ganz genau, wie viel Chancen Schüler auf diese Weise erhalten, mit oberflächlichem Wissen zu glänzen. Und das Rechtschreibprogramm erledigt den Rest.

Wenn ich meine Kollegen darauf anspreche – manchmal traue ich mich noch (es wird aber seltener) – dann wird mir natürlich erklärt, dass sie ein Verfahren hätten, wie sie anschließend prüfen könnten, dass der Schüler wirklich nichts kopiert habe und dass er genauestens Bescheid wüsste usw. usf. Ich habe so ein Verfahren auch. Nach den wenigen PowerPoint-Referaten, die ich zugelassen habe, habe ich einfach ein paar Fragen gestellt. Die sowieso über die Maßen engagierte Schülerin konnte viele Fragen beantworten und auch über das Thema diskutieren und eigene Standpunkte verteidigen. Die anderen, also die ganz normalen Schüler, die wussten trotz Hochglanz-PowerPoint-Präsentationen anschließend überhaupt nichts und ich bin überzeugt, dass die meisten von ihnen eine Woche später sogar vergessen hatten, worum es in ihrem Referat überhaupt gegangen war. So wie Hannes in der Kai-Story. Das liegt daran, dass Wissen oft kopiert und an die Wand projiziert wird. (Und auch daran, dass

Schüler, sobald sie ein Referat gehalten haben, schon das nächste Referat vorbereiten müssen.) So etwas KANN GAR NICHT passieren, wenn ein Schüler gezwungen war, sich zumindest stichwortartig und handschriftlich Notizen zu machen.

Und die Ausarbeitungen, bei denen es sich um Hausarbeiten handelt? Führen die denn nicht dazu, dass die Schüler die Inhalte auf ihrer eigenen Festplatte, und das sollte noch immer das Gehirn sein, abspeichern? Nein. Leider nicht. Ich zum Beispiel lese oft die ersten fünf Sätze und weiß, dass das ein Schüler nicht selbst geschrieben haben kann. Dann gebe ich einen Satz in den P.C. ein und finde schnell die Seite, auf der der Satz, der Absatz oder manchmal auch der ganze Text geklaut worden ist. Anschließend beginnen die zähen und äußerst lästigen Diskussionen mit den Schülern. Die ganz wenigen, bei denen es einfach zu offensichtlich ist, geben es meistens sofort zu. (»Ja ja, hatte keine Zeit, tut mir leid.«) Aber mit all den anderen, die »drei Tage« oder »das ganze Wochenende« an der Arbeit gesessen haben, diskutiert man nicht mehr über Inhalte, sondern darüber, an welchen Stellen offensichtlich kopiert worden ist. Das Problem: Es dauert lange, Hausarbeiten zu lesen. Oft mit Sicherheit viel länger, als einige Schüler gebraucht haben, sich die Arbeit zusammenzuklauen. (Das ist übrigens auch eine Kunst, wenn man es geschickt macht.)

Andere Lehrer erklären mir in Bezug auf die Hausarbeiten dann dasselbe wie in Bezug auf die PowerPoint-Referate: Dass das bei ihnen nicht geschehe, weil sie Aufgaben so stellen würden, dass man gar nicht kopieren könne. Vielleicht bin ja auch einfach ich das Problem. Vielleicht fehlen mir wirklich oft die Patentrezepte, die in einer Welt, in der man sich Fremdwissen ergoogeln und Hausarbeiten zusammenbasteln und anschließend trotzdem von nichts eine Ahnung haben kann, funktionieren.

Immerhin: Auch ich habe meinen Weg gefunden, und dieser Weg ist eine Abkehr von PowerPoint und eine Rückkehr zu handgeschriebenen Hausarbeiten. Ich lasse nur noch PowerPoint-Referate halten, wenn Schüler es von sich aus wünschen und mir ihren Wunsch begründen. Sonst lasse ich Referate traditionell halten. Und ich mache damit gute Erfahrungen. Ein Beispiel: Zwei Mädchen, beide absolut nicht interessiert an Geschichte (was irgendwie auch an meinem Unterricht liegen muss), stehen mit Karteikarten in der

Hand vor der Klasse und erzählen vom Roman *Im Westen nichts Neues*. Sie lesen Passagen vor, anstatt sie an die Wand zu beamen, sie erzählen vom Leben des Autors, sie äußern sich emotional zum Buch, ohne dass irgendwelche Stichworte an der Wand jegliche Emotionalität zerstören.

Natürlich hören trotzdem nicht alle zu. Es hören nur selten alle zu. Aber die Mädchen selbst haben sich definitiv eingehend mit *Im Westen nichts Neues* befasst. So sehr, dass es eine Freude war, mit den Schülerinnen in der Pause über das Buch zu sprechen. Nicht als Lehrer, sondern als Mensch, der das Buch ebenfalls gelesen hat. Ein anderes Beispiel: Ein Schüler, der selten da ist, gibt eine Hausarbeit zum Thema Wilhelm II. ab. Handgeschrieben. Ich behaupte: Kein anderer Lehrer hätte diese Arbeit akzeptiert. Ich akzeptiere sie nicht nur, ich nehme sie sogar mit einem Lächeln entgegen. Es ist viel durchgestrichen. Ich kann den Prozess, wie der Schüler sich Gedanken gemacht hat, regelrecht verfolgen. Es sind viele sachliche Fehler in der Arbeit. Dennoch weiß dieser Schüler erstaunlich viel über Wilhelm II. Auch Wochen später meldet er sich stets, wenn es aus irgendeinem Grund um Wilhelm II. geht. Und da sich dieser Schüler wirklich mit Wilhelm II. auseinandergesetzt hat, ist sein Interesse vielleicht sogar geweckt worden. Meiner Ansicht nach sollten Schüler, die in Deutschland einen Schulabschluss machen, wissen, dass es in Deutschland noch im 20. Jahrhundert einen Kaiser gab, ohne dass sie bei Google die Wörter »Kaiser« und »Deutschland« eingeben oder Siri fragen müssen. Und ein deutscher Student sollte, wenn er an einem Bismarck-Denkmal vorbeigeht, dem französischen Kommilitonen erklären können, wer dieser Bismarck ist, ohne es googeln zu müssen. (Alternativ könnte der französische Student selbst Bismarck googeln – dann müsste man nicht erst ein lästiges Gespräch führen.) Es gibt viele Möglichkeiten, das Allgemeinwissen an den Schulen zu fördern. PowerPoint-Referate gehören meiner Ansicht nach eher nicht dazu.

Man kann es doch drehen und wenden, wie man will: Es bleibt viel mehr hängen, wenn man etwas handschriftlich aufschreibt, als wenn man es kopiert. Der Lerneffekt ist größer. Es ist viel mehr geistige Arbeit und Mühe, wenn man eigenständig Wörter aneinanderreihen muss, die einen Sinn ergeben und die man anschließend nicht mehr ohne ästhetische Kollateralschäden verschieben kann.

Für meine lieben Kollegen, die auf perfekt formatierten Ausarbeitungen am PC bestehen (»Ich bereite die Schüler auf die Universität vor.«), habe ich wenig Verständnis. Ich habe 1992 Abitur gemacht, und meinen ersten PC hatte ich erst 1993 – als ich zu studieren begann. Formatieren können die meisten Schüler sowieso, und die, die es nicht können, die lernen es, sobald sie wirklich darauf angewiesen sind. Obwohl man mir immer alles dreimal erklären muss, habe selbst ich schnell gelernt, wie man Texte ordentlich formatiert.

Ich befürchte, dass ich bis jetzt niemanden, der diese Absätze gelesen hat, überzeugen konnte, den Mut aufzubringen und wenigstens ab und zu zu längst vergessenen Vorgaben für Referate zurückzukehren. Das heißt: PowerPoint nicht als Stichwortgeber zu nutzen, sondern – wenn überhaupt – als Möglichkeit, sinnvoll in das Referat eingebundene Fotos oder Bilder zu präsentieren, die den freien Vortrag mithilfe von auf Karteikarten notierten Stichwörtern ergänzen.

Von meiner Meinung, dass handgeschriebene Notizen – ich spreche ausdrücklich nicht von ausformulierten Sätzen – auf Karteikarten, die der Schüler selbst und nicht dessen Mama (aber wer hat schon eine solche Mama) notiert hat, von langfristigerem Nutzen für den Schüler sind als an die Wand projizierte Stichworte, bringt mich allerdings niemand ab. Denn: Wenn zwei durchschnittlich leistungsstarke Zehntklässler zu ein- und demselben Thema ein Referat halten müssten, wer wüsste anschließend mehr über das Thema: Derjenige, der eine reine PowerPoint-Präsentation gehalten hat und im Internet auf sechs verschiedenen Webseiten recherchiert hat, oder derjenige, der mithilfe von Karteikarten vorgetragen und sein Wissen auf drei Webseiten gefunden und aus drei Büchern *raus*geschrieben hat?

Wie bereits erwähnt, habe ich in der Oberstufe ein einziges Referat (im Geschichtsleistungskurs) halten müssen. Mein Gandhi-Referat bereitete ich unendlich lange vor. Nicht, weil ich so fleißig war. Sondern weil ich begann, mich ins Thema zu vertiefen. Ich kaufte eine Biografie, ich lieh mir Biografien aus, ich schrieb aus den Biografien Informationen heraus, ich guckte den dreistündigen Film von Richard Attenborough mit einem atemberaubenden Ben Kingsley als Gandhi in der Hauptrolle, ich spulte anschließend die Videokassette zurück und dann wieder vor, bis ich den Ausschnitt fand, den ich zeigen wollte und den ich ins Referat einbettete. Dann war es so weit! So aufgeregt wie an jenem Tag ging ich anschließend nur noch unmittelbar vor den Abiturklausuren zur Schule. Nachdem ich mein Referat gehalten hatte – es dauerte fünfundvierzig Minuten und blieb damit absolut im zeitlichen Rahmen – wurde darüber diskutiert und gesprochen und wahrscheinlich wusste ich einige Wochen lang mehr über Gandhi und dessen Wirken als viele Professoren an der Uni. Und – man mag es mir glauben oder nicht – knapp fünfundzwanzig Jahre später weiß ich noch immer das eine oder andere über Gandhi zu sagen. Das liegt nicht daran, dass ich ein außergewöhnliches Gedächtnis habe. Es liegt einzig und allein daran, dass man sich damals Wissen für Referate aus Büchern aneignete. Und dass man dieses Wissen nur dann parat hatte, wenn man es sich aus den Büchern herausschrieb. Wir bekamen übrigens fast alle Einsen für unsere Referate. Die hatten wir uns auch verdient. Damals konnte ich das nicht beurteilen. Aber heute nach über zehn Jahren Lehrertätigkeit schon. (In einer Phase wäre das Referat heute auf jeden Fall deutlich besser gewesen: Den Filmausschnitt hätte ich in großartiger Qualität am Whiteboard zeigen können.)

Früher waren die meisten der wenigen Referate, die gehalten werden mussten, für Schüler, Mitschüler und Zuschauer Gewinn bringend. Vor allem der referierende Schüler wusste damals eigentlich immer wesentlich mehr als vorher und hatte das Wissen länger gespeichert. Das ist heute oft nicht mehr so. Und das liegt daran, dass man viel zu einseitig auf PowerPoint, also auf die digitale Variante des Referats, setzt und den Schülern so Möglichkeiten bietet, Wissen in kürzester Zeit »präsentierbar« zu machen. Die analoge Variante wird oft nicht mal mehr akzeptiert.

Meine Kritiker werden einwenden: Die Schüler haben gar nicht mehr die Zeit, sich derart umfangreich auf Referate vorzubereiten. Bingo! Volltreffer! Schüler halten ja heute mehr Referate pro Monat als ich in meiner ganzen Schulzeit halten musste. Das ist kein Argument für PowerPoint, das ist ein Argument für weniger Referate.

Darüber hinaus ist die Aneinanderreihung aus PowerPoint-Referaten in vielen Fächern in meinen Augen absurd. Viele Lehrer und Bildungstheoretiker beharren darauf, dass die Schüler selbst organisiert lernen müssten und dass man durch (PowerPoint-)Referate genau das erreiche – Schüler würden ja schließlich einen Teil des Unterrichts selbst übernehmen. Stimmt. Aber dass der verpönte Lehrervortrag abgelöst worden ist durch einen Reigen, bestehend aus frontalen

Schülervorträgen, grenzt doch an eine Idiotie, die kaum in Worte zu fassen ist. Ein PowerPoint-Referat ist nichts anderes als Schülerfrontalunterricht. Richtig ist, dass der Lehrer während dieser Vorträge im Hintergrund verschwindet und nur noch eingreift, wenn Schüler beginnen, großen Mist zu erzählen. Für Lehrer, die sich im Hintergrund wohlfühlen beziehungsweise die sich selbst in erster Linie als Begleiter und Notenvergeber sehen, läuft es optimal. Für mich ist genau das das Problem. Es läuft und läuft und läuft – und zwar in die falsche Richtung. Denn wenn ein Lehrer immer nur im Hintergrund ist, dann merkt man nicht, wenn er irgendwann ganz verschwindet.

Weniger ist oft mehr. Lehrer sollten die Schüler viel weniger Referate halten lassen. Und diese wenigen Referate sollten dann so gehalten werden, dass ersichtlich wird, dass die Schüler tief in den Stoff eingetaucht sind.

Der Trend ist jedoch eher ein anderer. Durch die Anschaffung der digitalen Whiteboards ist es *noch* einfacher, PowerPoint-Referate zu halten. Während man bis vor Kurzem noch einen Beamerwagen organisieren musste, reicht es heute, einen Stick mitzubringen. Mit Ausnahme des eigenen Sticks befindet sich alles im Klassenraum. Schüler vergessen übrigens manchmal ihren Stick. (Das heißt im Klartext: Sie haben das Referat noch nicht ausgearbeitet.) Manchmal ist ihr Computer auch am Tag zuvor abgestürzt. (Auch das heißt im Klartext: Sie haben das Referat noch nicht ausgearbeitet.) Oder sie hatten eine Woche keinen Internetzugang. (Das sagte mir übrigens wirklich mal ein Schüler. Auf den Hinweis, dass ich doch gar keine Internetrecherche gefordert habe, wurde ich gefragt, wie man denn anders an Informationen käme.) Die Ausreden gibt es nicht, wenn man ein Referat traditionell halten möchte. Außerdem ist das Wissen dann ja eh dort, wo es sein sollte: im Kopf, und nicht auf einem Stick.

Whiteboards – der Weisheit letzter Schluss (II)

Manfred Spitzer beschreibt die digitalen Whiteboards folgendermaßen:

»Ein Smartboard ist eine Art überdimensionierter Flachbildschirm (oder Beamer mit Leinwand – es gibt unterschiedliche Systeme) mit angeschlossenem Computer, der im Klassenzimmer an die Stelle der Tafel tritt und auch etwa so groß ist wie diese. Bei berührungsempfindlichen Boards lässt sich durch Anklicken ein Schreibwerkzeug aktivieren.«[39]

Momentan kämpfe ich ständig mit den Whiteboards. Ich bin nicht besonders technikaffin, und ich war es auch nie, und all diejenigen, die mir vorwerfen, ich sei ja eh ein Technikfeind, haben nicht ganz Unrecht. Wenn man allerdings allein deshalb alles blödsinnig findet, was ich in diesem Büchlein schreibe, macht man es sich zu einfach.

Da ich um meine Schwächen weiß, habe ich bereits drei Whiteboard-Einführungskurse hinter mir. Und einige werden folgen. Während der Kurse habe ich durchaus gestaunt: Man kann zwischen Dutzenden Farbtönen wählen, und Striche können nicht nur dick und dünn, sondern auch gerade und Kreise rund gezeichnet werden. So hinterwäldlerische Geräte wie ein Lineal und einen Zirkel braucht man nicht. Man klickt mit dem Whiteboardstift auf ein bestimmtes Feld, und schon ist der krumme Strich gerade. Unleserliche Schrift? Kein Problem! Man kann die unleserliche Schrift in lesbare Schrift verwandeln. Es ist möglich, Tafelbilder abzuspeichern und immer wieder zu verwenden. Arbeitsblätter, die man zu Hause am PC gemacht hat, kann man ans Whiteboard projizieren und dort mit dem Whiteboardstift bearbeiten. Das sind alles Vorzüge, die zu leugnen lächerlich wären. Vor allem für Mathelehrer und wahrscheinlich auch für andere Naturwissenschaften, also für die Fächer, in denen es auf Exaktheit ankommt, ist das Whiteboard bestimmt ein Traum und führt dazu, dass gewisse Dinge besser präsentiert werden können. (Und einige Dinge kann man wahrscheinlich sogar nur dank der Whiteboards präsentieren.)

All das, was ich genannt habe, kann man allerdings erst machen, sobald man das Whiteboard hochgefahren hat. Und hier beginnen die Probleme: Es ist mir nicht immer gelungen, das Whiteboard zu

---

39 Manfred Spitzer, *Digitale Demenz*, München 2012, S. 76.

starten. Am praktischsten wäre es vermutlich, wenn der Hausmeister vor der ersten Stunde alle Whiteboards hoch- und nach der achten wieder runterfährt. Dann müsste man sich, sobald der eigene Unterricht beginnt, nur noch anmelden – auch das führt allerdings zu einer Verzögerung. Abgesehen davon wäre es energiepolitisch ein verheerendes Signal an die Schüler, sollten die drei, acht oder fünfzehn Whiteboards durchgehend hochgefahren sein. Ich habe es auch schon erfolgreich gestartet, und dann funktionierte der Stift (der momentan pro Stück über vierzig Euro kostet) nicht. An einem anderen Tag funktionierte der Stift, er ließ sich allerdings nicht kalibrieren. Die Stifte müssen kalibriert werden, damit das Whiteboard erkennt, wo der Stift aufsetzt. Sonst entsteht der Text nicht dort, wo man schreibt, sondern zehn Zentimeter tiefer. (Oder neun Zentimeter höher …) Meine Schüler und ich versuchten dann gemeinsam, den Stift zu kalibrieren. Dafür mussten wir mit dem Stift an gewissen Punkten am Whiteboard jeweils auf eine Zielscheibe tippen. Das war ein großer Spaß – sowohl für die Schüler als auch für mich. Wir haben uns alle ein paar Minuten lang ein wenig mehr gemocht, weil wir gemeinsam keine Ahnung hatten. Insofern hatte das Whiteboard auch in dieser Stunde einen pädagogischen Mehrwert. Abgesehen von den hier geschilderten Erfahrungen funktionieren die Whiteboards in der Regel aber einwandfrei.

Das Whiteboard ist zum einen also ein Tafelersatz, zum anderen ein, wie Spitzer es formuliert (s. o.), »Flachbildschirm mit angeschlossenem Computer«. Das heißt, dass man am Whiteboard eigentlich alles kann, was man auch am heimischen PC kann. Zum Beispiel im Internet surfen. In Geschichte/Gesellschaftskunde kann man Interviews anschauen und auswerten und vieles mehr. Im Englischunterricht kann man Hörverstehensübungen zu CNN-Sendungen vorbereiten. Vor allem kann man Filme zeigen, ohne einen Medienturm in den Klassenraum schieben zu müssen. Diese Medientürme haben oft eine Gemeinsamkeit: Entweder funktioniert die Fernbedienung nicht oder sie fehlt. Und wenn sie funktioniert und da ist, dann sehen die Schüler ab der zweiten Reihe die Untertitel nicht. Mithilfe der Whiteboards ist das Zeigen von Filmen ein großes Vergnügen geworden, und in vielen Fächern bietet es sich an, hin und wieder einen Film zu zeigen.

Das Whiteboard ist wie das Internet extrem verführerisch. Ich habe mir zum Beispiel in einigen Fällen, und den Vorwurf richte ich natürlich an mich selbst, das Unterrichten viel zu einfach gemacht. Konkret: Ich habe ein erstes Video über YouTube zum Thema *Doppelte Staatsgründung 1949* gezeigt, und weil die Schüler so begeistert waren, habe ich einfach weitere Geschichtsvideos auf YouTube gezeigt. In einem anderen Fall fiel mir kurz vor dem WM-Viertelfinale (2014) Deutschland gegen Frankreich eigentlich etwas Nettes ein: Ich zeigte die Marseillaise (also die französische Nationalhymne) – auch davon gibt es unzählige YouTube-Versionen. Und genau das war das Problem. Die Informationsvielfalt, die den Nutzer geradezu erschlägt, macht es einem fast unmöglich, qualitativ Wertvolles von Wertlosem zu trennen. Ich selbst konnte beurteilen, dass die von Mireille Mathieu gesungene Version eine wirklich für den Unterricht geeignete Version ist. Denn Mireille Mathieu singt unglaublich akzentuiert. Und das unterschied ihre Interpretation der Marseillaise zum Beispiel von einem Chor, der mit Sicherheit die spektakulärere Version war. Aber hätten die Schüler diesen Unterschied auch benennen können? Oft können sie solche Feinheiten nicht unterscheiden. Wie sollten sie auch? Ich erlebte in wenigen Sekunden, in denen ich vor den Schülern Marseillaise-Versionen suchte, das Dilemma der Internetrecherche. Welche Informationen aus diesem Informationsirrgarten taugen etwas? Übrigens böte sich das Whiteboard natürlich auch perfekt an, Schüler für solche Feinheiten bei der Internetrecherche in einem Unterrichtsgespräch zu sensibilisieren. Das wiederum ist ein Vorteil, der nicht zu unterschätzen ist. Aus diesem Grund schlage ich zum Beispiel vor, ein Schulfach einzuführen, in dem der Umgang mit dem Internet mithilfe der Whiteboards trainiert wird (siehe Teil V: Wehrt euch/Appell an die Bildungspolitiker).

Ich hatte, das gebe ich zu, für diese Stunde nur einen groben Plan. Aber problematisch bleibt, dass wir Lehrer uns langfristig so verhalten wie viele Schüler bei der Vorbereitung ihrer PowerPoint-Referate: Inzwischen gibt es eine Fülle an Lehrvideos im Internet, und je mehr solcher Videos es gibt, desto bequemer wird es, im Unterricht mithilfe des digitalen Whiteboards »schnell mal was« zu zeigen.

Werden wir nicht selbst viel zu häufig diesen bequemen Weg gehen? Bin ich, der das Whiteboard nur dosiert einsetzt, nicht schon in die Bequemlichkeitsfalle getappt? Ich geriet in jener Stunde geradezu in einen Surfrausch. Das Viertelfinale Deutschland-Frankreich stand, wie bereits erwähnt, kurz bevor. Es war die letzte Französisch-stunde vor den Ferien. Regulärer Unterricht ist in solchen Stunden meistens nicht möglich. Was machte ich? Ich erzählte den Schülern, wie ich 1982 als Zehnjähriger mit kindlicher Begeisterung, die sich zumindest im Fußball nicht von erwachsener Begeisterung unterscheidet, das Halbfinale Deutschland – Frankreich sah. Ein spektakuläres Spiel. Stand nach neunzig Minuten: 1:1. Stand nach 120 Minuten: 3:3. Elfmeterschießen. Endstand: 8:7! Übrigens war dieser Einstieg alles andere als misslungen. Es ist gut, wichtig und richtig, dass Lehrer hin und wieder zeigen, dass sie Menschen sind und sich allein dadurch, dass sie selbst mal Kinder waren, von den Maschinen, durch die sie langsam ersetzt werden, unterscheiden.

Aber was machte ich dann? Ich suchte und fand das auf YouTube hochgeladene Spiel und schaute mit den Schülern die Verlängerung und das Elfmeterschießen mit französischem Kommentar – so hatte ich sogar eine Rechtfertigung – und war glücklich (und viele Schüler fanden es auch lustig). Anschließend spürte ich in mir allerdings eine befremdliche Leere. Denn was hatte ich getan? Ich war Opfer meines eigenen Suchtverhaltens geworden: Ich hatte gegoogelt beziehungsweise auf YouTube gesucht und ich hatte … ja ich hatte fast Herzklopfen gehabt, als ich meine Idole von einst (Klaus Fischer und Pierre Littbarski) über den Rasen jagen sah … ich war … wie verwandelt … ich war für einen Augenblick wieder der zehnjährige Junge, der in einem Ferienhaus an der Nordseeküste auf einem Sessel herumhüpfte … Man könnte einwenden: Ist doch toll! Das spricht doch für das Whiteboard! Nein. Tut es meiner Ansicht nach nicht. Ich selbst habe den Schülern demonstriert, wie einfach es ist, sich dank YouTube und dank der Whiteboards mitten im regulären Unterricht einen kleinen Tagtraum zu erfüllen. Solche YouTube-Videos anzuschauen ist kein Problem, wenn man sich jeden Freitagabend einen solchen Tagtraum erfüllt. Sozusagen als Krönung einer Arbeitswoche, die man überstanden hat. Aber wenn man sich täglich solche Tagträume erfüllt und sich immer wieder das Tor des Jahres von 1980 anguckt oder das Konzert von *Depeche Mode* im Jahr 1988, ersetzen YouTube-Videos dann nicht unsere Erinnerung? Geht dann nicht wieder etwas verloren, weil alles online vorhanden ist?

Auch die Lust auf YouTube-Videos sollte man kontrollieren. Sonst wird daraus eine Sucht. Die Rolle eines Lehrers ist es nicht zu zeigen, wie man YouTube benutzt, um im Unterricht Zeit zu verschwenden, sondern die Rolle eines Lehrers ist es zu zeigen, dass man auf You-Tube sehr konkret sinnvolles Material für den eigenen Unterricht findet.

Ich selbst habe in dieser Stunde komplett versagt. Ich war kein Vorbild mehr, sondern ich habe gezeigt, wie gierig und nervös auch Erwachsene sind, sobald sie in der virtuellen Welt versinken. Ich befürchte: Wenn es mir passiert, dann passiert es auch anderen Lehrern, und allein die Vorstellung, dass Schüler mehrfach im Jahr von verschiedenen Lehrern Internetsessions vorgeführt bekommen, ist gruselig. Aber dafür kann das Whiteboard natürlich nichts – das Whiteboard macht eine solche Stunde nur möglich.

In der Regel lese ich in solchen Stunden übrigens vor oder lasse vorlesen. Solche Stunden gehören für mich zum Schönsten, was der Schulalltag zu bieten hat. In solchen Stunden gebe ich mir viel Mühe. Ich wähle Texte aus, übe sie ein, und eine Stunde so vorzulesen, dass die Schüler nicht einschlafen, ist Leistungssport. Aber was habe ich gemacht, als ich entdeckt habe, was mir das Whiteboard an jenem Tag ermöglichte? Und andere Lehrer? Andere spielen, singen, basteln usw. Das ist alles besser, als sich dank des Whiteboards online gemeinsam mit den Schülern auszutoben.

Allerdings kann und muss man von Lehrern auch genau das erwarten können: Dass sie sich selbst kontrollieren und das White-board nicht missbrauchen, um schlecht geplanten Unterricht zu überspielen, so wie ich es in zwei Fällen gemacht habe. Wenn man das Whiteboard gewissenhaft einsetzt, erfüllt es für manch einen Lehrer gewiss einen Traum und bereichert den eigenen Unterricht oder macht gewisse Unterrichtseinheiten erst möglich. In der Stunde, in der ich es gemeinsam mit meinen Schülern nicht geschafft habe, die Stifte zu kalibrieren, sagte ein Schüler:

»Fragen Sie Frau Meier! Die kann alles am Whiteboard!«

Ich kenne Frau Meier gut. Und auch Herrn Huber. Beide arbeiten fast ausschließlich digital. Beide Lehrer werden von den Schülern auch geschätzt, weil sie ihren digitalisierten Unterricht sehr gut vorbereiten und unglaublich strukturiert arbeiten. Am Ende kommt es darauf an, wie der einzelne Lehrer mit dem Whiteboard umgeht. Mir selbst bereiten auch nicht die einzelnen Whiteboards Sorge, sondern der Trend: Je mehr Pilotprojekte, in denen Unterricht an Laptops stattfindet, angepriesen werden, je wohlwollender sich Bildungspolitiker zu diesen Projekten äußern und je mehr sie gefördert werden, desto früher werden die ersten Schulen komplett umrüsten wollen. Unterricht an herkömmlichen Tafeln wird dann nicht mehr stattfinden, sondern ausschließlich an Whiteboards. Das heißt: Es wird keine Schulstunden mehr geben, in denen nicht digital gearbeitet wird. Die Anzahl der Schulstunden, in denen Schüler ohne Internet lernen, wird sich verringern. Dieser Trend bereitet mir aus Gründen Sorge, auf die ich in den nächsten Kapiteln eingehen werde. Aber er bereitet mir auch aus einem vollkommen banalen Grund Sorge: Die Vorzüge werden meiner Ansicht nach überbewertet, die Nachteile ignoriert. Im Umkehrschluss wird inzwischen manchmal so getan, als seien die Schiefertafeln Überbleibsel einer vergangenen Epoche, ein Relikt einer vergangenen, vordigitalen Zeit.

Es ist seltsam, dass die Schiefertafeln, die hundert Jahre Lehrern eine unabdingbare Hilfe gewesen waren, mit großer Selbstverständlichkeit aus den Räumen geschoben werden und … ja was geschieht eigentlich mit den vielen Tafeln, die ersetzt werden?

Es wäre langfristig äußerst sinnvoll, eine bestimmte Anzahl der Räume zu digitalisieren. Dreißig Prozent aller Räume zum Beispiel. Je nach Ausrichtung der Schule kann der Prozentsatz variieren. Dann könnten diejenigen Lehrer, die wirklich mit den Whiteboards arbeiten wollen und die die Feinheiten beherrschen beziehungsweise gewillt sind, sie sich anzueignen, damit arbeiten.

Ich gebe gern zu, dass, je länger und häufiger ich mit Whiteboards arbeiten muss, die Vorzüge der herkömmlichen Tafel immer offensichtlicher werden. Es geht gar nicht darum, die Whiteboards gegen die Schiefertafeln auszuspielen. Das wäre albern, weil das digitale Whiteboard viele Funktionen hat, die die nicht digitale Schiefertafel gar nicht haben kann. Die Schiefertafel ist wie ein Fahrrad mit solider Gangschaltung, das Whiteboard wie ein Auto mit beheizbarem Lenkrad. Die Frage ist: Reicht das Fahrrad nicht oft aus, um von a nach b zu kommen und vor allem: Braucht man wirklich ein beheizbares Lenkrad? Die Antwort: Oft reicht das Fahrrad, und das beheizbare Lenkrad ist vermutlich nur im tiefsten Winter in den ersten Minuten, nachdem man ins Auto gestiegen ist, sinnvoll.

Die Vorzüge der Schiefertafel sind offensichtlich: Sie funktioniert immer. Selbst wenn sie nicht gewischt ist, ist sie quasi sofort einsatzbereit, denn in der Zeit, in der die Schüler sich setzen, hat man die Tafel längst gewischt. Manchmal fehlt Kreide, aber die gibt es im Nachbarraum. Auch Kreide funktioniert immer. Wenn sie quietscht, bricht man ein Stück ab. Das reicht in der Regel. Und wenn man aus Versehen ein Stück Kreide verliert? Kein Problem. Kostet ein paar Cent. Ein Whiteboardstift kostet über vierzig Euro. Natürlich soll man vernünftig mit allen Gegenständen umgehen. Aber der Unterrichtsalltag ist nun mal oft extrem hektisch. Einmal habe ich den Stift eingesteckt und mit nach Hause genommen. In der Regel nehme ich »nur« Kugelschreiber meiner Schüler mit. Nicht weiter schlimm. Im Fall der Whiteboardstifte kann die versehentliche Mitnahme aber gravierende Folgen für denjenigen haben, der anschließend Unterricht hat. Inzwischen habe ich die erste Rundmail erhalten, weil in einem Raum ein Whiteboardstift fehlt. Wie viele solcher Rundmails werden folgen?

Man kann an den traditionellen Tafeln verdeckt arbeiten, weil sie sich meistens an den Seiten aufklappen lassen. Leistungsstarke Schüler können also schon verdeckt die Ergebnisse notieren, während die anderen weiterarbeiten. Tabellen kann man von sechs oder noch mehr Schülern gleichzeitig an der Tafel ausfüllen lassen. Die Schüler bewegen sich in diesem Fall, und das, was entstanden ist, sieht in der Regel ganz bezaubernd verrückt aus. Wie soll das mit zwei Whiteboardstiften funktionieren? Und was passiert, wenn man die Tafel in einer Stunde nur dafür braucht, um am Ende einer Stunde die Hausaufgaben anzuschreiben? Kein Problem. Das Whiteboard müsste man auch dafür extra hochfahren.

Nicht digitale Tafelbilder sind Kunstwerke. Kreidekunstwerke. Mit Kreide kann man übrigens auch dicke und dünne und verschiedenfarbige Striche ziehen, die Kreise und Linien sind aber nicht immer perfekt, das stimmt schon. Über manche Tafelbilder kann man staunen, weil sie so durchdacht sind. Über meine Tafelbilder kann man aus ganz anderen Gründen staunen. Denn bei mir gleichen die Tafelbilder immer eher moderner Kunst. Manchmal verstehe ich sie selbst nicht. Schlimm? Nein. Tafelbilder können Lehrer charakterisieren. Tafelbilder oder -anschriebe sind eine Spur, die der Lehrer in den Heften der Schüler hinterlässt. Es ist gerade das

Unperfekte, was den Tafelbildern eine persönliche und damit eine menschliche Note verleiht. Diese Tafelbilder werden, wenn sie nicht »abfotografiert« werden, noch immer abgeschrieben, und durch diesen Prozess haben die Schüler das, was ihnen zuvor verbal erklärt worden ist von einem Lehrer, der einfach Lust hatte, den Schülern etwas zu erklären, erst gehört, dann gesehen und anschließend abgeschrieben und damit ein drittes Mal verarbeitet. Mit Übungen wird der Kram dann auch noch geübt und mit Hausaufgaben gefestigt – fürchterlich, diese Methoden von vorvorgestern, oder?

Die Vorzüge der Schiefertafeln, zu denen nicht der lästige Kreidestaub gehört, relativieren die Vorzüge des Whiteboards in keiner Weise. Darum geht es auch nicht. Es geht darum, darauf hinzuweisen, dass analoge Schiefertafeln nicht nur ihre Berechtigung in der Schule von gestern hatten, sondern dass sie weiterhin unglaublich praktisch und in vielen Unterrichtsstunden vollkommen ausreichend sind.

Natürlich lassen sich auch Anschriebe vom Whiteboard abschreiben. Und natürlich können auch Whiteboard-Anschriebe herrlich verrückt oder beeindruckend professionell aussehen, ohne dass man die Striche begradigt hat.

Dosiert eingesetzt sind Whiteboards mit Sicherheit ein großer Gewinn für Schüler und Lehrer. In den Pilotprojekten sind die Whiteboards aber nicht nur Tafelersatz, sondern Teil der Totaldigitalisierung, die ich langfristig für gefährlich halte. Für die Schüler, weil in einer totaldigitalisierten Schule das Wissen immer mehr auf Sticks und Festplatten gespeichert werden wird. Kompetenzen werden so verloren gehen. Aber auch für die Lehrer, die irgendwann nicht mehr gebraucht werden, obwohl sie so wichtig sind.

Laptop- und iPad-Klassen – der Weisheit letzter Schluss (III)

Spitzer, der oft als Spinner bezeichnet wird (wie er selbst erzählt), ist einer der Wenigen, der versucht, dem Trend zur Totaldigitalisierung entgegenzuwirken. Er beklagt, dass sich auf den Whiteboards und den Schülerlaptops dieselben Inhalte darstellen lassen können. Daraus folgt: Alles kann abgespeichert werden, also nie wieder abschreiben. Viele Schüler werden sich darüber freuen, und das ist wahrscheinlich ein Grund dafür, dass Lehrer die Kombination aus

Whiteboard und Laptop anpreisen. »Die Schüler freuen sich, also motiviert es sie doch!« Nicht wenige Schüler ab sechzehn würden sich auch über Freibier ab der sechsten Stunde freuen … sollten wir deshalb nicht vielleicht endlich Freibier anbieten?

Die Wahrheit ist: Viele Schüler schaden sich damit selbst. In der Schule ist es unsere Aufgabe, die Schüler vor sich selbst zu schützen. Bildungspolitiker, die Pilotprojekte, in denen Schüler ohne Hefte und damit ohne Ab- und Aufschreiben lernen dürfen, fördern, sollten ihre Politik überdenken: Sie wissen doch ganz genau, dass das Ab-, das Mit- und das Aufschreiben geistige Arbeit sind und dass die Laptops den Schülern diese geistige Arbeit ab- beziehungsweise wegnehmen. In diesem Punkt geben die meisten Kritiker vermutlich Spitzer Recht, der die Bedeutung der handschriftlichen Schreibprozesse für die Prozesse, die sich auf der menschlichen Festplatte abspielen, betont.[40]

Und wie sieht der Unterricht konkret aus in so einer Laptopbildschirmklasse? Der Lehrer wird dann wahrscheinlich auch einen Laptop vor der Nase haben. Fünfundzwanzig Schüler gucken auf fünfundzwanzig Bildschirme, der Lehrer guckt auf einen Bildschirm, und bei Problemen gucken alle an den Riesenbildschirm? Die ganze Zeit hört man es tippen und klackern? Und Gruppenarbeiten? Ein Laptop mit einer Gruppendropbox? Oder einer recherchiert auf Wikipedia, der zweite googelt, der dritte liest ein Interview auf SPON zum Thema, und der vierte postet auf Facebook ein Bild von Lisa, die vor ihrem Laptop eingeschlafen ist? Okay, das ist jetzt *worst case* und klingt ein wenig nach didaktischer Apokalypse. Aber die Frage, die einfach niemand stellt, lautet: Wo führt das hin? Welche Funktion hat der Lehrer? Sprungbereitschaft, sobald Schüler technische Probleme haben? Benoten?

Ich weiß selbst, dass es so *noch* nicht ist. Vor allem bin ich mir bewusst, dass Lehrer, die solche Klassen leiten, solche Klassen übernommen haben, weil sie Lust auf etwas Neues hatten. Weil sie daran glauben, dass Laptop-Unterricht der richtige Weg ist. Und beide Motivationen sind absolut ehrenwert. Ich halte den Weg trotzdem nicht für richtig. Und daran wird sich in den nächsten zwanzig Jahren vermutlich nichts ändern. So lange wird es wahrscheinlich dauern, bis man stabile Erkenntnisse gewonnen hat, welche Fähigkei-

---

40 Vgl. ib., S. 75 ff.

ten Schüler erworben und welche sie durch diese Art Unterricht verloren haben.

Ich wäre, wie so oft, für einen Kompromiss: In der Oberstufe im Kurssystem in bestimmten Kursen – warum nicht? In der Sekundarstufe I ab der achten oder neunten Klasse: Projektarbeiten in gewissen Fächern, in denen man über einen gewissen Zeitraum hinweg im Whiteboard-Laptopraum arbeitet. Darüber hinaus sollte ein Unterrichtsfach ab der fünften Klasse eingeführt werden, das sich ausschließlich mit dem Internet beschäftigt und digitalisiert stattfindet. (Wie schon erwähnt: Siehe Teil V …) Und in der Grundschule? Ein Computerraum, in den jede Klasse pro Woche einmal darf, mehr nicht.

Mit einem solchen Kompromiss würde man der Forderung, Schüler auf die digitalisierte Berufswelt des 21. Jahrhunderts vorzubereiten, Rechnung tragen, ohne Schulen in total digitalisierte Lebensräume zu verwandeln. Denn das wäre der falsche Weg: Schule sollte für jüngere Schüler nicht zu einem Lebensraum werden, in dem sie vorrangig mit Computern und nicht mit Menschen zu tun haben. Lehrer sollten gerade in den jüngeren Klassenstufen zeigen, dass niemand so lustig, nett, anschaulich und gut erklären kann wie ein Mensch. Und der Mensch antwortet sogar, wenn der achtjährige Jonas ein Problem hat, und wenn die neunjährige Johanna plötzlich heult, dann ist der Lehrer für sie da. (Aber dazu komme ich noch.)

Übrigens gibt es durchaus auch Schüler, die mit technischen Geräten aufgewachsen sind, eine Welt ohne Handys und Laptops mit Internetzugang also gar nicht kennen und bei den Begriffen »Maus« oder »surfen« längst nicht mehr an irgendein Tier beziehungsweise an Wassersport denken und die trotzdem die momentanen Entwicklungen sehr kritisch begleiten. Ich gebe gern zu, dass ich folgenden Leserbrief von Anna von Bergen und Rebekka Trost (zwei Achtklässlerinnen), den die Süddeutsche Zeitung am 12. Juni 2014 abgedruckt hat, mit großer Erleichterung gelesen habe:

»Die Tendenz, immer mehr technische Geräte im Unterricht zu nutzen, ist auch in unserer Schule (…) deutlich spürbar. Alle Schüler des Gymnasiums müssen in der siebten Klasse wählen, ob sie die nächsten drei Schuljahre die sogenannte ›Laptopklasse‹ besuchen wollen. Hier müssen sich die Schüler auf eigene Kosten einen Laptop kaufen, um diesen im Unterricht als Ersatz für Hefte zu benutzen. Alle anderen Klassen bekommen für zwei Jahre sogenannte Classmates (Laptops für etwa 190 Euro) von der Schule zur Verfügung gestellt. Das heißt, dass die Schüler leider nicht die Wahl haben, ob sie mit technischen Geräten arbeiten wollen oder nicht. Die Classmates sind allerdings vergleichsweise langsam und schlecht ausgestattet und weder zum Spielen noch zum schnellen Arbeiten wirklich gut geeignet.

In diesem Jahr gab es 94 Interessenten für die Laptopklasse im nächsten Schuljahr, auch weil bei den Infoabenden folgende negativen Aspekte der Laptopklasse nicht erwähnt wurden: So lässt sich die Laptopnutzung von den Lehrkräften nur bedingt beeinflussen, daher ist es eigentlich die Regel, dass sich Schüler während des Unterrichts anderweitig mit dem Laptop beschäftigen. Steht der Lehrer vorne am Pult, kann er die Monitore nicht sehen. Mit der Tastenkombination Alt + F4 lassen sich Fenster so schnell schließen, dass eine Kontrolle durch den Lehrer nicht möglich ist. Spiegel an der hinteren Wand des Klassenzimmers, die es dem Lehrer ermöglichen würden, die Monitore die ganze Zeit im Blick zu haben, gibt es nicht.[41] […]«

Danke, Anna und Rebekka! Nicht, weil ihr bestätigt, dass Laptopklassen nicht die Bildungsnation vor ihrem Untergang bewahren werden und damit meine Sorgen teilt. Sondern weil ihr es wagt, mit eurer Meinung gegen den Strom zu schwimmen.

Meine Kritiker werden mir vorwerfen, dass ich selbst keine Erfahrungen mit Laptop-Unterricht habe. Und meine Kritiker haben mit diesem Vorwurf auch vollkommen recht. Mein Problem ist: Ich halte die Richtung, in die sich Schule entwickelt, für nicht richtig. Ich werde auch nie ein Jahr rauchen um zu testen, ob sich anschließend wirklich meine Kondition verschlechtert hat. Der Vergleich hinkt, ich weiß. Aber er hinkt nur ein bisschen. Denn wenn man sich umschaut, wenn man also junge Menschen und auch Erwachsene in ihrer Freizeit beobachtet, dann muss ich keine eigenen Erfahrungen mehr machen um zu testen, welchen pädagogischen Nutzen Schullaptops haben. Dann muss ich nicht ein Jahr lang an einem Pilotprojekt mitwirken um festzustellen, dass die Schüler in diesem Jahr begeisterter vom Laptop-Unterricht als von meinem traditionellen Unterricht waren. Denn der Schule sollte es nicht nur um den Schüler und den Unter-

---

41 Schade eigentlich. Auch schade, dass es dem Lehrer an einem zentralen Monitor nicht möglich zu sein scheint zu kontrollieren, was die Schüler gerade konkret machen. Da eine solche Kontrolle aber technisch längst möglich ist, wird sie kommen. Und das wäre gut. Dann würden die Schüler auch lernen, dass die moderne Technik heutzutage dazu in der Lage ist, alles und jeden zu überwachen. (Aber bei näherer Betrachtung ist gerade dieses Wissen natürlich nützlich.)

richt gehen, sondern um die Entwicklung der jungen Menschen, also um die Entwicklung des Kindes und des Jugendlichen.

Das Problem ist doch Folgendes: Der Alltag von viel zu vielen Jugendlichen wird seit Jahren schon durch Computer beziehungsweise durch ihr Handy und das Internet bestimmt. Und man muss Spitzer, der die Folgen des Internetkonsums in drastischen Worten aber immer anschaulich beschreibt, nicht in jedem Punkt folgen, um zuzugeben, dass seine Kernthesen[42] über die Folgen des permanenten Internetkonsums zutreffen. Vermutlich werden nur wenige leugnen, dass es höchst bedauerlich ist, dass inzwischen über eine Million Jugendliche und junge Erwachsene (bis 24 Jahren) als problematische Internetnutzer gelten und ein Fünftel davon als internetabhängig gilt (Stand 2012); oder dass es gar nicht förderlich sein kann, dass der durchschnittliche Neuntklässler mehr Zeit mit Medien verbringt als mit Schlafen; oder dass es verheerend ist, dass Kinder und Jugendliche durch das grenzenlose Netz viel zu schnell auf Seiten mit gewaltverherrlichenden und pornografischen Inhalten kommen, die nicht für Kinder und Jugendliche bestimmt und ihrer persönlichen Entwicklung eher nicht zuträglich sind; oder dass ein sozialer Kontakt, der darin besteht, dass man mit seinem Gegenüber spricht, wertvoller ist als ein virtueller Kontakt auf Facebook; oder dass das Internet geradezu perfide Möglichkeiten bietet, auf feigeste Art und Weise Gleichaltrige zu mobben; oder dass auch die eigenen Kinder den eigenen Computer vor allem dazu nutzen, um darauf zu spielen; oder, und das ist eigentlich der Kern, dass das Internet und der permanente Zugang zum Internet dazu führt, dass einige Schüler langsam beginnen zu denken:

»Alles Wissen ist eh ergoogelbar, warum soll ich dann überhaupt noch etwas lernen?«

Es ist doch so, dass man sich immer mehr zum Sklaven der mobilen Endgeräte macht. Das merkt auch jeder Erwachsene. Früher konnte ich mir zum Beispiel über zwanzig Telefonnummern merken. Heute kenne ich noch die Festnetznummer meiner Eltern, die sich seit dreißig Jahren nicht geändert hat, und unsere eigene Festnetznummer auswendig. (Und 112 und 110 kann ich mir auch mer-

---

42 Vgl. Spitzer, S. 1 ff.

ken und habe diese Nummern deshalb nicht eingespeichert.) Bei meiner Handynummer hört es schon auf.

Und wer kann sich noch ohne Navi orientieren? Ich selbst habe keins, weil ich gar kein Auto habe. Aber sobald ich bei irgendjemandem mitfahre, stelle ich fest: Eigentlich hat inzwischen jeder so ein Ding. Neulich kamen sehr zuverlässige Schüler viel zu spät zu einer Kanufahrt. Warum? Sie hatten ins Navi die falsche Straße eingegeben, die in der benachbarten, dreißig Kilometer entfernten Stadt lag. Ohne Navi hätten sie vermutlich erst mal auf einen Plan geguckt und festgestellt, dass man dort, wo sie letztendlich hingefahren sind, mangels Wasserlauf gar kein Kanu fahren konnte.

Auch Bildungspolitiker sind ja irgendwie doch gebildete Leute. Eigentlich sollten sie wissen, dass man vor diesem Hintergrund überdenken sollte, das Leben der Schüler durch eine Digitalisierung der Schule und des Unterrichts endgültig total zu digitalisieren. Stattdessen sollten sie sich dafür einsetzen, Schule maßvoll zu digitalisieren, um eine Totaldigitalisierung zu verhindern.

Ich frage mich: Was macht eigentlich Laura, deren Eltern sich gerade scheiden lassen, und was machen Hannes und Kai, die Liebeskummer haben und mit den Gedanken schon bei ihrer Pornokonferenz sind, während sie sich in der Schule hinter einem Laptop verkriechen oder ihre Handys offiziell benutzen dürfen?

Das Problem ist: Die Digitalisierung an den Schulen hat gerade erst begonnen. Es gibt längst Forderungen, Klassenverbände komplett abzuschaffen und den Unterricht mithilfe des Internets zu organisieren. Schule geht online und Schüler und Lehrer sind durchgehend online. Schule ist dann überall möglich. Aber wie sehen solche Konzepte eigentlich genau aus?

Pädagogische Zukunftsmodelle?
Beispiel 1: Pädagogik 3.0

Während meiner Recherchen für dieses Buch stellte ich fest, dass es regalmeterweise Literatur zum Thema »Einsatz von digitalen Medien im Unterricht« gibt. Diese Bücher heißen zum Beispiel *Digitale Medien in Schule und Unterricht erfolgreich implementieren* von Birgit Eickelmann (2009) oder *Digitale Medien im Unterricht mit iLife, iWork, iTunes und Apple-Technologie* von Uwe Nerger (2011) oder *Modelle, Methoden und Gelingensbedingungen für den Einsatz von digitalen Medien in der Schule* von Rene Schoner (2013).

Der Titel von Olaf-Axel Burows Buch lautet *Digitale Dividende* und verspricht als Untertitel ein »pädagogisches Update für mehr Lernfreude und Kreativität in der Schule.«[43] Dass ich in diesem Kapitel die Kernthesen seines Buches kurz zusammenfasse, liegt an Burows durchaus verwegenem Anspruch: Es geht ihm nicht bloß um den Einsatz digitaler Medien im Unterricht, sondern es geht um die Revolutionierung des gesamten Bildungssystems. Und das unterscheidet ihn von der üblichen Ratgeberliteratur.

Burow nennt sein Konzept Pädagogik 3.0. Das Internet begreift er als Chance und damit vertritt er die gegenteilige Position zu Spitzer, den er gleich zu Beginn ein wenig und später (auf S. 130) direkt angreift. Im Vorwort schreibt Burow:

>»Anders als rückwärtsgewandte Skeptiker, die die Gefahr einer *Digitalen Demenz* an die Wand malen, sehe ich auf die Chancen und zeige faszinierende Möglichkeiten einer bislang noch zu wenig wahrgenommenen *Digitalen Dividende*. Erstmalig entsteht nämlich die Chance, dass uns unabhängig von Ort und Zeit die besten Lehrer/innen und Lernmaterialien kostengünstig zur Verfügung stehen und wir alle zu Mitgestaltern neuartiger Lehr-Lern-Umgebungen werden können.« (8)

Er und andere begründen ihre Forderung nach einer Art Bildungsrevolution damit, dass man »die Probleme des 21. Jahrhunderts nicht mit Bildungs- bzw. Erziehungskonzepten lösen kann, die (…) durch die Welt des 19. und 20. Jahrhundert geprägt worden sind.« (116) Das ist auch richtig. Unser heutiges Bildungssystem ist in der preußischen Monarchie entstanden, und die Idee, Lehrer zu verbeamten, kommt auch aus dieser Zeit. Damit wollte man möglichst staatstreue und unkritische Pädagogen züchten, die Schüler genau diese staatstreuen und unkritischen Gedanken lehrten und nebenbei noch allgemeines Wissen vermittelten. Abgesehen davon, dass ich das Lehrerbeamtentum für vollkommen überholt halte und der mit der Verbeamtung verbundene Treueeid in der heutigen Zeit ein-

---

43 Olaf-Axel Burow, *Digitale Wende,* 2014 erschienen im Beltz Verlag. Auf den folgenden Seiten werde ich mich oft auf dieses Buch beziehen beziehungsweise es zitieren. Bei Wortlautzitaten schreibe ich die Seitenzahl in Klammern direkt hinter das Zitat.

fach nur albern, wenn nicht gar lächerlich wirkt, stelle ich fest: Es ist ja nicht so, dass sich nichts geändert hätte. Der Lehrer, der sich vor die Klasse stellt und wirklich nichts anderes macht, als den Schülern Mathematik und nebenbei die Welt zu erklären, stirbt aus oder wird in den nächsten Jahren pensioniert. Selbst Lehrer, die wie ich vom Frontalunterricht eine hohe Meinung haben, kämen nie auf die Idee, den Schülern zu erklären, wie sie zu denken haben. Denn auch Lehrer wie ich lassen häufig in Gruppen arbeiten und lassen der Kreativität in solchen Phasen freien Lauf. Die meisten Lehrer sind – Beamtentum hin oder her – durchaus dynamische Menschen, die so gar nichts mit dem Cordhosenlehrer aus den Siebzigern und erst recht nichts mit dem preußischen Beamten aus monarchischer Zeit zu tun haben. Lehrer sind heute manchmal homosexuell, sie sind verheiratet und haben fünf Kinder, sie leben das klassische Leben eines Großstadtsingles, sie sind nicht mehr ausschließlich deutscher Herkunft, sondern die Anzahl der Lehrer mit Migrationshintergrund wächst. Die Kollegien sind zu Beginn des 21. Jahrhunderts sehr bunt, und das ist gut so.

Kaum ein Lehrer ist heute noch eine angsteinflößende Autorität, die mit dem Lineal Schülerfinger wund schlägt. Die meisten Lehrer sind für die Schüler jederzeit ansprechbar. Viele Lehrer schreiben mit Schülern Mails (mache ich auch) und haben diverse Schülerhandynummern in ihr eigenes Handy eingespeichert (habe ich auch). Und ja, natürlich gibt es noch immer Lehrer, die sich und ihren Unterricht für unfehlbar halten, immer Recht haben und nur Meinungen zulassen, die deckungsgleich mit ihren eigenen Ansichten sind und vor denen Schüler Angst haben. (Solche Lehrer jammern übrigens in der Regel noch mehr als alle anderen, weil sie es nicht ertragen, wenn was auch immer nicht nach Plan läuft.)

Aber Burow geht es nicht nur um den Lehrer, sondern um das gesamte System. Er hält konkret das iPad »mit individualisierter Lernsoftware« (126), das »Zugang zur Welt der Informationen, aber auch des Wissens« (126) bietet, für zukunftsweisend. Die Schiefertafeln spielen in seiner Schule der Zukunft keine Rolle mehr.

Er wirbt massiv für die Möglichkeiten, die das Netz Schülern (und Lehrern) bietet, die Unterrichtsmaterialien seiner Meinung nach bequem tauschen könnten, und kommt zum Schluss:

»Wenn ich mir mit zwei Klicks den Zugang zu einem begabten Mathetrainer erschließen kann, warum sollte ich dann noch den Ausführungen eines dritt-klassigen Lehrers folgen?« (127)

Mit Begriffen wie »drittklassiger Lehrer« konnte ich noch nie etwas anfangen. Was ist das, ein drittklassiger Lehrer? Ich erhielt am Ende des Referendariats die Note Drei minus. Bin ich deshalb ein dritt- oder gar ein viertklassiger Lehrer? Und jemand, der eine Zwei bekommen hat, ist ein zweitklassiger Lehrer? Das ist doch alles Blödsinn. Wenn ich zurückdenke, dann war ich in einigen Klassen sogar nur ein fünftklassiger Lehrer. In anderen Klassen war ich aber auch erstklassig. Dann wieder nur drittklassig. Und … egal. Wenn der Lehrer nicht absolut unnahbar oder extrem sozialinkompetent ist – und natürlich gibt es solche Lehrer – dann kann ich die Frage, warum selbst ein »drittklassiger Lehrer« einem virtuellen Lehrer vor-zuziehen ist, beantworten: Weil er ein Mensch ist! Aber dazu komme ich noch. Nicht der klassische Schulbuchverlag, sondern Apple spielt in Burows Welt eine herausragende Rolle:

»Apple ist mit seiner Autorensoftware schon auf dem Sprung, den Schulbuch-markt zu erobern. Google, Amazon und vielleicht auch der eine oder andere meiner Leser werden folgen.« (147)

Ich hoffe, dass der eine oder andere *meiner* Leser eher dazu neigt, *mir* zu folgen: Ich halte es keineswegs für richtig, diese Marktgigan-ten zum Vorbild zu nehmen. Aus einem simplen Grund: Ein Kind, das vor einem Bildschirm egal welcher Größe sitzt und sich Wissen aneignet, indem es pausenlos mit dem Daumen über einen Touch-screen fährt, dem wird ziemlich schnell etwas fehlen: menschliche Nähe! Und sobald dieses Kind menschliche Nähe nicht mal mehr vermisst, dann ist in ihm schon etwas zerstört worden.

Immerhin weist Burow auch durchaus auf die bedenklichen Fol-gen des Internetkonsums hin, und er leugnet überhaupt nicht, dass Internetrecherchen dazu verleiten, zu schnell und viel zu oberfläch-lich zu arbeiten. Daraus zieht er folgenden Schluss:

»Deshalb kommt es für Pädagogen darauf an, den verflachenden Tendenzen ent-gegenzuwirken und an der Gestaltung dieses neuen Lebensbereichs aktiv, kon-struktiv und kreativ mitzuarbeiten.« (159)

Und das ist in der Tat die Aufgabe der Lehrer. Ja, wir müssen den ver-flachenden Tendenzen entgegenwirken. Wir müssen uns gemeinsam

mit den Schülern mit den Gefahren des Internets auseinanderset-
zen. Aber können wir das nur, indem wir das herkömmliche System
vollkommen über den Haufen werfen? Das fordert Burow in seinen
»zwölf Thesen der Zukunft« (S. 242 ff.). Viele seiner Thesen (zum
Beispiel: Abkehr von Ziffernnoten, Vorrang der positiven Pädagogik) teile ich übrigens. Aber seine Kernthese, in seinem Ranking die
achte von zwölf Thesen, teile ich nicht: Die Schule der Zukunft nutzt
die »digitale Wende«! Das heißt, langes Zitat:

»Charakterisierten Schiefer- und Wandtafel den auf den Klassenraum beschränk-
ten Unterricht der alten Schule, werden Whiteboard und iPad nicht nur virtuelle
Lernräume, sondern auch neue Möglichkeiten kollaborativen Arbeitens erschließen. Im Sinne Salman Khans (Anm. des Autors: siehe nächstes Kapitel) und der
Konzepte von Open Education wird es möglich, die besten Lehrer/innen, Lehr-
Lern-Lektionen und Materialien kostengünstig, sogar kostenfrei zur Verfügung
zu stellen, Crowdsourcing und Wikis werden dazu beitragen, diese Materialien
permanent zu optimieren und weltweit zu verbreiten. […]«

Es gibt, wenn man sucht, mit Sicherheit viele weitere Konzepte für
eine Schule der Zukunft. Ein Konzept habe ich nun in sehr groben
Zügen vorgestellt. Wer sich vertiefend mit Pädagogik 3.0 beschäftigen möchte – das war im Rahmen dieses Buches unmöglich, zumal
ich den Schwerpunkt konkret auf Burows Vorstellungen bezüg-
lich der Digitalisierung gelegt habe – der möge sich das Buch *Digitale Dividende* besorgen. In einem abschließenden Fazit werde ich
begründen, warum ich die Kernziele von Pädagogik 3.0 für einen
weiteren Schritt hin zu einer Schule ohne Lehrer halte.

Aber zunächst zu einem weiteren Konzept, dass das Bildungssystem revolutionieren will. Und zwar weltweit!

Pädagogische Zukunftsmodelle?
Beispiel 2: Die Khanakademie

Salman Khan, Autor des Buchs *Die Khan Academy*[44] ist laut Klap-
pentext »US-Amerikaner aus New Orleans mit Wurzeln in Bangla-
desh.« Auf dem Buchrücken wird Bill Gates mit den Worten »Das

---

44 Salman Khan, *Die Khan Academy,* München 2013. In diesem Kapitel zitiere
ich ausschließlich aus diesem Werk und werde daher mit Zitaten so verfahren wie im Kapitel zuvor.

ist der Beginn einer Revolution« zitiert. Das Konzept beruhe – auch das steht auf dem Buchrücken – auf Lehrvideos und interaktiven Prüfungsfragen, weshalb »Beziehungsstress zwischen Schülern und Lehrern« entfalle.

Khan selbst ist – und das macht die Lektüre nicht immer einfach – ein absolutes Wunderkind und ein Bilderbuchamerikaner, der den amerikanischen Traum in jeder Hinsicht verkörpert. Seine Begeisterung für das Land der unbegrenzten Möglichkeiten zieht sich wie ein roter Faden durch das Buch. Schon in der »Einführung« (9 f.) betont er, dass die amerikanische Kultur »eine einzigartige Mischung aus Kreativität, Unternehmertum, Optimismus und Kapital« sei und dass auch deshalb »so viele kluge Menschen in aller Welt von einer Greencard« träumen. Er schwärmt vom Silicon Valley, als sei es der Ursprung allen Lebens, und Bill Gates und Steve Jobs verehrt er auf eine Weise, die mich während der Lektüre an Viertklässler denken ließ, die von Lionel Messi schwärmen.

Die Khanakademie ist entstanden, weil Khan die Verständnisschwiergkeiten seiner Nichte im Fach Mathe aufgeschreckt hatten. Er entschloss sich dazu, seiner Nichte, die er für schlau genug hielt, Mathe am Telefon und mithilfe synchronisierter Tablets beizubringen. Die Idee eines Freundes, Lehrvideos bei YouTube hochzuladen, fand er zunächst albern. Dann versuchte er es … und das war der Beginn der Khanakademie. Die Lehrvideos gibt es inzwischen nicht nur für Mathematik, sondern auch für viele andere Fächer, und da Google[45] und Bill Gates zu den Sponsoren gehören, werden sie dank des reichhaltigen Geldflusses nach und nach übersetzt. Der Satz des Pythagoras (bei YouTube die Begriffe »Khan«, »deutsch«, »Pythagoras« eingeben) wird zum Beispiel mithilfe einer Art digitalen Whiteboard – zu Beginn waren es auch in den Khanvideos Tafeln – Schritt für Schritt erklärt. Die Stimme kommt aus dem Off. Die Erklärungen sind gut, präzise und nachvollziehbar. Bei den Lehrvideos handelt es sich letztendlich um im Internet abrufbare Lehrervorträge. Dagegen, dass man in seiner Freizeit diese Videos anschaut oder Wissen fes-

---

45 Wie kritiklos Khan den Spender Google rühmt und die Spende so darstellt, als ginge es Google einzig um die Bildung, ist auf spektakuläre Weise naiv. Dass Google großes Interesse daran haben könnte, dass Millionen Menschen auf Google nach Khanvideos suchen, scheint Khan egal zu sein.

tigt oder versucht, Verständnisschwierigkeiten auszuräumen, habe ich übrigens überhaupt keine Einwände. Im Gegenteil: Das finde ich ungefähr achttausendmal besser, als wenn man mitten im Unterricht auf YouTube die Verlängerung des Halbfinales Deutschland – Frankreich aus dem Jahr 1982 sucht.

Khan hat mit seiner Akademie viele Ziele: Zum einen will er Bildung für alle ermöglichen. Schon in der Einführung bedauert er, dass »ein Fischersohn in Papua-Neuguinea (...) unglaubliche Kenntnisse über die Gesunderhaltung der Ozeane besitzen könne«. Mit den Khanvideos und einem Laptop bekäme laut Khan auch dieser Junge die Chance sich zu bilden.

Wenn es Khan nur um den Fischerjungen aus Papua-Neuguinea ginge, müsste ich mich in diesem Buch allerdings nicht weiter mit Khan befassen. Ihm geht es aber um eine Revolution des weltweiten Bildungssystems. Er begründet das ähnlich wie Burow: Erstens stammt das heutige Bildungssystem im Kern aus dem 19. Jahrhundert und ist in Preußen entwickelt worden, und zweitens gibt es die meisten Berufe, die die heutigen Schüler später erlernen, noch nicht – Khan spricht eigentlich durchgehend von Berufen, die für Unternehmen wie Google, Microsoft, Apple und Facebook von hochgradiger Bedeutung sind. Er empfiehlt in diesem Zusammenhang auch, Praktika im Silicon Valley zu machen, auch weil man dort in einem Sommer bis zu 20.000 Dollar verdienen kann (vgl. 229 f.). Abgesehen davon, dass ich es für Unsinn halte, einen Praktikanten mit einer solchen Summe für was auch immer zu entlohnen, weil er anschließend den Blick auf bestimmte Realitäten des Lebens verloren haben könnte, glaube ich, dass man auch in zwanzig Jahren nicht nur Softwareentwickler brauchen wird, sondern noch immer Polizisten, Ärzte, Kranken- und Altenpfleger, Erzieher, Friseure, Maurer, Dachdecker, Tischler, Schauspieler, Maler, Gärtner, Verkäufer, Bäcker, Köche, Kellner und hoffentlich auch Journalisten, Buchhändler und Lehrer aus Fleisch und Blut.

Es ist wenig überraschend, dass Khan das herkömmliche Bildungssystem entschieden ablehnt. Zum einen begründet er seine Ansichten damit, dass Kinder unterschiedlich lange bräuchten, um Sachverhalte zu verstehen. Seiner Meinung nach kann jedes Kind alles verstehen. Zum anderen scheint er auf eine fürchterliche Schulzeit zurückzublicken. Seine Abneigung gegen den bösen Frontalunterricht grenzt schon fast an Fanatismus, und mit Lehrern muss er grässliche Erfahrungen gemacht haben. Ein Beispiel (von vielen):

»Die Neugier von Kindern (…) wird nur allzu oft durch die Langeweile im Klassenzimmer (…) abgetötet.« (19)

Khan möchte auch deshalb Bildung vollkommen anders vermitteln. Dreh- und Angelpunkt seines Konzepts sind die Lehrvideos, die sozusagen orts- und zeitunabhängige, virtuelle Lehrer sind. Khan ist der Meinung, dass alle Schüler auf diese Weise alles umfassend verstehen könnten. Die Lehrvideos seien auch deshalb so optimal, weil es laut Khan nun mal Schüler gebe, die morgens besser lernen könnten, während andere Schüler abends konzentrierter seien.

Will Khan also die Schule abschaffen und durch Lehrvideos ersetzen? Nein, das will er nicht. Er weist explizit darauf hin, dass das keineswegs seine Absicht sei:

»Inzwischen ist hoffentlich klar geworden, dass es nie meine Vision war, dass die gesamte schulische Ausbildung eines Kindes nur aus Video-Lektionen und Aufgabenlösen am Computer bestehen soll. Im Gegenteil. Meine Hoffnung war, die Schulbildung effizienter zu machen, Kindern zu helfen, die Grundlagen in kürzester Zeit zu lernen, damit ihnen mehr Zeit für andere Lernformen bleibt.« (151)

Lehrer soll es also auch im System Khan weiterhin geben, aber altershomogene Jahrgangsstufen und Klassenverbände gäbe es nicht. Er hält die Trennung nach Alter für »die folgenreichste Aufteilung« (191), weil sie zur Entwicklung von verpflichtenden Lehrplänen geführt habe. Außerdem sei eine solche Trennung unnatürlich. Er begründet das damit, dass es solche Trennungen ja nirgendwo gebe – Geschwister seien zum Beispiel unterschiedlich alt. Leider ist das kompletter Unsinn: In fast allen Sportvereinen wird nach Alter *und* nach Geschlecht getrennt – und (um nur ein Beispiel zu nennen) im Handball hätte es auch gravierende gesundheitliche Folgen für das achtjährige Mädchen im Tor, sollte ein zwölfjähriger Junge einen Siebenmeter werfen.

Laut Khan sollte es eine Einklassenschule geben – und ohne die »Tyrannei des Frontalunterrichts« (192) sei die Umsetzung auch kein Problem. Seine Klassen bestünden aus »fünfundsiebzig bis hundert Schülern« (196) und verschiedenen Lehrern, die dort eingreifen beziehungsweise helfen, wo sie gebraucht werden. Die Schüler arbeiten in diesem Massenverband an unterschiedlichen Projekten, und Khan betont ausdrücklich, dass nur ein Teil der Projekte auf Basis seiner Lehrvideos stattfinden müsste.

Auch die Ferien lehnt Khan aus Prinzip ab. Schule sollte ununterbrochen weitergehen. Schüler sollten dann Urlaub nehmen, wenn sie wollen, und wenn die Familie verreist, kommen Sohn und Tochter halt mit, denn dank der Khanvideos könnten sie ja selbst während einer Antarktisexpedition in ihrem Tempo einfach weiterarbeiten.

In einem Punkt stimme ich Khan zu: Die Sommerferien sind absurd lang. In Deutschland »nur« sechs Wochen, aber im Französischunterricht wiederhole ich nach diesen sechs Wochen in der Regel während der ersten beiden Wochen des neuen Schuljahrs – und komme zu nichts anderem. Denn die Schüler haben abgesehen von einigen Basisfähigkeiten in der Regel alles in die hinterste Ecke ihres Gehirns verschoben, und dort müssen wir es dann gemeinsam suchen und Stück für Stück beziehungsweise Verb für Verb wieder hervorholen. Und das ist: anstrengend und ein vollkommen überflüssiger Lernverlust. Deshalb sage ich den Schülern vor den Ferien, sie sollten hin und wieder ein wenig Französisch wiederholen. Allerdings – Khan wird es nicht glauben – haben die Schüler leider Besseres in ihren Ferien zu tun.

Auch hier merkt man: Khan, der selbst supermegahochbegabt zu sein scheint, hat keinen Zugang zu normalsterblichen Jugendlichen. Er denkt offensichtlich wirklich, dass Schüler in ihrer Freizeit – also zu Hause oder im Ferienhaus während ihres Urlaubs – freiwillig lernen. So ist das aber leider nicht. (Dazu im Fazit mehr.)

So viel in aller Kürze zu Khans Zukunftsmodell. Es ist übrigens nicht so, dass ich nicht viele Meinungen derjenigen, die im Gegensatz zu mir für deutlich mehr Digitalisierung eintreten, teile:

Positive, wertschätzende Pädagogik halte ich für wichtig, und ich bemühe mich, danach zu handeln. Mir ist schon »Sozialromantik« vorgeworfen worden, und es hieß, ich ließe mich von meinen Schülern »verarschen«, weil ich ihnen wahrscheinlich manchmal wirklich zu oft geglaubt hatte und noch nie von meinem Prinzip »Im Zweifel für den Schüler« abgewichen bin.

Die Vergabe von Ziffernnoten halte ich für überholt, und zwar aus Gründen, die ich in meinem ersten Buch und in der Süddeutschen Zeitung[46] dargelegt habe. Nur: Ich kann mich gegen die Ver-

---

46 http://www.sueddeutsche.de/bildung/leistungsdruck-an-der-schule-fatale-
gier-nach-guten-noten-1.1960561. Oder: Arne Ulbricht (2013), S. 127 f.

gabe nicht wehren. Entweder ich benote, oder ich war mal Lehrer. Es macht mir aber Mut, dass diejenigen, die das ganze System revolutionieren wollen, Ziffernnoten ebenfalls für nicht mehr zeitgemäß halten.

Ein letztes Beispiel für eine Gemeinsamkeit: Wie Burow und Khan lehne auch ich die Lehrpläne in jetziger Form ab. Lehrpläne sind momentan, und das ist der Kern des Problems, in erster Linie Notenmaterial, und die Inhalte der Fächer sind nicht aufeinander abgestimmt. Zum Thema Lehrpläne könnte ich ein ganzes Kapitel schreiben, aber das gehört nicht in dieses Buch. Was aber unbedingt in dieses Buch gehört, ist eine Begründung, warum ich pädagogische Zukunftsmodelle, die vor allem, wenn nicht gar ausschließlich, auf Digitalisierung setzen, für bedenklich halte.

Fazit: Schüler denken an Sex!

Das Problem, das ich mit diesen Zukunftskonzepten habe, ist dasselbe Problem, das ich mit vielen bildungsrevolutionären Visionen habe. Solche Darstellungen haben fast ausnahmslos ein Merkmal gemeinsam: Ihr System funktioniert! Und zwar zu hundert Prozent. Wer Khans Buch liest, der ist mit Sicherheit ähnlich verblüfft, wie ich es während meiner Lektüre war, denn: Alles, wirklich ALLES klappt. Wann immer er persönlich mit seinen Lehrvideos arbeitet, ist seine Arbeit von umfassendem Erfolg gekrönt. Da im ganzen Buch nicht ein einziger wenigstens nachdenklicher Satz – von selbstkritischen Äußerungen spreche ich ja gar nicht – zu finden ist, muss man als Leser quasi davon ausgehen, dass Khan tatsächlich das perfekte Bildungssystem neu erfunden hat.

Auch Burows System ist das System ohne Mängel und Restrisiken. So wie er es darstellt, muss die Zukunft der Bildung so und nicht anders aussehen. Kritiker, die den Internetkonsum als problematisch ansehen (wie Spitzer oder Schirrmacher), werden ohne konkrete Gegenargumente einfach abgebügelt. John Hattie, der nach jahrelanger empirischer Forschung die Rolle des Lehrers hervorhebt (siehe Teil V), wird, ohne näher auf ihn einzugehen, als »überschätzt« bezeichnet. Khan und Burow machen es sich viel zu einfach, indem sie diejenigen, die sich ebenfalls ernsthaft mit dem Thema Digitalisierung auseinandergesetzt haben und zu anderen Ergebnissen gekommen sind, vollkommen ignorieren oder deren Thesen einfach verwerfen. Stimmt halt nicht, was die sagen.

Sowohl Burow als auch Khan ignorieren vor allem zwei Aspekte, die aber unter keinen Umständen ignoriert werden sollten.

Erstens: Ob man Spitzer in seinen dramatischen Ausführungen nun folgen mag oder nicht: Es ist doch offensichtlich, dass ein bedenklicher Prozentsatz der Schüler, die älter als zwölf Jahre sind, massiv von ihren mobilen Endgeräten abhängig ist. Konkret von ihrem Handy. Wenn man Schüler fragt, wie viele Nachrichten sie via Facebook und WhatsApp bekommen, dann bewegen sich die angegebenen Zahlen im mehrstelligen Hunderterbereich. Kaum jemand bekommt weniger als fünfzig Nachrichten pro Tag, und diejenigen, die weniger als zwanzig Nachrichten am Tag bekommen, sind die Eremiten ihrer Generation.[47] Aber was bedeutet es für die Konzentrationsfähigkeit der Schüler, wenn sie während des Unterrichts das Summen ihres Handys spüren? Die meisten von ihnen werfen einen flüchtigen Blick auf ihr Handy. Schüler wollen uns Lehrer damit nicht ärgern. Einen Lehrer mit dem Handy ärgern, das hat man vor zehn Jahren gemacht. Das wirkt heute lächerlich. Nein, viele Schüler gucken aufs Handy, weil sie aufs Handy gucken *müssen.* Sie folgen einem inneren Drang. Das, was in den sozialen Netzwerken geschieht, ist nicht Teil ihres Lebens, es *ist* ihr Leben. Zu den sozialen Netzwerken gehören heute eigentlich auch die vielen Spiele wie *Quizduell, Clash of Clans* und *Counterstrike,* die man im Netz gegeneinander spielt. Und wie sieht es mit der Möglichkeit aus, genügend Schlaf zu finden, wenn die Schüler direkt vor dem Einschlafen die letzten Nachrichten bekommen und beantworten? Richtig: Es wirkt sich negativ aus. Die Kai-Story ist fiktiv, aber ich habe sie mir nicht ausgedacht.

Eine wachsende Anzahl an Schülern trinken heute in den Pausen und in der Oberstufe auch während des Unterrichts Energydrinks. Manche Schüler beginnen damit in der ersten Stunde. Energydrinks trinke ich auch manchmal. Und Kaffee trinke ich sowieso viel zu viel. Aber ich habe damit als Student angefangen. Also in einem Alter, in dem ich längst selbst für mich verantwortlich war. Wenn heute

---

47 Ich habe dazu bei knapp hundert Schülern eine Umfrage gemacht. Aber das hätte ich nicht tun müssen. Es reicht, junge Menschen zu beobachten.

Jugendliche bereits Koffeindoping brauchen, um durch den Schulalltag zu kommen, wann werden Fünftklässler, also zehnjährige Kinder, ihren Tag mit einem Energydrink beginnen? Wahrscheinlich in ein paar Jahren. Denn für eine beängstigende Anzahl Fünftklässler gehören Handys ebenfalls zum Alltag. Längst auch auf dem Schulhof. Ich hoffe, dass sich die meisten von ihnen noch nicht den Tag verderben lassen, weil irgendeine virtuelle Freundin nicht auf eine Nachricht reagiert hat, die drei Stunden zuvor abgeschickt worden ist. Aber wenn wir der Alltags-Digitalisierung nur eine Totaldigitalisierung an den Schulen entgegenzusetzen haben und somit die Botschaft auch vonseiten der Schule aus senden, dass nichts so wichtig ist wie der durchgehende Zugang zum Netz, dann haben wir bald auch mit übernächtigten Fünftklässlern zu kämpfen.

Zu leugnen, dass der permanente Internetkonsum der Konzentration der Schüler schadet, ist entweder eine bewusste Täuschung oder schlicht naiv. Weil ich zu denjenigen gehöre, die der Meinung sind, dass das Leben in virtuellen Welten auf Dauer gar nicht gut sein kann, halte ich die Digitalisierung an Schulen in dem Maße, wie sie schon jetzt vollzogen wird, längst nicht mehr nur für ein bildungspolitisches Problem, sondern für Körperverletzung.

Die Zukunft hat an vielen Schulen schon längst begonnen: Der digitalisierte Schüler geht in die digitalisierte Schule und trifft dort auf den digitalisierten Lehrer. Die Schüler, die nur während sportlicher Aktivitäten, unter der Dusche und während sie schlafen ihre Handys nicht benutzen, sollen in der Schule damit dauerhaft arbeiten dürfen? Oder dauerhaft mit einem Laptop? Oder dauerhaft mit einem iPad? Ich werde, wie bereits erwähnt, manchmal als Sozialromantiker bezeichnet, weil ich erst aufhöre an das Gute im Schüler zu glauben, wenn mir das Gegenteil bewiesen worden ist. Ich wiederum halte all diejenigen, die glauben, die Totaldigitalisierung sei zwingend notwendig, für Digitalromantiker. Es wird dazu führen, dass die Schüler noch mehr Zeit haben, digitale Nachrichten zu lesen und zu schreiben und sich damit ablenken zu lassen. Es wird dazu führen, dass die Schüler Gelegenheit bekommen werden, während der Gruppenarbeiten *Clash of Clans* weiterzuspielen. Abgesehen davon klagt heutzutage fast jeder Lehrer darüber, dass sich die Orthografie verschlechtert und Satzzeichen nur selten gesetzt werden. Klingt jetzt doof, aber: Das war damals nicht so. Diejenigen mit der schwächsten Rechtschreibung in den Achtzigerjahren wären heutzutage vermutlich nicht mal auffällig. Weshalb ist das so? Sind die Lehrer etwa schuld? Nein. Schuld sind Rechtschreibprogramme und die Gewohnheit, während der schriftlichen Kommunikation heute nur noch Abkürzungen und Satzbausteine zu nutzen. Und wie begegnet Bildungspolitik diesem Phänomen? Indem sie Laptopklassen fördert, anstatt darauf zu bestehen, dass bis zur zehnten Klasse handschriftliche Diktate geschrieben werden. Mit Letzterem macht man sich ja unbeliebt, und das wollen Politiker (und Lehrer) nicht.

Zweitens: Zweitens hängt massiv mit Erstens zusammen. Meine Bedenken habe ich bereits im Kapitel »Heute machen wir Gruppenarbeit« angedeutet: Schüler, und darin unterscheiden sie sich heutzutage überhaupt nicht von meiner Generation, die in den Achtzigern des vergangenen Jahrhunderts schulisch sozialisiert worden ist, sind noch immer junge Menschen. Und junge Menschen sind irgendwann in der Pubertät. Dann entdecken sie ihren Körper. Dann denken sie an Sex. Die wenigsten denken daran, wie der junge Khan es vielleicht ja wirklich getan hat, wie sie in Mathe ein paar Lektionen überspringen können, ohne dass es der Lehrer merkt. Nehmen wir Kai und Hannes. Niemand wird mir absprechen, dass es ziemlich normal ist, dass die beiden fünfzehnjährigen Jungs pausenlos an Mädchen denken. Dass die Mädchen ihnen Kummer bereiten, führt allerdings nicht dazu, dass sie sich am Unterricht konzentrierter beteiligen. Und wenn die beiden Mädchen auf ihre Nachrichten geantwortet hätten, dann hätte es erst recht nicht dazu geführt. Kai, der sich in Hinblick auf seine sexuellen Sehnsüchte vollkommen normal verhält – er denkt an Mädchen und freut sich auf die Pornokonferenz – der zieht sich weder am Nachmittag ein Khanvideo rein, wenn er stattdessen *Counterstrike* zu Ende spielen könnte oder eine Einladung zum Chat von Luisa bekommen hätte, noch würde er die vielen Freiräume an der Schule der Zukunft nutzen, um sich freiwillig beziehungsweise selbst organisiert mit digitaler Hilfe vertiefend mit Genetik zu beschäftigen, wenn er diese Freiräume auch ganz anders nutzen könnte.

In Burows und Khans Welt gibt es auch keine Lauras, deren Eltern sich scheiden lassen. Und wenn schon, nicht weiter bedenklich, denn: Ihnen bliebe ja Zeit, selbstbestimmt zu lernen. Dann holen sie halt den Stoff nach. Zum Beispiel mit Khanlehrvideos oder indem sie auf die synchronisierten Unterrichtsmaterialien auf ihrem Schullaptop zurückgreifen. Wie kann man bloß auf die Idee kommen, dass Schule beziehungsweise Schüler so funktionieren? Zum einen kann sich die Ehekrise von Lauras Eltern jahrelang hinziehen. Zum anderen wird Laura definitiv nie denken:

»So, Mama und Papa verstehen sich wieder gut! Das wird gefeiert! Ich schaue mir gleich mal ein paar Khanlehrvideos an!«

Gerade für solche Kinder ist es wichtig, dass sie erstens der Stundenplan und zweitens der Lehrer »zwingen«, sich mit Deutsch oder Mathe zu beschäftigen. In dieser Situation ist der Mensch gefordert, der sagt: »Es muss trotzdem weitergehen.«

Es gibt übrigens auch Kinder, die haben ganz andere Probleme. Die rennen ständig auf Sozialämter, weil die Eltern sich nicht nur scheiden lassen, sondern weil manchmal vollkommen unbekannt ist, wer der leibliche Vater ist. Und die Mutter, die zu Hause ist, ist nie so nüchtern, dass man mit ihr über Behördenkram reden könnte. Es gibt auch Jugendliche, die sind nicht nur mehr oder weniger massiv vom Internet abhängig, sondern bereits von anderen Drogen.

Und wie geht man im System Burow und Khan eigentlich mit Schülern um, die sich von digitalem Unterricht nicht begeistern lassen – in Khans (und Burows?) Welt gibt es solche Schüler allerdings nicht – sondern die Schule aus Prinzip nicht ernst nehmen? Neulich wollte ich zwei leistungsstarke Schüler fördern. Ich bat sie, eine Unterrichtseinheit zu organisieren. Als ich eine halbe Stunde später mal »vorbeischaute«, spielten sie mit ihren Handys. Ich war wütend, aber die Schüler zeigten mir ziemlich lässig ihre Unterrichtsplanung, die grottenschlecht war. Seitdem dürfen sie ihre Handys nicht mehr mitnehmen, wenn sie allein arbeiten sollen. Fest steht: Es gibt viele Schüler, die schlicht und ergreifend nicht selbstständig arbeiten können oder die es partout nicht wollen. Weil sie aus den Gründen, die ich bereits genannt habe, etwas Besseres zu tun haben. Und es gibt noch hundert weitere Gründe, warum ihnen an bestimmten Tagen, Wochen oder Monaten einfach nicht zum (selbst organisierten) Lernen zumute ist.

Es gibt natürlich auch Schüler, die in jedem, also auch in einem totaldigitalisierten System aufgehen. Das sind Schüler, die auch später ihren Weg machen werden. Dann gibt es mit Sicherheit einige Schüler, die sich in den beschriebenen Zukunftsmodellen tatsächlich wohler fühlen würden. Schüler, die unglaubliche, kreative und geistige Fähigkeiten haben, die durch die Lehrpläne und die Zeitvorgaben unterdrückt werden, so dass sich die Fähigkeiten nicht entfalten können.

Aber vielen Schülern wäre mit einer digitalen Dividende oder mit Lehrvideos aus einem ganz banalen Grund nicht geholfen: Sie würden sich auch in der Schule zu oft und zu lang in virtuellen Welten aufhalten. Und ich befürchte, dass die Anzahl vor allem junger Menschen, die sich durch die Totalabhängigkeit von den Funktionen ihres Handys in einer Welt ohne Netzempfang nicht mehr zurechtfinden, täglich wächst. Und man empfängt kein Netz, wenn der Akku leer ist. Das ist für viele Schüler inzwischen der absolute worst case – siehe Kai – weshalb viele Schüler das Handy während des Unterrichts aufladen. Wenn das Handy geklaut wird oder man es verloren hat, ist der Alptraum perfekt. Die Frage ist doch: Sollte Schule mit dem Strom schwimmen und sich Google, Facebook, Apple, Microsoft und anderen Marktgiganten mehr oder weniger unterwerfen und Schule zu durchdigitalisierten Orten machen und somit die Abhängigkeit vom Netz und von den Maschinen, mit denen man ins Netz kommt, fördern? Die genannten Konzerne würden es begrüßen. (Natürlich nur, weil ihnen die Bildung so sehr am Herzen liegt.)

Es geht nicht um eine Entdigitalisierung. Eine solche zu fordern wäre in der Tat rückwärtsgewandt, albern und lächerlich. Aber die Digitalisierung sollte auf bestimmte Klassenräume beziehungsweise auf bestimmte Unterrichtseinheiten oder Fächer begrenzt werden (siehe Teil V). Momentan geschieht allerdings das Gegenteil. Wenn wir nicht heute beginnen, die Digitalisierung zu bremsen, dann wird es morgen abgesehen vom Sportunterricht keinen Unterricht mehr geben, in dem ohne digitalisierte Hilfe versucht wird, die Welt zu verstehen. Und übermorgen werden die ersten Lehrerstellen gestrichen. Denn obwohl Khan und Burow explizit erwähnen und an mehreren Stellen glaubhaft betonen, dass die Lehrer auch in ihren Systemen eine bedeutende Rolle innehaben, befürchte ich, dass ihre Systeme der Anfang sein werden von einem Schulbetrieb, aus dem sich die Lehrer langsam zurückziehen werden.

Wenn der Trend nicht gestoppt wird, sondern stattdessen jedes neue digitale Produkt bejubelt wird, wird man schon bald die technischen Möglichkeiten komplett ausschöpfen. Dann werden die Lernvideos in den Unterricht integriert werden, dann wird man von irgendeinem Standort aus kontrollieren, ob Laura oder Hannes gerade wirklich arbeiten oder nicht doch etwas anderes machen, dann werden die digitalen Aufgaben so gestellt werden, dass sie digital korrigiert werden können und dann wird es nur noch eine Frage der Zeit sein, bis man den Lehrer an sich in Frage stellen wird.

Aber im System Schule werden nicht Schrauben montiert – das können Maschinen vielleicht ja wirklich so gut wie Menschen – im System Schule soll in jungen Menschen Neugierde entfacht werden. Und vor allem sollten diese jungen Menschen in der Schule etwas finden, was ihnen auch die beste Maschine auf der Welt nicht geben kann: Geborgenheit und Mitgefühl – aber vielleicht werden die Maschinen irgendwann auch diesen Part übernehmen, ohne dass wir es merken.

Übrigens ist es nicht so, dass ich in den Kollegien, in denen ich war, eine Art analoges Einsiedlerleben geführt hätte. Mir fällt es nicht mal schwer zuzugeben, dass die Art und Weise, wie die modernen Kommunikationsformen im Schulalltag genutzt werden, durchaus Vorzüge haben. Meine Schüler sind in einer WhatsApp-Gruppe, die funktioniert. WhatsApp wird in diesem Fall konkret wie ein Klassenrat genutzt. Das ist oft extrem praktisch. Manchmal schicke ich dem Klassensprecher eine Mail und bitte um Weiterleitung. Und sollte es einen Schüler geben, der sich dem System entzieht, wäre ich der Letzte, der damit Probleme hätte. (Ich würde diesen Schüler sogar bewundern und ermuntern!) Ich würde ihn dann persönlich informieren. Aber allein meine Frage, ob jemand nicht bei Facebook (eine Facebook-Gruppe gibt es auch) oder in der WhatsApp-Klassengruppe sei, sorgte lediglich für liebevolles, sehr nachsichtiges Lächeln: Ach, Herr Ulbricht … Trotz weiterer tatsächlicher und vermeintlicher Vorzüge der Digitalisierung, die für so viele Bildungspolitiker und auch Lehrer die einzig mögliche bildungspolitische Zukunftsvision zu sein scheint, behaupte ich: Durch die schleichende Abkehr von fast allem, was Schule in vorrevolutionärer Zeit ausgemacht hat und durch eine zeitgleiche, quasi totale Digitalisierung geht viel verloren. Langsam aber sicher geht schlicht das Menschliche verloren.

Schüler werden in einer nicht mehr weit entfernten Zukunft von einer Software unterrichtet, und das einzige Gerät für die gesamte Schulzeit wird ein Tabletcomputer, wahrscheinlich ein iPad sein, und Lerncoachs können im Notfall via Skype erreicht werden.

Katie ist übrigens eine fünfzehnjährige Schülerin, die im Jahr 2019 geboren wurde. Schauen wir uns ihren Schulalltag an.

Teil IV: Katie, 15, selbstständige Lernerin

»Bella!!!«

Katie dreht sich auf die Seite.

»BELLA!!!«

Katie dreht sich auf die andere Seite. Dann spürt sie, wie jemand panisch an ihrem Arm zieht, als würde das Haus brennen. Aber hatte sie nicht Maddie nach Bella rufen hören? Ja, hatte sie! Und sollte Maddie Bella verloren haben, wäre das in der Tat ähnlich schlimm wie ein Hausbrand.

»Katie ... steh auf! Bella ist weg!«

Katie gelingt es, die Augen zu öffnen. Maddie weint und ihr Unterkiefer zittert, als hätte sie Angst, ihre Bella nie wiederzufinden. Katie nickt und überlegt, was sie Aufmunterndes sagen könnte. Da ihr nichts einfällt, drückt sie die Siritaste auf ihrem Handy und sagt:

»Guten Morgen, Süße!«

Siri, ihre Süße, sagt daraufhin mit warmer Stimme:

»Guten Morgen, liebe Katie. Ich hoffe, du hast gut geschlafen. Es ist zehn vor acht. Draußen sind es zwölf Grad, und es regnet. Du hast, während du geschlafen hast, hundertachtunddreißig Nachrichten bekommen. Ich lese dir die zwanzig wichtigsten vor.«

Während Maddie schluchzt, hört sich Katie die Nachrichten an. Auch unter den zwanzig wichtigsten ist viel Mist dabei. Aber immerhin: Mella, mit der sie sich oft zum Zocken verabredet und mit der sie im Sommer auf einem zweiwöchigen LAN-Camp war, freut sich auf die abendliche Session; einige Jungs und noch mehr Mädchen kommen mit der Mathe-App nicht zurecht; ein Mädchen mag den Chinesisch-Coach nicht; und gleich sechs Jungs haben sich über die Planung der bevorstehenden LAN-Woche in den Herbstferien ausgetauscht, zu der sie alle dreihundertachtzig Jungs und Mädchen, die im Verteiler sind, eingeladen haben. Nachdem Siri die Nachrichten vorgelesen hat, sagt sie:

»Jetzt zeige ich dir, wer etwas Neues gepostet hat!«

Katie schaut gemeinsam mit Maddie aufs Display und guckt sich vierzig Fotos, ein paar Zeichnungen und sechzehn Links an. Dann sagt Siri:

»Es ist zwölf nach acht. Was kann ich nun für dich tun?«

»Guten Morgen, Süße, Maddies Bella ist weg.«

Sowohl Katie als auch Maddie starren Katies Handy eine Weile an. Schließlich sagt Siri:

»Wenn Maddies Bella weg ist, müsst ihr Bella suchen. Ich bin mir ganz sicher, dass ihr Bella findet.«

»Katie … komm!«

Das war nicht Siri, sondern Maddie. Da Maddie ein echtes Problem hat, steht Katie auf, nimmt ihr Handy und folgt im Nachthemd Maddie in ihr Zimmer. Während Katie in Maddies Zimmer nach Bella sucht, fragt sie Siri nach dem Tagesplan. Siri sagt:

»Liebe Katie, Homeoffice bis halb elf, dann fährst du zur Schule, das Auto ist über Nacht aufgeladen worden, von elf bis vierzehn Uhr bist du in der Schule, anschließend fährst du zurück und machst eine Stunde lang die Gruppenarbeit zur Unternehmensgeschichte von Google weiter, anschließend hast du Zeit für Freiarbeit. Von fünf bis sechs hast du Handballtraining …«

»Gefunden!«

»Pssstttttt!«

»… und am Abend guckst du von halb acht bis halb elf *Das Sexcamp,* und anschließend bist du verabredet zu *Female Killers torture stupid men.* In der letzten Partie hast du mit Mella einen Mann skalpiert, einen gehängt, einen ausgepeitscht auf Stufe drei und einem die Haut komplett abgezogen.«

Dann mit strengerem Tonfall:

»Das geht noch besser, Katie!«

Wieder mit sanfter Stimme:

»Ich wünsche dir einen schönen Tag.«

Katie nickt und denkt: Der Tag wird okay. Vor allem der Abend. Auf das *Sexcamp* ist sie besonders gespannt, denn Chang, der vor sechs Jahren beim Superstar-Worldcup ins Achtelfinale gekommen ist, hat sich letztes Mal gut gehalten, obwohl eine ehemalige Prostituierte auf ihn angesetzt worden war. Anschließend zockt Katie dann noch eine Runde mit Mella, und zum Ausklang schaut sie sich wie jeden Abend ein paar entspannende Videos auf *Youporn-goes-girl* an. (Von ihrem abendlichen »Ausklang« hat sie Siri noch nichts erzählt.)

»Katie … schau mal, Bella!«

Maddie gibt Bella einen Kuss, entsperrt sie und schaut, wer gerade mit wem skypt. Katie sieht noch, wie Anna auf dem Display erscheint. Anna strahlt und erzählt Maddie etwas von einem YouTube-Kids-Link, den sie sich unbedingt anschauen müsste. In diesem Moment vibriert Bella. Anna verabschiedet sich, indem sie einen Kussmund formt, und kaum ist sie verschwunden, erscheint auf dem Display die Nachricht:

»Maddieschatz – Essen steht bereit!«

Maddie nickt und geht in die Küche ein Stockwerk tiefer. Katie, die schon lange nicht mehr gemeinsam mit ihren Eltern isst, geht in ihr Zimmer.

Nach dem morgendlichen Stress schluckt Katie zwei Vitamin-, eine Ritalin- und eine Koffeintablette. Die Vitamine braucht sie, weil sie kaum Zeit hat, etwas zu essen, und ohne Koffeintabletten kommt sie schon längst nicht mehr durch den Tag. Und Ritalin bekommen seit einem Jahr alle Kinder zwischen sechs und sechzehn verschrieben, weil eine Studie bewiesen hat, dass das Ritalin dafür sorgt, dass Kinder sich besser konzentrieren könnten. Ihr Vater hatte dazu gesagt, dass Kinder Ritalin bräuchten, weil sie sich einfach nicht mehr bewegen müssten und deshalb nicht mehr ruhig sitzen könnten. In Katies Augen ist das kompletter Unsinn: Sie und Mella sind in der Lage, sechs Stunden am Stück zu zocken! Das heißt: Sie können ruhig sitzen! Das Ritalin ist in Katies Augen vor allem wichtig, um zu Hause mit den Lern-Apps zu arbeiten. (Ihr Vater ist aber eh komisch.)

»Katie, deine Mutter will dich sprechen!«, sagt Siri.

»Mama, was ist denn?«, fragt Katie, die aufs Display schaut.

Auf dem Display erscheint Katies Mutter und lächelt.

»Katie, Papa ist schon los, und ich gehe jetzt auch. Vielleicht isst du noch etwas, ich meine etwas Richtiges. Der Arzt hat ja gesagt, dass die Pillen viel, aber nicht alles ersetzen, was in herkömmlicher Nahrung ist und …«

Katie hat den Ton ausgestellt. Als sie wenig später die Tür ins Schloss fallen hört, legt sie sich aufs Bett und nimmt ihr iPad-School in die Hand. Sie schaut sich ein Lehrvideo zum Thema Proteine an und versucht anschließend, Aufgaben zum Lehrvideo zu lösen. Auf Mathe hat sie keinen Bock, weshalb sie am Laptop erst eine Runde *Quizduell-Revolution* spielt und dann beginnt, Nachrichten zu beantworten. Kaum hat sie die ersten drei Antworten getippt, blinkt eine rote Lampe am iPad. Katie rollt mit den Augen. Die Lampe blinkt immer schneller. Schließlich streicht sie mit blitzschnellen Bewegungen über den Touchscreen und sieht einen erhobenen Zeigefinger. School-Siris Gesicht erscheint, und School-Siri sagt mit einem Lächeln.

»Mathe!«

Na gut, dann halt Mathe. Die Mathe-App ist kompliziert. Katie hat mit Mathe gleich mehrere Probleme: Erstens kann ihre Süße wirklich alles, was sie im Alltag braucht. Sie muss sie nur fragen, und zack, bekommt sie eine Antwort. Katie vermutet, dass die Mathe-Apps ab der zweiten Klasse derart schwierig sind, weil die Siris im iPhone 27 und im Samsung-Worldchampion zu viel wissen. Selbst die Siri auf Maddies Bella kann unglaublich gut Mathe, dabei handelt es sich bei Maddies Bella lediglich um das iPhone-Kid für die unter Achtjährigen. Maddie weiß gar nicht, wie gut sie es hat. Denn so ein cooles Handy hatte Katie noch nicht in dem Alter – Katie selbst war auch erst mit acht auf Facebook, und nicht schon mit sechs! – und Katie hatte in der zweiten Klasse noch keinen Laptop, mit dem sie lernen durfte, sondern musste immer einen Haufen Schulbücher zur Schule schleppen und alles Mögliche in Hefte schreiben. Aber ... irgendwie findet sie es ja doch praktisch, dass sie schreiben kann. Maddie lernt das nicht mehr. Vor einigen Jahren wurde in Schulen und auch in Katies Familie viel darüber gestritten, ob man überhaupt noch mit einem Stift schreiben können muss. Am Ende hat man sich darauf geeinigt, dass die Handschrift eigentlich eine veraltete Kunst sei. Schließlich müsse inzwischen sowieso jeder Mensch ein Handy mit sich führen, weil ja schon auf den Kinderhandys die persönlichen Daten eingespeichert sind. Früher hatte man noch Ausweise, hat Katie neulich in der Schule gelernt. Heute hat man, und das findet Katie praktischer, ein personalisiertes Handy, auf dem alle Daten eingespeichert sind. Die Handys sind mit Notfallakkus ausgestattet, aber solche Notfälle treten nicht ein, weil es innerhalb von Städten im Abstand von hundert Metern inzwischen Aufladestationen geben *muss.* Diese Handys sind dank eines unzerstörbaren GPS-Chips auch diebstahlsicher. Da jeder mindestens ein zweites und oft auch ein drittes Handy hat – schließlich möchte niemand auf dem personalisierten Handy irgendwelche Spiele runterladen, die zum Beispiel erst ab achtzehn freigegeben sind – werden Handys aber noch immer oft gestohlen.

Die Mathe-App ist einfach zu schwierig. Katie meldet sich daher zu einem Gespräch mit einem Mathecoach an. (In der Kernzeit zwischen elf und zwei stehen den Schülern Lerncoachs zur Verfügung.)

»Katie, wenn du in fünf Minuten losfährst, dann kommst du gerade noch rechtzeitig in der Schule an. Auf deinem Weg zur Schule sind zwei Ampeln ausgefallen. Die Polizei ist aber schon unterwegs«, sagt Siri.

»Okay Süße.«

Katie spült mit einem Glas Wasser erst eine weitere Koffein- und dann eine Kohlenhydratetablette herunter. Ins Navi ihres Stadtautos, das in einer Box vor dem Haus parkt, gibt sie nur »Schule« ein. Anschnallen muss sie sich selbst, den Rest erledigt das Auto. Während sie zur Schule gefahren wird – den Führerschein für vollautomatische Autos hat sie pünktlich zu ihrem fünfzehnten Geburtstag gemacht – fragt Katie Siri nach neuen Nachrichten. In den letzten zwei Stunden hat sie fünfundneunzig bekommen. Siri hat sie nach Wichtigkeit sortiert und liest nur die ersten dreißig Nachrichten vor. Aus der Mathe-App-Gruppe sind es allein siebzehn. Niemand hat Mathe verstanden, weshalb Harry, von dem Katie nicht mal weiß, wie er aussieht, vorschlägt, dass man um einen Gruppentermin bitten sollte. Müglü – Katie fragt sich, ob das ein Kosename oder der richtige Name ist – hat bereits einen solchen Termin vormerken lassen, und die Mathecoach-Siri hat reagiert und um zwölf Uhr zu einem Gruppentermin in Lernlandschaft 4 gebeten. Mella schreibt Katie, dass sie bis vier Uhr morgens gezockt und zum ersten Mal einen Mann gerädert habe. Das sei cool gewesen, weil beim Brechen der Knochen sogar der Bildschirm gezittert habe. Sie freue sich auf den Abend und schlägt vor, einen Mann auf Stufe 4 auszupeitschen. Dana wettet, dass Chang beim *Sexcamp* rausfliegen werde. Denn im *Sexcamp*-Chat werde bereits spekuliert, dass er an ein Bett gefesselt und drei Stunden bearbeitet werde. Lara versteht nicht, warum ihre Eltern es noch immer nicht erlauben, dass sie das *Sexcamp* gucke. Dabei habe doch neulich sogar die Religionstrainerin gesagt, dass sie die Freizügigkeit zwar einerseits für übertrieben, andererseits aber für sinnvoll halte, weil »junge Menschen auf diese Weise für den Zusammenhang zwischen Sex und Gewalt sensibilisiert« würden. (So hatte sie das in einem Meeting, an dem nicht nur viele Selbstlerner, sondern auch die Trainerinnen und Coachs teilgenommen und sich viele Eltern per Skype zugeschaltet hatten, gesagt.) Katie hat mit dem *Sexcamp* keine Probleme. Im Vergleich zu *Youporn-goes-girl* ist das, was dort gezeigt wird, jedenfalls vollkommen harmlos. In der letzten wichtigen Nachricht teilt Lionel seinen achtundzwanzigtausendsiebenhundertdreiundfünfzig Facebookfreunden mit, dass er an Durchfall erkrankt sei. Er hat dazu ein aussagekräftiges Foto gepostet. Allein das Foto wird ihm, da ist Katie sich sicher, weitere zweitausend Freunde bescheren. Katie schreibt auf der Fahrt siebzehn Antworten. Nachdem das Auto geparkt hat, verabschiedet sie sich (vom Auto) und geht zum Haupttor des Lernzentrums. Da die Kernzeit um elf Uhr beginnt, gibt es beim Einloggen eine Schlange. Zeit, um weitere Nachrichten zu schreiben.

Um zwölf Uhr trifft sich Katie in der Lernlandschaft 4 mit ihrer Gruppe. Aber was macht sie vorher? Genau in diesem Augenblick schickt Mella eine vim *(very important message):* »Bin im Sprachparadies!« Gute Idee. Gemeinsam mit ein paar anderen geht auch Katie in das Sprachparadies. Dort setzt sie sich mit Mella, die vor dem Paradies auf sie gewartet und sie mit einem flüchtigen Küsschen auf die Wange begrüßt hat, in ein Pariser Café, wo sie ihre iPads direkt an den Tisch anschließen, woraufhin die französischen Speisekarten aktualisiert werden. Mit einem virtuellen Kellner beginnen Mella und Katie eine Unterhaltung. Plötzlich setzen sich noch drei virtuelle Franzosen zu ihnen, das heißt, sie erscheinen auf dem Desktop. Da Mella sich wesentlich besser mit Mathieu unterhalten kann als Katie, verwickelt Isabelle Katie in ein Vieraugengespräch. Nun sprechen Mella und Katie jeweils mit ihrem iPad beziehungsweise mit Mathieu und Isabelle. Isabelle ist echt okay, findet Katie. Denn sie korrigiert sie manchmal, dabei lacht sie meistens, und außerdem mag sie dieselben Klamotten wie Katie, und drei Tätowierungen hat sie auch schon. (Katie hat erst zwei.) Das Gespräch ist so spannend gewesen, dass Katie gar nicht gemerkt hat, dass Mella längst nicht mehr neben ihr sitzt. Aber das ist kein Problem.

»Wo ist Mella 05052020?«, fragt Katie ihre School-Siri.

Wenige Sekunden später sagt School-Siri:

»Mella 05052020 befindet sich gerade im Chinarestaurant Peking. Soll ich einen Kontakt herstellen?«

»Nein.«

Katie verlässt das französische Café, in dem um die dreißig Schüler mit virtuellen Franzosen sprechen, und sucht Mella im vollkommen überfüllten Chinarestaurant. Sie spricht gerade derart intensiv auf ihr iPad ein, dass Katie ihr von ihrem Privathandy aus eine vim schickt: »Um zwei vor Haupteingang. Treffe mich jetzt mit Lerncoach für Mathe.«

Auf dem Weg zur Lernlandschaft 4 sagt Siri, nicht die School-Siri, sondern Katies Süße:

»Mella ist einverstanden.«

Katie nickt. Sie hat gehört, dass Handys früher nur vibrieren oder klingeln konnten. Das muss echt anstrengend gewesen sein. Dann musste man ja das Handy entweder die ganze Zeit in der Hand halten oder es jedes Mal aus der Tasche nehmen, um Nachrichten zu lesen. Das ist schon lange nicht mehr nötig. Zumindest die wichtigsten Kontakte werden ihr von ihrer Süßen sofort mitgeteilt. Für alle anderen hat sie einen Filter, um den Siri sich zuverlässig kümmert. Die wichtigsten Nachrichten lässt Katie sich alle paar Stunden vorlesen.

Die Lernlandschaft 4 ist so groß wie eine Turnhalle. In der Landschaft stehen Dutzende Stühle um runde Arbeitsplattformen herum. Die Lernlandschaften 1–4 sind für Zusammenkünfte gedacht oder zum Schreiben der Abschlussklausuren an den Schullaptops. Deshalb fühlt Katie sich in diesen Lernlandschaften immer recht unwohl. Während die einzelnen Themen selbstständig durchgearbeitet werden und die Lektionen immer mit Aufgaben enden, die man lösen muss, bevor man die nächste App runterladen kann, gibt es vor den Sommerferien in jedem Fach noch eine zentrale Abschlussklausur. An die Atmosphäre hat sich Katie nie gewöhnt, denn auf dem Laptop ist eine Kontrollsoftware installiert, die jedes Jahr aktualisiert wird. Sobald man zum Beispiel den Blick vom Bildschirm abwendet, piept es und eine Stimme, die klingt wie die Ansage in einer Warteschleife, spricht eine Verwarnung aus. Und wenn man zu langsam vorankommt, leuchtet auf dem Desktop rechts oben in einem Extrafeld eine tickende Uhr auf. Es gibt immer wieder selbstständige Lerner, die diese Art Kontrolle nicht ertragen, weinend die Abschlussklausuren abbrechen und zum Schulpsychiater müssen, bevor sie eine neue Chance erhalten. Klausurtage sind längst ein Alptraum für alle Lerner. Und seit zwei Jahren können die Lerner vor den Klausuren die Lernbereiche nur noch durch eine Sicherheitsschleuse betreten. Ein Medizinstudent, manchmal sogar ein richtiger Arzt, kontrolliert anschließend, ob die Lerner Kontaktlinsen tragen. Wenn sie es tun, werden die Kontaktlinsen untersucht. Denn vor drei Jahren hat ein Schüler Googlekontaktlinsen getragen, seitdem machen sie dieses Theater. Googlebrillen sind im Schulbereich sowieso verboten, aber die sind eh out, weil sie auch fast überall sonst verboten worden sind. (Die großen Kinoketten und Musicalhäuser hatten geklagt, weil sich herausgestellt hatte, dass mithilfe der Googlebrillen Bilder noch während der Premieren im Internet gepostet worden waren. Anschließend hatten sich viele Restaurants, Cafés, Schwimm- und Freibäder, überwachte Badestrände, Museen, Theater, Opernhäuser usw. angeschlossen, und auch in Stadien darf man solche Brillen längst nicht mehr tragen.)

Um Punkt zwölf sind um die achtzig selbstständige Lerner in der Halle. Der Raum verdunkelt sich, und auf einer Leinwand, deren Größe jedem Cinemaxx Ehre machen würde, erscheint das Gesicht von Herrn Peters, dem Mathecoach. Er begrüßt die Lerner, dann verschwindet sein Gesicht. Aus dem Off erklärt seine Stimme nun Schritt für Schritt die Mathe-App. So wie Herr Peters es erklärt, klingt es einfach. Nachdem alle Lerner zwanzig Minuten lang am eigenen School-iPad selbstständig Übungen bearbeitet haben, werden noch zwei fünfminütige Lehrvideos zum selben Thema gezeigt. Anschließend verabschiedet sich Herr Peters und bietet an, sich mit den Lernern, die noch immer Probleme haben, um ein Uhr im Mathebereich zu treffen. Er bittet um Anmeldung ... und Katie meldet sich an, obwohl sie die App verstanden hat. Denn irgendwie findet sie Herrn Peters sympathisch. Sie würde daher gern wissen, wie er wirkt, wenn er leibhaftig vor einem steht und wie seine Stimme wirklich klingt.

Als Katie sich einer Gruppe Lerner, die sie zumindest vom Sehen kennt, anschließen möchte, geht der Beamer wieder an. Einige Lerner raunen. Die meisten grinsen allerdings lediglich über die Gruppe vermummter Personen, die auf der Leinwand zu sehen ist und die einen gefesselten Coach in ihrer Mitte haben. Einer der Vermummten hält dem Coach den Lauf einer Plastik-Kalaschnikow seitlich an den Kopf. Ein anderer, vermutlich der Anführer, trägt ein Stirnband, auf dem steht: UBA 2034! Katie und die Lerner, die in ihrer Nähe stehen, lachen, als sich der Coach mit, wie Katie findet, ziemlich gelangweilter Stimme vorstellt:

»Mein Name ist Herr Schrader, ich bin Coach für Englisch und unterrichte am Lernzentrum-Ost ...«

Die folgenden Worte gehen in Buhrufen unter. Es stellt sich heraus, dass der Coach ausgetauscht werden soll gegen einen Kollegen aus der eigenen Schule, der von Abiturienten des Lernzentrums-Osts entführt worden ist. Per Livestream können die Lerner in der Lernlandschaft 4 den Gefangenenaustausch miterleben. Bei dem Coach der eigenen

Schule handelt es sich um den Direktor des Lernzentrums-West, um Herrn Schmidt, dessen letzte Weihnachtsansprache recht lustig war. Die Lerner, die sich noch immer im Lernbereich 4 befinden, jubeln, als Herr Schmidt sich bei seinen Befreiern bedankt. Als Dankeschön bindet er sich das Stirnband um. Katie freut sich schon auf ihr letztes Jahr. Das Mottojahr ist der Höhepunkt der Lernphase, die zwischen zehn und zwölf Jahren dauert. Bei ihr werden es zwölf Jahre sein, und das findet sie in Ordnung. Denn nur wenige schaffen den UBA (den Universal-Bildungs-Abschluss, der früher, wie Katies Vater neulich erzählt hat, Abitur hieß) in elf und noch weniger, nur knapp acht Prozent in zehn Jahren. Die beginnen dann in Katies Alter zu studieren. Darauf hätte Katie allerdings noch gar keine Lust. Aber auf selbstständiges Lernen hat sie eigentlich auch keine Lust. Das liegt vor allem daran, dass sie manchmal nicht weiß, was genau sie in der dreistündigen Präsenszeit im Lernzentrum machen soll.

In der Ruhezone beantworten die meisten Lerner Nachrichten oder lesen, was sie in der zurückliegenden halben Stunde verpasst haben. Darin unterscheiden sich die Coachs und Trainerinnen nicht von den Lernern, weshalb die Atmosphäre in der Ruhezone meistens recht entspannt ist.

Katie setzt sich an einen freien Tisch, um Musik zu hören und eine Runde *Quizduell-Revolution* zu spielen. Aber dazu kommt sie nicht. Denn zu ihrer Rechten sitzen zwei Mädchen, beide ungefähr so alt wie sie. Mit einer von ihnen hat sie irgendwann mal gemeinsam in einem Geschichtsworkshop gesessen. (In einem Rollenspiel sollte die Französische Revolution nachgespielt werden, was lustig war.) Die andere kennt sie, weil sie neulich neben ihr saß, als im Lernbereich 1 Lehrvideos zum Thema Klimakollaps gezeigt worden sind. Jetzt hat das Mädchen auch so etwas Ähnliches wie einen Kollaps. Sie weint und spricht mit erstickter Stimme, während ihre Freundin den Arm um sie gelegt hat und gleichzeitig etwas auf ihrem iPad nachschaut. Ihr Freund hat anscheinend vor längerer Zeit einen Verkehrsunfall gehabt und ist gestorben. Das ist bestimmt schlimm, aber in ihrer Pause hat Katie keine Lust, sich solch deprimierenden Geschichten anzuhören. Gerade möchte sie aufstehen, als am Tisch zu ihrer Linken drei Erwachsene Platz nehmen: der befreite Direktor, der, kaum hat er sich gesetzt, ein Autogramm unterschreibt, der Mathecoach und ein Lehrer, den der Direktor mit Kai anspricht und den er schon lange zu kennen scheint.

Katie steckt sich die Ohrstöpsel ins Ohr, aber anstatt Musik zu hören, hört sie zu, was am Nachbartisch besprochen wird.

Mathecoach: »Das war ja mal eine lustige Idee.«

Direktor Schmidt: »O ja! Ich werde zwar jedes Jahr entführt, aber langweilig wird es nie.«

Kai: »Wir waren früher ja eher harmlos mit unseren Überfällen. Apropos früher ... wie geht es eigentlich deiner Frau? Die hatte ich ja damals in Englisch ...«

Direktor Schmidt: »Ich weiß, ich weiß. Eine Stunde in deiner Klasse hat ihr ja den Rest gegeben. Da war doch die Sache mit dem Handy, auf das sie getreten ist ...«

Kai: »Ich erinnere mich!«

Mathecoach: »Auf ein Handy getreten???«

Kai: »Ja, die Ex-Frau von Herrn Schmidt, die hatte eine tief sitzende, fast schon krankhafte Abneigung gegen Handys. Dabei haben wir sie während des Unterrichts eigentlich nie benutzt. Manchmal haben wir kurz draufgeguckt, mehr nicht. Und damals hat man vielleicht fünf, höchstens zehn Nachrichten pro Tag bekommen. Da war einfach noch nicht viel mit Handys los. Wie dem auch sei: Ein Schüler, damals nannten wir uns ja noch Schüler, hat wirklich nur mal ganz ganz kurz aufs Handy geguckt, und da ist sie dann ausgerastet, hat ihm das Handy weggenommen und ist mehrfach draufgetreten, bis das Ding Schrott war. Daran erinnere ich mich, als wenn es gestern gewesen wäre.«

Mathecoach: »Wahnsinn ... aber Sie scheinen kein besonders inniges Verhältnis ...«

Direktor Schmidt: »Ach was. Meine Ex-Frau, die ist irgendwann einfach stehen geblieben. Es war wirklich so, dass die Erde sich gedreht hat, und sie hat sich nicht mitgedreht. Dann musste sie zum Psychiater und war jahrelang in Behandlung. Anstatt zur Besinnung zu kommen, hat sie ihr Handy recht theatralisch in den Müll geworfen und für sich entschieden, offline zu leben. Als Trainerin hat sie nicht mehr gearbeitet, sondern stattdessen in einem Buchladen Lesungen und Übernachtungsaktionen für Kinder organisiert. Als der Buchladen dann dicht gemacht hat, musste sie wieder zum Psychiater.«

Kai: »Und jetzt?«

Direktor Schmidt: »Du wirst es nicht glauben, aber sie ist vor drei Jahren ausgewandert. Seitdem bekomme ich zweimal pro Jahr recht esoterische Postkarten. Handgeschrieben!«

Mathecoach: »Wohin kann man denn auswandern, wenn man so drauf ist, wie Ihre Frau, Internet und Handys kann man doch nicht entkommen ...«

Direktor Schmidt: »Doch! In Kamtschatka gibt es tatsächlich so eine abgefahrene Gemeinde, inzwischen sollen dort laut Angaben meiner Frau zweihundert Menschen von und mit der Natur leben. Verrückt. Abends sitzen sie in irgendwelchen Hütten und lesen sich vor oder erzählen sich Geschichten, es gibt Spieleabende, am Lagerfeuer wird gesungen, klingt alles wie bei den Pfadfindern, die es in meiner Jugend noch gab, und niemand vermisst Fernseher, Handy, Laptop oder das Internet. Das behauptet jedenfalls meine Frau.«

Kai: »Das ist ja krank. Wenn die hier leben würden, müssten alle zweihundert nicht nur zum Psychiater, sondern in die Psychiatrie. Gibt es da irgendeinen König oder so?«

Direktor Schmidt: »Ja. Der ging hier auch zur Schule, und wenn ich meine Frau richtig verstanden habe, sogar in deine Klasse. Wie hieß er noch gleich ...«

Kai: »Simon!«

Direktor Schmidt: »Genau, Simon. Der ist so eine Art Häuptling. Soll alles bestens funktionieren ... sagt meine Frau.«

Mathecoach: »Also für mich wäre das nichts. Ohne meine Siri gehe ich jedenfalls nicht mehr ins Bett.«

Gelächter.

Mathecoach: »Ich muss in den Mathebereich. Einige Schüler haben die Mathe-App noch immer nicht begriffen. Aber wenn sie die Lehrvideos nicht verstanden haben, weiß ich eigentlich nicht mehr, was ich noch tun könnte.«

Der Mathecoach, Kai, der irgendwann mal eine Französisch-App präsentiert hat, und Direktor Schmidt machen sich auf den Weg. Katie bleibt sitzen. Obwohl sie den Dreien in wirklich allen Punkten recht gibt, hat sie plötzlich keine Lust mehr, den Mathecoach näher kennenzulernen.

Kamtschatka? Das muss irgendwo in Schweden sein. Schweden ist ja eigentlich ganz schön, zumindest haben sie neulich in der Geografiegruppe eine Reise durch Skandinavien gemacht. Auf Google-Voyager haben sie alle Stationen eingegeben, und kurz darauf begann die Reise. Sogar Elche haben sie gesehen. Blöd war nur, dass ihr School-iPad plötzlich einen Defekt hatte und sie ihre Reise einen Tag unterbrechen musste. Ihr Vater hat gesagt, dass es viel mehr bringen würde, in den

Ferien wirklich durch andere Länder zu reisen, aber erstens stimmt das nicht, weil man mit Google-Voyager an *alle* Orte kommen kann – wahrscheinlich auch nach Kamtschatka – und einfach nichts verpasst. Die Elche konnte sie sich zum Beispiel einen Tag später noch mal anschauen. Zweitens regnet es nie, und Kälte ist auch kein Problem. Und drittens verbringt sie die Ferien lieber in LAN-Camps.

Noch eine Stunde Präsenszeit. Katie bittet ihre School-Siri um Empfehlungen. Siri sagt:

»Du warst noch nicht im Pub. Im Lernzentrum 1 finden gleich die Gruppen-PowerPoint-Präsentationen zum Thema *Neue Wikipediabeiträge* statt, im Biopark werden Äpfel geerntet – heute ist die Biotrainerin vor Ort! In der Geschichtswerkstatt findet eine Debatte zum Thema *Hat Angela Merkels Regierungszeit die Bundesrepublik verändert?* statt. Und im Atelier kann man noch bis zum Herbst am Workshop *Auf den Spuren von Van Gogh* teilnehmen. Heute kannst du am Laptop Farben mischen üben. Und ...«

»Danke.«

Auf Englisch, auf neue Wikipediaeinträge und auf Farbenmischen hat sie keine Lust, und den Namen Angela Merkel hat sie noch nie gehört, also: Äpfel ernten! Hin und wieder isst sie einen Apfel, und letztes Jahr hat sie die Apfelernte verpasst.

Der Außenbereich der Biolandschaft, der an die Treibhäuser angrenzt, ist so groß wie ein Fußballfeld. Alles Mögliche wird dort angebaut und geerntet. Ein Junge steht neben Katie, die am Rande des Feldes steht und die Apfelbäume nicht sieht, und fragt sie:

»Gehst du auch zur Ernte?«

»Ja ... aber ...«

»Da hinten sind die Apfelbäume. Kommst du mit?«

Der Junge ist vielleicht ein Jahr älter als Katie, einen Kopf größer und ziemlich stämmig. Er trägt keine Tasche.

»Wo ist denn dein iPad?«

»Habe ich im Schließfach. Brauchen wir nicht. Die Biotrainerin findet, dass man für die Ernte nur seine Hände benutzen sollte. Außerdem sagt sie, man könne sich die Finger auch mal dreckig machen. Die Biotrainerin ... ist anders.«

»Ach so. Wie viele Freunde hast du eigentlich auf Facebook?«

»Weiß ich nicht, als ich das letzte Mal geschaut habe, waren es ungefähr tausendsiebenhundert. Glaube ich jedenfalls.«

Glaube ich jedenfalls??? Katie fragt sich, warum er nur so wenige Freunde hat. (Katie selbst hat aktuell achttausenddreihundertsechsundfünfzig Facebookfreunde. Neunundvierzig mehr als noch vierundzwanzig Stunden zuvor.) Auf den ersten Blick wirkt er eigentlich … recht sympathisch.

Der Weg zu den Apfelbäumen ist weit. Bestimmt hundert Meter. Der Junge fragt:

»Wie heißt du eigentlich?«

»Wie bitte???«

»Wie du heißt?«

»Ach … so … ich heiße … ich heiße … Katie.«

Katies Herz beginnt zu rasen. Sie guckt den Jungen von der Seite an und hofft, dass er nicht merkt, wie aufgeregt sie ist. Erleichtert stellt sie fest, dass der Junge in Richtung Apfelbäume schaut. Dabei lächelt er. Warum, weiß Katie nicht. Dann sind sie da. Der Junge sagt:

»Caro, Katie möchte helfen.«

»Hi Katie«, sagt Caro, die Trainerin, die Katies Oma sein könnte.

»Dein iPad brauchst du nicht. Und dein Privathandy auch nicht. Schalte bitte beides aus.«

»Ausschalten???«

Katie wirft dem Jungen einen verwirrten Blick zu. Der Junge nickt und lacht, und Katie glaubt, noch niemals zuvor ein solches Lachen gesehen zu haben. Dann zuckt sie die Achseln, schaltet die Geräte aus, bekommt dabei eine Gänsehaut und beginnt gemeinsam mit dem Jungen und siebzehn anderen Äpfel zu ernten. Währenddessen erzählt Caro etwas über Apfelsorten. Katie sagt:

»Zum Glück scheint die Sonne.«

»Geerntet wird bei jedem Wetter«, sagt Caro.

Eine Stunde lang dauert die Ernte. Der Junge fragt sie nach ihren Hobbys. Sie weiß nicht genau, was sie darauf erwidern soll. Sie zählt die Spiele auf, die sie spielt, und erzählt von LAN-Partys. Der Junge nickt. Ob sie sich gut mit ihren Eltern verstehe, fragt der Junge. Darüber muss sie eine Weile nachdenken, denn sie versteht sich nicht schlecht mit ihren Eltern, weil sie sie nur noch selten sieht. Aber versteht sie sich gut mit ihnen? Sie sagt, dass ihr Vater manchmal nerve, weil der immer von früher erzähle und weil er wenig Verständnis für sie habe. Dann sagt Caro:

»Das war's. Wer Lust hat, kann gleich morgen um neun in der Küche dabei helfen, die Äpfel zuzubereiten. Ihr müsst euch dafür bei eurer School-Siri anmelden, die Selbstlernphase im Homeoffice könnt ihr nachholen, wann es euch passt.«

Katie schaltet die Geräte wieder an, und Siri meldet sich – das macht sie immer, wenn das Gerät ausgeschaltet war – und sagt, dass sie in den zurückliegenden einundsechzig Minuten vierundsiebzig und dass sie seit dem letzten Abruf insgesamt hundertachtundsechzig neue Nachrichten bekommen habe. Als Siri beginnen möchte, die Nachrichten vorzulesen, schaltet Katie Siri aus.

»Klappe, Süße«, sagt sie.

»Du sagst zu deiner Siri ›Süße‹?«, fragt der Junge und runzelt die Stirn.

»Ja, wie nennst du denn deine Siri?«

»Ich spreche sie nicht an.«

Kurzes Schweigen, dann:

»Ach so.«

Katie weiß einfach nicht, ob sie den Jungen eher bekloppt oder eher faszinierend finden soll. Fest steht: Sie hat schon seit einer Ewigkeit nicht mehr mit einem anderen Menschen derart lange gesprochen.

»Was machst du heute Nachmittag?«

»Gruppenarbeit zum Thema *Die einzelnen Phasen von Google*. Dann mache ich Deutsch ...«

»Mit welcher App arbeitest du gerade?«

»Deutsche Literatur des zwanzigsten Jahrhunderts. Also Herr Lehmann, Crazy und ... was war das noch gleich ...«

»Cool. Mein Vater hat sogar noch die Bücher, lese ich abends immer ein bisschen drin. So, ich treffe mich um zwei im Filmstudio. Wenn du Lust hast, komm' doch morgen zum Kochen.«

»Der Kochkurs, ich meine, das ist ja schön und gut, aber der liegt doch vor der Kernzeit.«

»Zum Glück. Die Kurse außerhalb der Kernzeiten bringen nämlich am meisten Spaß. Und die Lerner, die an den Kursen teilnehmen, sind meistens recht entspannt.«

Katie sagt nichts. Sie schaut den Jungen, der wieder so fröhlich lacht, an. Sie will etwas sagen, weiß aber nicht was. Irgendwie ist der Junge nicht von dieser Welt ... und trotzdem in Ordnung.

»Na dann bis morgen. Ich würde mich jedenfalls freuen, wenn du kommst.«

Katie nickt und fotografiert den Jungen von hinten. Auf dem Foto sieht man nur die Schulterpartie und den Hinterkopf mitsamt schwarzem, schulterlangem Haar. Auf dem Weg zum Ausgang lässt sie sich von Siri die Nachrichten vorlesen. Nichts Spannendes. Mit Mella trifft sie sich auf dem Parkplatz.

»Und?«, fragt Katie.

»War okay. War eigentlich die meiste Zeit im Sprachparadies. Habe die kompletten drei Stunden Französisch, Chinesisch, dann Englisch und am Ende sogar Spanisch geredet. Mit Pedro hat es am meisten Spaß gebracht, obwohl mein Spanisch schlechter ist als mein Chinesisch.«

»Nur im Sprachparadies? Was hat denn dein Schatz dazu gesagt?«

»Geschimpft hat sie! Morgen soll ich ins Physiklabor und ich soll endlich mit der Mathe-App arbeiten und mich am besten mit anderen Lernern treffen, um an der Jahresabschlusspräsentation über die Entwicklung des iPad 1 zu arbeiten. Warte mal … ich sehe gerade, dass es regnet.«

Katie denkt daran, wie sie noch wenige Minuten zuvor Äpfel geerntet hat. Und während sie sich mit … mit … dem Jungen die Äpfel zugeworfen hat, hat es definitiv nicht geregnet. Inzwischen ist es zwar bewölkt, aber es regnet *nicht*. Oder etwa doch? Sie öffnet ihre Wetter-App. Tatsächlich: Regen!

»Stimmt, es regnet. Lass uns fahren, heute Abend chatten während *Sexcamp* und dann zocken?«

Mella nickt. Dann steigen beide in ihre Autos ein und werden nach Hause gefahren.

Zu Hause erholt sich Katie und spielt mehrere Runden *Quizduell-Revolution*. Aber sie kann sich einfach nicht darauf konzentrieren. Sie muss die ganze Zeit an diesen verrückten Jungen denken, mit dem sie die Äpfel geerntet hat. Das Problem ist: Weder hat sie seine Handynummer, noch seinen Namen. Plötzlich lacht Katie laut auf. Es gibt ja eine Möglichkeit, alles über den Jungen herauszufinden. Sie lädt sein Bild auf ihrem School-iPad runter und bittet Siri, den Namen herauszufinden. Wenige Sekunden später sagt Siri:

»Felix20072019. Nachname Bérenger. Franzose, aber in Deutschland geboren. Ist in diesem Bildungsjahr für die Abschlussprüfungen angemeldet. Soll ich einen Kontakt herstellen?«

»Nein.«

Erst mal sucht Katie Felix auf Facebook ... aber dort findet sie ihn nicht. Dabei hat er doch gesagt, er habe tausendsiebenhundert Freunde. Hat sie das alles nur geträumt? Gibt es diesen Felix vielleicht gar nicht? Aber Siri hat doch das Foto erkannt ... Katie gibt seinen Namen bei Google ein. 9,7 Millionen Treffer. Wenige Sekunden später beginnt Katies Herz zu rasen. Bei den ersten Treffern handelt es sich um Artikel in den klassischen Onlinezeitungen. In den Beiträgen geht es um ihn, weil er vor zwei Monaten – Katie kann es kaum glauben – seinen Facebook-Account hat löschen lassen! Ein Artikel über ihn ist innerhalb von vier Stunden sechzehntausendmal kommentiert worden. Sie liest die ersten Kommentare, in denen er zum physischen Selbstmord aufgerufen wird. Begründung:»Eigentlich bist du ja eh schon tot!« Katie liest nicht weiter. Vor allem weiß sie nicht, was sie davon halten soll. Der Junge ... Felix ... der war doch so nett. Wie können denn einem so netten Typen, der so befreiend lachen kann, alle anderen Menschen so derart egal sein? Wie kann sich ein so netter Typ nicht für andere Menschen interessieren? Warum möchte ein so netter Typ keine Freunde haben? Katie schüttelt traurig, geradezu verzweifelt den Kopf. Zum ersten Mal überhaupt hatte sie das Gefühl, einen Jungen richtig zu mögen. Und jetzt das. Um sich abzulenken schaut sie sich einige YouTube-Videos über amerikanische Jugendliche an, die sich in einem der vielen Counterstrike-Parks eine heftige Schlacht liefern. Die USA sind einen Schritt weiter, denkt Katie. In Europa wird immer wieder diskutiert, ob Jugendliche sich nicht zu viel in ihren virtuellen Welten aufhalten würden, aber getan wird nichts. Warum eröffnen sie nicht ebenfalls ein paar Counterstrike-Parks? Dann würden die Kinder wieder draußen spielen können. Aber Katie ist das egal. Sie hat kein Problem damit, dass sie sich ständig in irgendeiner virtuellen Welt aufhält. Ihr gefällt es dort besser als in der realen Welt. Wenn das irgendwelchen Politikern oder Eltern nicht passt, dann sollen sie halt die reale Welt interessanter machen. Aber was ist überhaupt real? Und was ist virtuell? Ist ›virtuell‹ und ›real‹ nicht eh dasselbe?

Bevor sie zum Handball geht, schaut sie sich noch ein paar Lehrvideos an, die der Mathecoach empfohlen hat, und anschließend lädt sie eine neue App herunter, die sie aber leider wieder nicht versteht. Siri hat auch keine Ahnung. Statt die Matheaufgabe zu lösen, liest Siri die dreißig ihrer Meinung nach wichtigsten Nachrichten vor, die Katie in den letzten beiden Stunden bekommen hat. (Niemand hat die Mathe-App verstanden, und auch die Lehrvideos zur App fanden alle zu schwierig.) Die restlichen vierundneunzig Nachrichten werden gespeichert. Da sie es genauso wenig schafft wie alle anderen, wirklich sämtliche Nachrichten zu lesen beziehungsweise sich vorlesen zu lassen, hofft Katie manchmal, dass sie krank wird und eine Woche ins Krankenhaus muss. Dort hätte sie Zeit, sich die knapp siebenundzwanzigtausend Nachrichten, die sie in den letzten Jahren zurückgestellt hat, vorlesen zu lassen.

Mathe versteht Katie nicht, weshalb sie sich wieder für ein persönliches Gespräch in der Lernlandschaft 4 anmeldet, und für die Gruppenarbeit trifft sie sich mit den anderen erst nach dem Handballtraining. Also spielt sie noch ein paar Runden *Templerun – unlimited* und anschließend *Fuck you, Models* – ein Spiel, das erst seit einem Jahr auf dem Markt ist. Bei dem Spiel geht es darum, Models, die man selbst hässlich findet, von einem Laufsteg zu kicken. Das ist durchaus schwierig, weil jedes zweite Model bewaffnet ist, was man auf den ersten Blick aber nicht sieht. Nachdem Katie vier Models vom Laufsteg gekickt hat und zweimal von einem bewaffneten Model abgestochen worden ist, sagt Siri, dass ihr Handballtraining in einer halben Stunde beginne.

Ihr Stadtauto bringt sie zur Turnhalle. Zehn Mädchen, die Katie natürlich längst auf ihrer Freundesliste geaddet hat, sind da. Der Trainer wiederum ist nicht da, weil er noch drei andere Mannschaften parallel trainiert. Das ist kein Problem – der Hausmeister der Turnhalle hat schon alles vorbereitet. Jedes zweite Mal werden sie von George, so heißt der virtuelle Trainer, trainiert. George gibt seine Kommandos von einer Leinwand aus und ist in Ordnung. Sein Training ist zwar langweilig, aber dafür merkt George nicht, wenn die Mädchen ihr Handy benutzen. Und da er auch sonst nichts merkt, behalten sie es einfach in der Hand und machen die Übungen nur selten mit.

Als Katie nach Hause kommt, schafft sie es nicht, sich unentdeckt auf ihr Zimmer zu verziehen. Da sie keine Lust auf die Gruppenarbeit hat und wieder an Felix denken muss, setzt sie sich zu ihren Eltern und zu Maddie an den Tisch, wo gerade zu Abend gegessen wird. Maddie erzählt von der Schule, und wie immer, wenn sie zu erzählen begonnen hat, erzählt sie ohne Punkt und Komma:

»Heute war ein komischer Tag. Zwei Kinder sind von Frau Matzig ausgeschimpft worden, weil sie ihr iPad nicht aufgeladen hatten. Deshalb konnten sie es nicht benutzen und saßen herum. Zur Strafe durften sie auch nicht ihre Handys benutzen, und dann fing Sara ganz doll zu heulen an, und sie hat dann einfach ihr Handy rausgeholt, obwohl sie das ja gar nicht durfte, und ihren Papa angerufen, und der hat dann gleich mit der Lehrerin sprechen wollen. Frau Matzig ist dann mit dem Handy von … Lara … rausgegangen, und während sie rausgegangen ist, hat irgendjemand, ich weiß aber wirklich nicht wer, die Whiteboard-stifte geklaut. Das Whiteboard konnte Frau Matzig dann anschließend nicht benutzen. Wir mussten den Raum wechseln, aber das hat lange gedauert. War ein bisschen doof alles. Englisch hat dann aber Spaß gebracht. Teddy-English hat mir heute beigebracht, wie ich von meinen Hobbys erzähle. Hört mal, was ich jetzt sagen kann: I like to be with my friends on facebook! I like to chat! I like to play *Templerun – extended*! Einmal kam Frau Matzig dazu. Sie fand die Sätze aber nicht so gut. Weiß auch nicht warum. Zum Glück konnte ich anschließend wieder mit Teddy reden. In Mathe sollten wir Aufgaben lösen, und wenn Teddy-Mathe nicht helfen konnte, hat Frau Matzig geholfen. Die ist die ganze Zeit rumgelaufen, weil Teddy-Mathe …«

Katie hört nicht mehr zu.

»Und wie war dein Tag, Katie?«

»Wie?«

»Wie war *dein* Tag?«

Ihr Vater lächelt sie an.

»Wie immer«, sagt sie, obwohl das gar nicht stimmt.

»Hast du heute etwas gelernt?«, fragt ihre Mutter.

»Ja … ja … vor allem Französisch war cool …«

»Wie heißt denn deine Französischbegleiterin?«, fragt Maddie.

»Also … ich weiß nicht … die App heißt jedenfalls *On parle français au café*.«

»Und meine Englisch-App heißt *English with Teddy*, aber unsere Begleiterin, also Frau Matzig, läuft ja auch noch im Klassenraum rum.«

»Bei uns läuft niemand in irgendeinem Raum rum, weil wir gar keine Räume haben, und unsere Begleiter heißen Coachs und Trainerinnen, und die sehen wir eigentlich nur, wenn wir sie anpiepen und um einen Termin bitten, oder nach den Abschlussklausuren, wenn wir die Bewer-tung nicht verstehen.«

»Ach so.«

»Heute hat der Mathecoach jedenfalls etwas über Skype erklärt. Der konnte zwar besser erklären als die App, aber das bedeutet ja vor allem, dass man die Apps verbessern muss. Die Biotrainerin, mit der ich heute Äpfel geerntet habe, die war ganz nett. Aber im Großen und Ganzen habe ich keine Ahnung, warum es überhaupt noch Coachs und Trainerinnen gibt. Ist doch sinnlos. Letztendlich hätte ich alles, was ich heute im Lernzentrum gemacht habe, auch zu Hause machen können. Na ja, bis auf die Apfelernte.«

Katie wundert sich über sich selbst: Seltsamerweise war diese Stunde die angenehmste Stunde am ganzen Tag gewesen. Sie hat allerdings, und das verwirrt sie am meisten, keine Ahnung, warum. Ihr Vater lacht. Es ist jedoch ein bitteres Lachen. Er sagt:

»Na, dann geht für deine Kinder, wenn du mal welche haben solltest, ja ein Traum in Erfüllung. Heute Morgen stand ein Artikel in der Zeitung, dass erste Steve-Jobs-Schulen – Steve Jobs war der Gründer ...«

»Jeder kennt Steve Jobs«, sagt Katie.

»Klar ... wie hätte ich das vergessen können. Jedenfalls starten nach den ersten erfolgreichen Pilotprojekten zum nächsten Schuljahr die ersten staatlichen Steve-Jobs–Lernzentren. Die Lernzentren werden so organisiert sein, dass die Lerner fast komplett von zu Hause aus, also vom Homeoffice aus, lernen können. Die Lerner müssen dann nur noch einmal pro Woche ins Lernzentrum, weil es zumindest Sportunterricht auch weiterhin in einer Turnhalle geben soll, und für bestimmte Projektarbeiten steht das Lernzentrum weiterhin als Treffpunkt zur Verfügung. Die Trainer und Coachs können angepiept werden und man kann mit ihnen auch Skypesitzungen vereinbaren. Ist das nicht großartig?«

Der ironische Tonfall ihres Vaters stößt Katie geradezu ab. Deshalb sagt sie bloß:

»Na ja, viel ändern würde sich dann ja eigentlich nicht. Ich gehe jetzt, muss noch Gruppenarbeit machen.«

Sie hört ihren Vater, der zu seiner Frau sagt:

»Wow! Hör mal: Mark Zuckerberg ist der erste Dollarbillionär, und wenn im nächsten Jahr auch Indien an allen Schulen School-iPads einführt, wird Tim Cook der zweite Dollarbillionär werden. Zuckerberg betont, dass er sein Geld sinnvoll anlegen und die Möglichkeiten des Netzes endgültig voll ausschöpfen möchte. Deshalb möchte er Google und Amazon kaufen. Er hat jeweils vierhundertfünfzig Milliarden Dollar geboten. Das ... ist großartig. Ganz ganz großartig ist das. Das wird die Welt garantiert verbessern!«

Über so einen Scheiß regt sich Papa jetzt wieder auf, denkt Katie.

Dabei ist doch vollkommen egal, wem Facebook oder Google oder Amazon gehören. Hauptsache Facebook, Google und Amazon funktionieren. Wenn Apple und Samsung dann noch die richtigen Geräte bauen, kann eigentlich nichts schiefgehen. Also manchmal würde Katie ihren Vater am liebsten nach Kamtschatka schicken. Dort denken bestimmt alle so wie er.

Gruppenarbeit. Dafür setzt sich Katie auf einen Stuhl und schaltet sich in die Konferenz ein. Sechs Gesichter erscheinen auf dem iPad. Nach neun Minuten haben sie eine sinnvolle, voll ausgearbeitete PowerPoint-Präsentation zum Thema gefunden, und nach weiteren drei Minuten hat sich Lukas bereit erklärt, sie zu aktualisieren. Anschließend gibt sich Katie einen Ruck und sagt zu ihrer School-Siri:

»Melde mich bitte für morgen um neun Uhr zum Kochkurs an.«

»Wird gemacht!«, sagt School-Siri.

Zu ihrer privaten Siri sagt sie:

»Süße, wecke mich morgen bitte schon um halb acht.«

»So früh willst du aufstehen, Katie? Bist du dir sicher, dass du dich nicht in der Zeit geirrt hast?«

»Ganz sicher, Süße.«

»Gut. Wecker ist eingeschaltet! Gleich beginnt das *Sexcamp*!«

Katie nickt. Sie holt sich einen Apfel, schaut ihn ungewöhnlich lange an, dann isst sie ihn, während sie sich von Siri neue Nachrichten vorlesen lässt, den Beamer einschaltet und mit dem Laptop auf dem Schoß im Sessel versinkt. Endlich: Das *Sexcamp* geht los. Mit ihrem Vater, der nicht will, dass sie »so einen Schrott« guckt, hat sie sich schon oft darüber gestritten. Er hat erzählt, dass es früher das Dschungelcamp gegeben habe. Das sei »wirklich noch ein Spaß für die ganze Familie gewesen«, hat er gesagt, aber das *Sexcamp,* das sei ja »einfach nur noch widerlich«. Katie hat keine Ahnung, was ihr Vater für Probleme hat. Sie findet das *Sexcamp* lustig. Außerdem trifft sie sie sich ja auch mit ihren Freundinnen zum Gucken. Gleich sechs Mädels, die sie kennt, nehmen am *Sexcamp*-Chat teil.

Es beginnt besser, als erwartet. Chang liegt auf einem Bett in einem Raum mit rotem Teppich und roten Tapeten und ohne überflüssiges Mobiliar. Die Hand- und Fußgelenke sind an jeweils eine Ecke des Bettes gefesselt, so dass der Körper von Chang einem X gleicht. Er trägt einen schwarzen, eng sitzenden Slip. Im Chat werden die ersten Wetten abgeschlossen, was passieren wird. Dann betreten zwei Frauen in

Bademänteln den Raum. Sie sind (wie alle anderen Frauen im *Sexcamp* auch) auffällig geschminkt. Im Chat wird spekuliert, wie lange Chang aushalten wird. Aushalten heißt: nicht abspritzen. Links und rechts von Chang sitzt jeweils eine der Frauen. Im Sitzen öffnen sie ihren Bademantel und streicheln Changs Oberkörper mit vier Händen. Schließlich stehen sie wieder auf und beginnen, nun ohne Bademantel, zu tanzen.

Werbung. Sehr, sehr lange Werbung.

Während der Werbepause lässt sich Katie Nachrichten vorlesen. Dann geht es weiter. In Changs Hose tut sich bereits etwas. Im Chat wird darüber heftig diskutiert. Das Publikum, das nie eingeblendet wird, jauchzt. Die Frauen ziehen sich gegenseitig ihren BH aus – das dürfen sie allerdings erst um viertel nach acht, weshalb sie es auch immer um Punkt viertel nach acht tun, woraufhin die Einschaltquote einen regelrechten Sprung macht, wie sie neulich im vollkommen überbelegten *Sexcamp*-Workshop ermittelt haben. Ihre nackten Brüste lassen sie nun über Changs Körper gleiten, gleichzeitig säuseln sie vor sich hin – und siehe da: Chang hat definitiv eine Erektion.

Werbung. Sehr, sehr, sehr lange Werbung.

Katie beantwortet Nachrichten und spielt zwei Runden *Quizduell-Revolution.* Endlich geht es weiter. Seine Unterhose darf Chang nicht ausziehen (sonst hätten sie erst um zehn mit dem Camp starten dürfen). Die beiden Frauen klatschen sich ab und bekommen dafür einen Applaus. Eine der Frauen beginnt, ihre Hand über Changs Erektion gleiten zu lassen, und in dem Moment, in dem sie seine Unterhose nach unten zieht, beginnt die andere Frau zu tanzen. Man kann im Hintergrund nur ahnen, was passiert.

Werbung. Sehr, sehr, sehr, sehr lange Werbung.

Katie lässt sich von ihrer Süßen die Antworten vorlesen, die sie auf die Nachrichten erhalten hat, die sie in der letzten Werbepause geschrieben hat, schreibt einen Kommentar in den Chat (»Vor der nächsten Werbepause spritzt er!«) und spielt drei weitere Runden *Quizduell.* Als es weitergeht, hört man Chang zunächst lachen, dann verändert sich das Lachen zu einem schrillen Kreischen, das vom Raunen des »Publikums« übertönt wird, um letztendlich in einem erstickten, langgezogenen Schrei zu münden. Das Ergebnis ist von einem Kondom, das zum Beweis in Großaufnahme gezeigt wird, aufgefangen worden. (Wegen des jüngeren Publikums werden im *Sexcamp* Kondome benutzt, weil die ganze Sendung ja auch, so der Sender, der Aufklärung dienen solle.)

Extrem lange Werbung.

Mella chattet, dass Chang eine Flasche sei. Katie, die noch nie Sex mit einem realen Menschen hatte, stimmt ihr zu. Sie fragt Mella, ob sie den Rest vom *Sexcamp* gucken wolle, und Mella sagt, dass sie mehr Lust habe zu zocken.

Also beginnen sie mit der Foltersession. Das erste Opfer peitschen sie aus, das zweite häuten sie. Mella hat sich übrigens bei ihrer ersten Session übergeben müssen. Und dass sie so mutig war, sich im Chat über ihren etwas peinlichen Schwächeanfall auszubreiten, zeichnet sie durchaus aus. Nach einer einstündigen Foltereinheit[48] vereinbaren Mella und Katie ihre Ziele für die nächste Runde: erneut auspeitschen, und zum ersten Mal einen Mann pfählen.

Während Katie sich von Siri die Nachrichten vorlesen lässt, putzt sie Zähne, und während sie auf dem Klo sitzt, beantwortet sie die wichtigsten zwanzig Nachrichten, weshalb sie dort ziemlich lange sitzt. Die Tür zu ihrem eigenen Zimmer verriegelt sie von innen. Denn nun kommt im wahrsten Wortsinne noch der Höhepunkt eines jeden Tages. Sie macht es sich vor dem Laptop gemütlich, öffnet die Seite *Youporn-goes-girl,* bestätigt, dass sie erstens weiblich und zweitens sechzehn ist und zappt ein wenig durch die Filme der einzelnen Kategorien. Aber weder die Schwanzparaden noch das Marathonlecken interessieren sie heute. Am Ende bleibt sie bei den Massagen hängen. Das ist die mit Abstand harmloseste Kategorie, für die man Katies Meinung nach nicht mal eine Altersbegrenzung bräuchte. Heute kann sie gar nicht genug davon bekommen, wie Männer Frauen Rücken, Beine und Brüste massieren. Sie beginnt zu weinen, während sie zuschaut. Sie hat keine Ahnung warum, aber irgendwie empfindet sie das Weinen als eine Art Befreiung, wovon auch immer. Mit dem Massageöl, das sie sich gekauft hat, weil es ihr seit einigen Monaten immer wieder auf Facebook empfohlen wird, massiert sie sich die Oberschenkel und, als der Masseur die Brüste der Frau, die im Gegensatz zu Katie schon richtige Brüste hat, massiert, macht sie es ihm nach. Und dabei denkt sie … an … diesen verrückten Jungen. An Felix. Wie gern würde sie sich mit ihm treffen und sich einfach mit ihm unterhalten und sich dann von ihm massieren lassen? Aber … wenn sie sich wirklich mit ihm trifft … was werden dann

---

48 In der Rohfassung war dieser Absatz eine Seite lang. Zu grausam und widerlich, fand meine Lektorin. Schade eigentlich, aber vermutlich hatte sie recht.

die anderen sagen? Der Typ ist schließlich demonstrativ bei Facebook *ausgestiegen!* Als sei Facebook eine Sekte und nicht die größte Familie auf der Welt. Letztendlich will der Junge wahrscheinlich gar keinen Kontakt haben zu anderen normalen Menschen. Wahrscheinlich hat er schon längst sein Ticket nach Kamtschatka bei Amazon bestellt und einen Platz bei Google-Airlines reserviert.

»Katie, es ist ein Uhr. Langsam solltest du ins Bett gehen. Und soll ich dich wirklich schon um halb acht wecken?«

»Nein, Süße, halb neun reicht.«

»Das ist eine gute Entscheidung, Katie.«

Nachdem Katie sich bei ihrer School-Siri vom Kochkurs abgemeldet hat, spielt sie noch ein paar Runden *Quizduell,* dann zappt sie durch die Programme und bleibt bei einem Interview mit Chang, der seine Niederlage eingesteht, hängen, und bevor sie das Licht ausmacht, lässt sie sich zum letzten Mal Nachrichten von Siri vorlesen. Wie meistens beantwortet sie die wichtigsten zwanzig. Um vier Uhr schaltet Katie das Licht aus und sagt:

»Gute Nacht, Süße.«

»Gute Nacht, Katie. Träum' was Schönes.«

»Du auch.«

Teil V: Wehrt euch!

Die Allianz steht auf dem Spiel

Meine Darstellung ist übertrieben? Ich hoffe es, aber ich glaube, sie ist es nicht. Die technische, aber auch die sozio-kulturelle Entwicklung der *zurückliegenden* zwanzig Jahre zeigt, dass meine Vorstellung keine verrückte Dystopie eines Menschen, der nie besonders technikbegeistert war, ist, sondern ein mögliches, wenn nicht gar wahrscheinliches Zukunftsszenario.

Beamen wir uns zurück in das Jahr 1995. Das Internet gab es schon. Und Handys auch. Aber war das Internet nicht eher eine Spielerei und waren Handys nicht vor allem etwas für bestimmte Berufsgruppen, Angeber oder Drogenhändler? Ich war nicht der Einzige, der so dachte. Als ich im Jahr 2001 mein erstes Staatsexamen ablegte, blickte ich auf ein Studium zurück, das ich *komplett ohne* Internet bewältigt habe, und niemand wäre auf die Idee gekommen, mich für irgendeinen Spinner zu halten, der die Zeichen der Zeit ignoriert. Mein erstes Handy schaffte ich mir im Jahr 2003 während der Schwangerschaft meiner Frau an. Es war vorher zu keinem Zeitpunkt ein Problem für mich gewesen, mich ohne Handy in der Welt zurechtzufinden. Jetzt, das gebe ich zu, wäre es ein Problem für mich: Allein deshalb, weil meine Kinder dann die Einzigen wären, deren Eltern manchmal nicht erreichbar wären.

Wenn mir im Jahr 1995, also zwanzig Jahre vor Erscheinen dieses Buchs und vierzig Jahre vor der Katie-Story, ein Wahrsager erzählt hätte, dass es für 99,99 % der Menschen in einer nahen Zukunft unvorstellbar sein sollte, ohne ein Handy auch nur die Wohnung zu verlassen, hätte ich mein Geld zurückverlangt, so absurd hätte ich seine Prophezeiung gefunden. Und wenn man mich 1995 gefragt hätte, wie ich mir die Schule beziehungsweise Kinder und Jugendliche in zwanzig Jahren vorstelle, dann weiß ich nicht, was ich gesagt hätte. Ich weiß aber, dass ich gewiss nicht an PowerPoint-Präsentationen, digitale Whiteboards und Schüler, die mit dem Handy Tafel-bilder abfotografieren, gedacht hätte. Ebenso wenig an Jugendliche, die im Bus nebeneinander sitzen und nicht miteinander reden, weil sie in einer virtuellen Welt mit anderen »reden« oder zocken, und erst recht nicht an Fünfzehnjährige, die sich daran berauschen, bei Ballerspielen auf brutalst mögliche Art und Weise irgendwelche Geg-ner zu killen, oder sich auf Pornoseiten, auf denen man zwischen zwanzig Kategorien wählen darf, vergnügen.

Dieses bittere Gefühl, dass ich mit meiner Vorstellung von der Zukunft recht behalten könnte – und ich WILL NICHT recht behal-ten – verstärkt sich nahezu täglich. Zum Beispiel habe ich erst vor Kurzem erfahren, dass mein Sohn, eigentlich ein vollkommen nor-maler, elfjähriger Junge, der gern mit imaginären Lichtschwertern im Garten kämpft, der *Der Hobbit* liest und inzwischen auch guckt, und ja, der gern abends eine halbe Stunde *Clash of Clans* spielt, einer von zwei Jungen in seiner fünften Klasse ist, der *nicht* auf dem Pau-senhof mit dem eigenen mobilen Endgerät herumsitzt und zockt. Wenn ich daran denke, dass schon heute Zehnjährige auf dem Pau-senhof herumstehen und nicht mehr herumrennen, sondern dass sie das machen, was Sechzehnjährige und viel zu viele Erwachsene ihnen vormachen, dann verspüre ich oft ebenfalls große Sehnsucht, mich dem Camp in Kamtschatka anzuschließen.

Das Problem an meiner Darstellung ist, so befürchte ich, dass Katie vollkommen recht hat mit ihrer Einschätzung: Eigentlich könn-ten die Schüler ja gleich zu Hause bleiben. Und sollten sie irgend-wann tatsächlich mehr Zeit im Homeoffice als an der Schule ver-bringen dürfen, wäre das Horrorszenario perfekt:

Die Schule ohne Lehrer

Dann würden die Schüler ausschließlich mithilfe eines iPads[49] selbst-ständig – also ohne Lehrer – lernen. Ich leugne übrigens nicht, dass

---

49 iPad kann man natürlich auch durch den Begriff Tablet (oder Laptop) er-setzen – mit welcher Hardware gelernt werden wird, werden die Schulen, so lange sie es noch gibt, und später die Ministerien, entscheiden. Das iPad ist ein wenig das Tempotaschentuch unter den Tabletcomputern. Deshalb: iPad!

man mit dem iPad, wir haben ja auch eins, ziemlich viel machen kann. Man kann tolle Apps darauf herunterladen, die einen durch eine Schulbucheinheit führen, Aufgaben inklusive! Man kann damit Musik hören. Man kann damit, WLAN vorausgesetzt, quasi von überall im Internet herumsurfen und gestochen scharfe YouTube-Videos angucken. Man kann damit fotografieren, Filme drehen und sich zum Skypen treffen. Junge Menschen können schnell den Eindruck gewinnen, dass das iPad alles kann. Auch den Lehrer ersetzen? Vielleicht denken einige Schüler irgendwann auch das. Längst leben viele Lehrer ihren Schülern vor, dass es ohne iPad im Schulbetrieb nicht mehr geht, also warum sollten die Schüler das, was Schule ihnen zeigt, nicht auf ihren schulischen Alltag übertragen?

Für den Dauereinsatz im Schulbetrieb halte ich iPads nicht nur für ungeeignet, sondern langfristig für ein bildungspolitisches Eigentor. Denn iPads sind weder hässlich noch hübsch, und einen Namen haben sie auch nicht.[50] Selbst wenn sie alt sind, sind sie nur fünf Jahre alt und haben deshalb keine Lebenserfahrung: iPads hatten noch nie Liebeskummer, und die iPad-Eltern trennen sich nicht. iPads haben noch nie Sex gehabt. Sie waren noch nie zum ersten Mal betrunken, und daher auch nie zum zweiten Mal und wissen nicht, wie es sich anfühlt, verkatert aufzuwachen und zur Schule gehen zu müssen. Sie haben auch keine Bauch- oder Kopfschmerzen. Sie sind nicht müde, sondern nur leer. Sie weinen nicht. Sie lachen nicht. Sie trauern nicht. Sie umarmen einen nicht. Sie haben kein Mitleid mit einem, wenn man eine Fünf bekommen hat. Sie haben grundsätzlich kein Mitleid mit wem oder was auch immer. iPads ... sind Maschinen.[51] Und Siri ist die Stimme dieser Maschine. Aber auch Siri hilft einem (noch) nicht weiter, wenn man ein wirkliches Problem hat.

Der immer häufigere Einsatz der iPads würde in einer gar nicht mehr allzu fernen Zukunft in einen ausschließlichen Einsatz solcher Geräte münden, und dann wäre die Orwell'sche Variante eines

---

50 Und wer sein iPad hübsch oder hässlich findet und es Cindy oder Bella nennt, der sollte dringend zum Arzt gehen.

51 Schirrmacher (2009) formuliert es so: »Ich weiß nicht, ob Sie Ihren Computer einmal genauer angeschaut haben. Er hat schon rein optisch nichts von einem Lebewesen, und es ist unmöglich, in seiner quadratischen Oberfläche etwas anderes zu sehen als einen Kasten.« S. 94 (zitiert nach der TB-Ausgabe).

Bildungssystems Realität geworden. Das Bildungssystem wäre endgültig totaldigitalisiert und damit enthumanisiert. Soweit darf es nicht kommen.

Denn Lehrer, wie es sie früher gab und heute noch gibt, sind unersetzlich. Lehrer und Schüler sind Menschen, und Menschen sollten von Menschen und nicht – und darauf läuft es hinaus – von Maschinen unterrichtet werden. Menschen brauchen menschliche Nähe. Einige brauchen davon sogar ganz viel, andere kommen mit weniger aus. Dass ein Mensch ohne menschliche Nähe zurechtkommt, bezweifele ich. Diese menschliche Nähe ist im täglichen Unterrichtsgeschäft unerlässlich. Wenn ein Kind sich einfach nicht für Geschichte interessiert, dann ist es Aufgabe des Lehrers, das Kind zu motivieren. Der Lehrer ist gefragt und gefordert, und er darf auch scheitern. Er darf nur nicht aufgeben, ohne es wirklich versucht zu haben. Dass sich Schüler, die sich für Geschichte nicht interessieren, durch eine Geschichts-App motivieren lassen, mag im Einzelfall funktionieren. Vor allem dann, wenn man zum ersten Mal mit einem iPad beziehungsweise mit einer Geschichts-App arbeitet. Wenn man dauerhaft mit einem iPad arbeitet, verpufft der motivierende Effekt allerdings genauso schnell wie bei fast allem, was neu ist. Dann werden die desinteressierten Schüler ganz schnell etwas ganz anderes mit dem iPad machen. Das iPad wird das nicht interessieren. Das iPad gibt dann einfach auf. Der Lehrer hat vielleicht noch eine zweite und manchmal auch eine dritte Idee, wie er einen Schüler für was auch immer erwärmen kann. Michael Felten, der zu denjenigen gehört, die unermüdlich auf die Bedeutung des Lehrers hinweisen, hat es in einem Gastbeitrag für die Süddeutsche Zeitung[52] folgendermaßen formuliert:

»Texterklärungen sind oft schwerer verständlich als mündlich-gestische, zudem wirken sie unpersönlich und unterkühlt.«

Und:

»Mir scheint, wir haben den Erwachsenen als Lockvogel ins Fremde und Schwierige vergessen (…). Wir brauchen eine Renaissance der Lehrerpersönlichkeit. Die Lehrerin, der Lehrer ist der Begleiter auf dem Lernweg, Brückenbauer in neue

---

52 Vgl.: http://www.sueddeutsche.de/karriere/was-guten-schulunterricht-aus-zeichnet-auf-die-lehrer-kommt-es-an-1.1240241.

Wissenswelten, Antreiber in den Mühen des Lernens und nicht zuletzt Bändiger der Unlustanwandlungen.«

An einer anderen Stelle zitiert er den Neurobiologen Joachim Bauer mit den Worten:

»Die stärkste Motivationsdroge für junge Menschen ist der andere Mensch!«

Genau. Auch John Hattie, der in einer der umfassendsten Studien überhaupt untersucht, worauf es im Unterricht ankommt, fasst in seinem jüngst ins Deutsche übersetzten *Lernen sichtbar machen für Lehrpersonen* gleich zu Beginn die zentralen Thesen seiner Studie zusammen. Er nennt als ersten von sechs Punkten:

»Lehrpersonen gehören zu den wirkungsvollsten Einflüssen beim Lernen.«[53]

Und:

»Was ich sagen will, ist, dass die Überzeugungen und das Engagement der Lehrpersonen dasjenige darstellen, was den größten Einfluss auf die Lernleistung hat (…).«

Selbst an »freien« oder »alternativen Schulen«, an denen … frei und alternativ gelehrt und gelernt wird, messen siebzig Prozent aller Schüler dem »Lernbegleiter« die höchste Bedeutung zu und betonen, dass sie vor allem durch die Erklärungen des Lehrers lernen würden.[54]

Es war so, es ist so, und es wird sich nicht ändern: Menschen brauchen Menschen, wenn sie vorankommen wollen oder wenn sie wobei auch immer Hilfe brauchen. Wäre Deutschland 2014 Fußball-Weltmeister geworden, wenn die Elf nicht von Jogi Löw, sondern von einem virtuellen Lehrer, der alle Stärken und Schwächen der einzelnen Spieler errechnet hat, trainiert worden wäre? Oder hätte ein virtueller Lehrer die Mannschaft bei der 0:2-Halbfinalniederlage 2012 gegen Italien anders aufgestellt? Vermutlich ja, aber hätte Deutschland dann gewonnen? Ich selbst bin im Jahr 1994 norddeutscher Meister im Tae-Kwon-Do geworden. War ich zu diesem Zeit-

---

53 John Hattie, Lernen sichtbar machen für Lehrpersonen, Baltmannsweiler 2014, S. 20.
54 Vgl. http://www.taz.de/1/archiv/digitaz/artikel/?ressort=bi&dig=2014%2F1 0%2F01%2F01%2Fa0118&cHash=1a7e5ebf71b58cd9a502e1e61bafa1bf.

punkt der beste Kämpfer in Norddeutschland in der Klasse bis 72 kg? Nein, absolut nicht. An dem Tag war ich gut in Form, wir waren mit einem großen Team (alles Menschen) angereist, von dem ich lautstark angefeuert worden bin, und während meines Finalkampfes gegen einen Gegner, der eigentlich besser war als ich, bin ich von einem Trainer gecoacht worden, der mir in jeder Pause erzählt hat, dass mich an jenem Tag niemand schlagen könne und dass ich, wenn ich dieses und jenes nicht vergesse, den Kampf gewinnen werde usw. Der menschlichen Motivation verdankte ich an jenem Tag meinen Erfolg. Auf den Unterricht trifft dasselbe zu.

Und: Natürlich scheitert man. Ich selbst bin als Lehrer hin und wieder an ganzen Klassen und leider ziemlich oft an einzelnen Schülern gescheitert. Das führt meistens dazu, dass ich das, was ich getan habe, hinterfrage und beim nächsten Mal versuche, es besser zu machen. Manchmal rede ich darüber mit den Schülern, und dabei kommt nicht viel heraus. Nur, und das ist bei näherer Betrachtung eigentlich doch eine ganze Menge, ein ehrliches, nettes, oft witziges Gespräch. Anschließend interessiert sich der Schüler dann noch immer nicht für Geschichte, aber der Schüler und ich, wir respektieren uns oder akzeptieren zumindest die gegenseitigen Standpunkte. (In zum Glück nur seltenen Fällen gelingt aber nicht mal das.) Was macht das iPad, wenn ein Schüler sich einfach nicht für die supertolle App, die supererfolgreiche und superkluge Softwarespezialisten entwickelt haben, interessiert?

Was macht das iPad, wenn ein Schüler den Stoff nicht versteht? Versucht es dann mit verschiedenen Methoden, den Stoff zu vermitteln? Wann gibt das iPad den Schüler auf, wenn der Schüler einfach nicht verstehen will? Und wie sehr berührt es das iPad, wenn ein Schüler am Stoff geradezu verzweifelt? Wenn ein Kind anfängt zu weinen, weil es das einzige Kind ist, das noch immer hinterherhinkt? Kann Siri irgendwann den Menschen, der Trost spenden kann, ersetzen?

Lehrer, die etwas taugen, versuchen es immer wieder und geben ihnen eine neue Chance. (Und das bedeutet auch: Lehrer, die Schüler aufgeben, braucht niemand.) Ich habe bereits von meinem Physik-Lehrer erzählt. Physik habe ich in der zehnten Klasse verstanden, weil ich einen Lehrer hatte, der gut erklären konnte und der auf die individuellen Verständnisschwierigkeiten eingegangen ist. Hätten den Stoff sowieso alle Schüler verstanden, wenn sie mit einer Physik-App, die man nichts fragen kann, hätten lernen oder sich ein Khan-Video ansehen dürfen?

Dass der Autor Emile Zola zu meinem persönlichen Hobby geworden ist, lag an meinem Französischlehrer. Auf seine liebevolle, nie aufdringliche Art und Weise hat er es vermocht, mich für die französische Literatur des neunzehnten Jahrhunderts und vor allem für diesen Autor zu begeistern. Hätte eine spektakuläre, bunte App mich ebenfalls derart begeistern, ja geradezu prägen können? Vielleicht, weil die Texte natürlich ebenfalls faszinierend gewesen wären. Wahrscheinlich aber nicht, denn ich erinnere mich noch heute an den Tag, an dem mein Französischlehrer vor fünfundzwanzig Jahren sagte:

»Lest doch mal *Germinal* von Zola, da wird sehr beeindruckend das Elend der Arbeiter im 19. Jahrhundert geschildert.«

Dieser Satz war der Grund, weshalb ich *Germinal* kaufte. (Aber es kann natürlich sein, dass viele Menschen sich heute von den virtuellen Empfehlungen Amazons eher verleiten lassen als von einer Empfehlung des Buchhändlers. Genauso gut kann es auch sein, dass sich im Jahr 2040 jemand genau daran erinnert, wie er im Jahr 2015 eine schöne Literatur-App auf dem iPad runtergeladen hat und nicht daran, wie begeistert sein Deutschlehrer von einem Autor war.)

Dass Schüler unterschiedlich lange brauchen, um sich bestimmte Inhalte zu erschließen, das wissen natürlich auch die Digitalisierungsbefürworter. Deshalb wollen sie, dass jeder in seinem eigenen Tempo lernt oder nur die Dinge, die den eigenen Neigungen entsprechen. Das eine klappt nicht, weil es Kinder gibt, die bestimmte Dinge einfach gar nicht begreifen. Khan und diverse Gehirnforscher behaupten zwar, dass jedes Kind alles begreifen könne, aber ich bin nach meinen Erfahrungen als Schüler *und* als Lehrer eher skeptisch. Khan hat offensichtlich andere Erfahrungen gemacht: Er selbst hat immer alles begriffen und weil alle Schüler (ausnahmslos alle!), von denen er berichtet, dank seiner Videos ebenfalls alles begriffen haben, glaubt er daraus ableiten zu können, dass grundsätzlich jedes Kind jeden Stoff verstehen könne.

Ich behaupte trotz aller Erkenntnisse der Gehirnforschung: Natürlich gibt es so etwas wie Talent und Begabung! Mein Bruder ist, wie erwähnt, Matheprofessor. Warum habe ich weder in Physik noch in Mathe in der gymnasialen Oberstufe jemals mehr als zehn Punkte geschrieben? (In Physik habe ich manchmal sogar nur drei Punkte geschafft.) Vielleicht lag es ja doch daran, dass ich einfach weniger Talent als mein Bruder hatte. Mit den geistigen ist es wie mit den sportlichen Fähigkeiten. Ich habe in meiner intensivsten Phase fünfmal pro Woche Tae-Kwon-Do trainiert. Dennoch gab es einige Sportler im selben Verein, die waren einfach trotz niedrigerem Trainingsaufwand erfolgreicher. Kann jeder Sechsjährige ein Messi werden? Nein, egal wie intensiv und nach welchen Methoden er trainiert. So verhält es sich auch mit Physik. Es gibt Schüler, die haben keinen Zugang zu Physik. Oder zur Differentialrechnung, die laut Khan das Einfachste ist, was es überhaupt gibt. In dieser Situation braucht ein Schüler einen Lehrer. Und dieser Lehrer muss sich während einer Stillarbeit auch mal neben den Schüler setzen. Oder eine Pause opfern. Und er muss den Schüler immer wieder motivieren, damit er sich überhaupt mit Physik befasst. Und wenn der Schüler auch nach dem siebenten Versuch noch immer nichts verstanden hat, dann muss man ihn trösten oder es ein achtes Mal versuchen.

Natürlich gibt es Schüler, die – Talent hin oder her – einfach nicht wollen. Die sich weigern. Die beratungsresistent sind. Viele dieser Schüler haben allerdings derart massive, oft familiäre, manchmal gesundheitliche Probleme, dass ein iPad, in dessen Natur es liegt, keine Empathie zu zeigen, wohl auch nicht helfen würde. Mit solchen Schülern streitet man sich oft. Man streitet auch mit Schülern, die Schule deshalb nicht ausstehen können, weil sie ja eh schon alles können und sich für wesentlich klüger halten als die Lehrer. In solchen Fällen kommt es zu anstrengenden Diskussionen. Zu verbalen Attacken. Zu wütenden Auseinandersetzungen. Zu Stress!

Na und?

Die Situation selbst ist nicht schön. Ich brauche oft einen Nachmittag, um mich davon zu erholen. In besonderen Fällen sogar ein ganzes Wochenende. Aber gehört das nicht unbedingt dazu? Ist es nicht wichtig, dass Schüler lernen, wie man streitet? Wofür man kämpfen sollte? Wie Erwachsene in bestimmten Situationen reagieren? Wie diejenigen reagieren, die eigentlich in einer Machtposition sind?

Und ist Schule nicht die wunderbare Chance, dass Schüler lernen, sich mit vollkommen unterschiedlichen Lehrertypen über einen längeren Zeitraum hinweg zu arrangieren? Mit der dreiunddreißigjährigen Junggesellin ebenso wie mit der fünfzigjährigen Mutter von vier Kindern? Mit dem dreiundsechzigjährigen Computernerd, der mit großer Lässigkeit das Whiteboard bedient, ebenso wie mit dem zweiundvierzigjährigen Romantiker, der die Schiefertafel vollschmiert und immer ein wenig chaotisch wirkt? Mit Frau Akin genauso wie mit Herrn Sewtschenko? Mit der dreißigjährigen Religionslehrerin, die mit ihren zwei Kindern jeden Sonntag in die Kirche geht, ebenso wie mit dem Philosophielehrer, der aus seinem Atheismus keinen Hehl macht und aus Prinzip keine Kinder in die Welt setzt? Schule ist (noch) eine Begegnungsstätte. Hier treffen je nach Schultyp unterschiedlichste Menschen zwischen fünf und siebenundsechzig Jahren aufeinander. Und dass dies so und nicht anders ist, ist nicht nur gut so, sondern es ist derart perfekt, dass jede Idee, die darauf abzielt, dass Schüler im Homeoffice lernen oder ganze Vormittage hinter einem Laptop verbringen, sich manchmal auch verkriechen dürfen, im Keim erstickt werden sollte. Deshalb sollte auch jede Tendenz, die den Lehrer überflüssig macht, bekämpft werden. Einige der Tendenzen habe ich in diesem Buch aufgezeigt.

Schüler brauchen einen Lehrer, der Rücksicht nimmt, wenn sie aus welchen Gründen auch immer in einem emotionalen Loch verschwinden. Die meisten menschlichen Probleme versteht der menschliche Lehrer aus Fleisch und Blut wesentlich besser als der virtuelle Lehrer in Form eines iPads aus Aluminium und Glas made in China. Im Normalfall ist der Klassenlehrer derjenige, der die Schüler am besten kennt. Der Klassenlehrer hat Kontakt zu den Eltern. Der Klassenlehrer kennt oft die familiären Hintergründe. Der Klassenlehrer ist derjenige, der den engsten Kontakt zu seinen Schülern haben sollte. Gigantische Klassen mit mehreren Lehrern halte ich deshalb für genauso kontraproduktiv wie die Abkehr vom Klassenprinzip. Der Klassenverband, der von Fachlehrern unterrichtet und vom Klassenlehrer geführt wird, ist für mich die grundlegende Einheit des Bildungssystems. Lehrer und Schüler sind eine Allianz, und dass diese Allianz oft brüchig ist, ändert nichts an ihrer fundamentalen Bedeutung.

Denn die wenigsten werden später im Silicon Valley sitzen und dort an irgendeiner Software herumtüfteln. In den meisten Berufen arbeitet man in Teams, in Abteilungen, in Gruppen, also in bestimmten Einheiten. Dort trifft man auf Mitarbeiter, Kollegen und meistens auch Vorgesetzte, die anders sind als man selbst und die man trotzdem nicht nur akzeptieren, sondern mit denen man auch zusammenarbeiten muss. Oft verändert sich die Zusammensetzung solcher Gruppen über Jahre hinweg kaum. Genau dafür ist Schule eine unübertroffene Vorbereitung. Diese Art der Berufsvorbereitung ist leider derart selbstverständlich geworden, dass man nicht zu merken scheint, was man aufgibt, sollte man auf Klassenverbände verzichten.

Noch gibt es sie an den meisten Schulen. Aber die Diskussionen, herkömmliche Klassenverbände aufzulösen, beginnen. (Burow, der dies fordert, ist nur ein Beispiel.) Wenn ein Klassenverband auch nur halbwegs gut funktioniert, lernt man dort mit anderen Menschen, die gegensätzliche Interessen haben können und die kulturell, religiös und familiär anders geprägt worden sind, umzugehen und, wenn es optimal läuft, Vorurteile abzubauen. Ein vierzehnjähriger Junge wird nicht ausländerfeindlich werden, wenn er in einem Klassenraum mit vier, sieben oder neun Türken sitzt. Und die vier, sieben oder neun Türken werden sich nicht in einem türkischen Wohnghetto von allem, was Deutsch ist, abschotten. Wird der Junge, der sich immer von einem Mädchen im Matheunterricht helfen lassen muss, später Frauen in Führungspositionen nicht vielleicht sogar schätzen? Wird das Mädchen, dessen Eltern so viel Geld haben, dass sie ihrer Tochter zum achtzehnten Geburtstag einen Neuwagen schenken, nicht vielleicht irgendwann Verständnis für die Probleme anderer aufbringen, wenn ein Junge, der in ihre Klasse geht, von der alleinerziehenden Mutter, die Alkoholikerin ist, gerade rausgeschmissen wurde?

Obwohl ich in der Tat ein wenig sozialromantisch bin, würde ich mich nicht als vollkommen naiv bezeichnen: Denn mir ist nicht nur bewusst, sondern ich weiß aus eigener Erfahrung, dass es in Klassenverbänden zu Cliquenbildungen kommen kann, die das Gegenteil dessen bewirken, was wünschenswert ist. Es kann passieren, dass jemand Rassist wird, weil die beiden türkischen Jungs in seiner Klasse ihn im Sportunterricht unfair behandelt haben. Das türkische, fröhliche Mädchen kann sich abschotten, weil es wegen seines Kopftuchs gemobbt worden ist. Die Achtzehnjährige mit dem eigenen Auto kann, weil ihr vom Hartz IV–Mitschüler der Autospiegel abgetreten worden ist, einen Aufkleber aufs Heck kleben, auf dem steht: Eure Armut kotzt mich an.

Dennoch behaupte ich, dass der Klassenverband eine großartige Möglichkeit bietet, gegen Vorurteile anzukämpfen oder Vorurteile gar nicht erst entstehen zu lassen. Man sitzt schließlich fünf Tage pro Woche bis zu sieben Schulstunden am Tag zusammen in einem Raum, und auf dem Schulhof kann man sich auch nicht immer aus dem Weg gehen. Wenn es in einem Klassenverband nicht zu schweren Vorfällen von Mobbing kommt, glaube ich, dass ein Lehrerteam, ein Klassenlehrer und die Schüler gemeinsam eine echte Gemeinschaft entstehen lassen können. Es muss keine Gemeinschaft sein, in der alle miteinander befreundet sind. Aber eine Gemeinschaft, in der man sich akzeptiert und bestenfalls respektiert. Sollte irgendwann ausschließlich in Lernateliers oder Projektgruppen gelernt werden, dann hätte man es nicht nötig, die »anderen« zu respektieren, und auch akzeptieren müsste man die »anderen« ja nur während der Projektphase. Ein Klassenverband, der über Jahre hinweg zum Zusammensein verdammt ist, kann sich Ärger nicht dauerhaft leisten. Deshalb muss man gegen sich anbahnenden Ärger vorgehen. Das ist eine pädagogische Herausforderung, der sich Lehrer stellen müssen. Es ist eigentlich nur folgerichtig, dass Burow und Khan den Klassenverband abschaffen wollen. Wahrscheinlich wissen sie ganz genau, dass keine noch so superkluge Software in der Lage ist, eine Klassengemeinschaft dauerhaft zu fördern.

Und: Lehrer dürfen, können und sollen nicht ständig im Hintergrund verschwinden! Sie müssen so präsent sein, dass die Klasse die Präsenz des Lehrers geradezu spürt. Denn der Klassenlehrer ist in einem Klassenverband noch immer der Kapitän. Der Kapitän, der sich auch manchmal unbeliebt machen muss. Der Kapitän, der Regeln durchsetzen muss, damit das Schiff, also die Klasse, nicht sinkt. Er kann und darf dann nicht der verständnisvolle Lernbegleiter sein, der nur eingreift, wenn die Schüler fachlich (oder technisch) an ihre Grenzen stoßen, und er darf auch nicht der Coach sein, der nur dazu da ist, zu motivieren. In dieser Situation muss er der Boss sein. Und die meisten Schüler, die in schwierigen Klassen sind, wünschen sich mit Sicherheit nichts so sehr wie einen Boss, der für Ordnung sorgt.

In Klassen, in denen es keine oder nur wenige Probleme gibt, ist der Klassenlehrer nicht so sehr der Boss, sondern tatsächlich der Begleiter, der Coach, der Trainer. Wenn die Klasse sich dann gemeinsam über Erfolge freut und sich auch gemeinsam über Niederlagen ärgert, ist man dem Ideal, was Schule bewirken kann, recht nah.

Ein Klassenverband kann wie eine Familie sein. Man hat sich die Mitschüler in der Regel nicht ausgesucht, aber irgendwann vertraut man den meisten von ihnen ja doch. Man darf sich auch mal zanken, und lieben muss man sich sowieso nicht. Die meisten Klassenverbände werden (wie funktionierende Familien) besonders wichtig, wenn sie in eine Ausnahmesituation geraten. (Siehe Epilog.)

Und auf dem Abschlussball, der heute fast überall nur noch eine Party ist, haben sich sowieso alle lieb. Später trifft man sich alle paar Jahre wieder und lacht über die Schusseligkeit des Französischlehrers oder die Strenge des Mathelehrers.

Das alles steht auf dem Spiel.

Denn Bildungspolitiker begreifen nicht, dass die zunehmende Digitalisierung kurzfristig modern und sagenhaft innovativ (um ein Lieblingswort der Bildungspolitik zu benutzen) wirken mag und von vielen Schülern und Lehrern mit Begeisterung aufgenommen wird, dass sie langfristig aber dazu führen wird, dass Schüler mehr und mehr Arbeit zu Hause erledigen und dass man infolgedessen Lehrerstellen allein deshalb streichen wird, weil Lehrer von ihren momentanen, auch sozialen Funktionen zunehmend entbunden werden. Lernzentren, in denen Schüler kaum noch als menschliche Wesen wahrgenommen werden, werden Realität sein. So schafft sich das Bildungssystem ab.

Wollen wir das?

Nein, viele wollen das gewiss nicht. Aber die meisten von denjenigen, die ihre eigenen Kinder niemals in enthumanisierte Schulen schicken würden und denen übel wird, wenn sie an sechsjährige Kinder im Homeoffice, wo sie mit einem rosa iPad lernen, denken, sehen keinen Handlungsbedarf.

Momentan existieren an fast allen Schulen noch traditionelle Klassenverbände. Es gibt noch Schulen, die gerade erst beginnen, umzurüsten und sich verstärkt zu digitalisieren. Und die Pilotphasen der ersten Laptop-Klassen haben gerade erst begonnen. Niemand sorgt sich, weil die Schüler auch in den Laptopklassen noch von Lehrern aus Fleisch und Blut unterrichtet werden, die man fragen und mit denen man in den Pausen Unsinn machen kann und die im Notfall für einen da sind. Und die meisten Kinder finden den

Laptop-Unterricht spannend und kommen begeistert nach Hause. Warum sollte man sich also Sorgen machen?

Ich hoffe, mir ist es gelungen aufzuzeigen, dass man sich sogar Sorgen machen *muss*. Der Zug in eine totaldigitalisierte Zukunft, in der selbst Grundschulkinder ab der ersten Klasse zwangsdigitalisiert werden und auch ihnen Handys wichtiger als Puppen oder Lego sind, ist bereits abgefahren.

Der Zug ist allerdings noch nicht in der Zukunft angekommen. Noch haben Bildungspolitiker, Schulleiter, Lehrer und auch die Schüler (und deren Eltern) die Möglichkeit, den Zug zu stoppen.

Wehrt euch!

Appell an die Bildungspolitiker[55]

Liebe Bildungspolitiker, sollte euch die Zukunft der Schüler nicht vollkommen gleichgültig sein, dann schafft die nötigen Voraussetzungen für eine Schule, in der auch in zwanzig Jahren noch Menschen auf Menschen treffen und wie Menschen miteinander kommunizieren. Ihr könnt das, denn ihr habt die konkrete Macht dazu.

Also verhindert, dass die Bildungshaushalte dafür verwendet werden, Schulen komplett zu digitalisieren. Schulen benötigen zum Beispiel nur eine bestimmte Anzahl an Whiteboards. (Siehe auch Appell an die Schulleiter.) In den meisten Fächern kommt man wunderbar mit den herkömmlichen und robusten Schiefertafeln aus, die man nicht neu anschaffen müsste. Mit Schiefertafeln zu arbeiten ist nicht antiquiert, sondern meistens recht praktisch.

Verhindert, dass es schon in der Sekundarstufe I reine Laptopklassen gibt. Schüler, deren erste und letzte Tageshandlung es ist, auf ein Display zu gucken, deren Weg zur und von der Schule dadurch geprägt ist, pausenlos auf ein Display zu gucken und die selbst in den Pausen pausenlos auf ein Display gucken, sollten im Unterricht nicht ebenfalls auf ein Display gucken müssen. Spätestens wenn auch Schule zeigt, dass der Blick auf ein Display erhellender ist als der Blick in Richtung eines Menschen, werden Schüler ihren Maschinen

---

55 An dieser Stelle wiederhole ich vorsichtshalber, dass ich auch die Bildungspolitiker**innen**, die Schulleiter**innen**, die Schüler**innen** und die Lehrer**innen** meine.

endgültig mehr vertrauen als ihren eigenen oder anderer menschlichen Fähigkeiten.

Führt stattdessen das Fach »Internet 21« ein. In einem solchen Fach lernen Schüler den Umgang mit dem Internet. Sie lernen, wie man mit Informationen im Internet umgeht. Wie man das Unwichtige vom Wichtigen, wie man katastrophalen Schwachsinn von Sinnvollem, wie man Gefährliches von Ungefährlichem trennt. Sie lernen in einem solchen Fach nicht nur, wie man Fotos aus dem Internet herunterlädt, sondern auch, wie es sich mit dem Herunterladen geistigen Eigentums verhält. Sie lernen, die geistige Arbeit anderer zu schätzen und Urheberrechte zu respektieren. Sie lernen sowohl die Vorzüge des globalen Netzwerks als auch die Gefahren kennen. In einem solchen Fach könnte man diskutieren, wie Facebook, Amazon und Google mit den eigenen Daten umgehen und warum man vielleicht nicht jedes Foto auf Facebook oder auf anderen Seiten posten sollte. Sie lernen dort, warum Cybermobbing nicht nur kriminell, sondern an Feigheit nicht mehr zu toppen ist (das gute alte Mobbing war ja fast noch ehrenwert). Ein solches Fach böte auch in der Sekundarstufe II die Chance, auf höchstem Niveau über Freiheit und ihre Grenzen, über Datenschutz, über Monopolbildungen und über moderne Kommunikationsformen zu diskutieren. (Ein solches Fach böte sich übrigens auch wie kaum ein anderes an, den Unterricht auf Englisch stattfinden zu lassen.) Ein solches Fach böte sich für verschiedenste Lektüren an, die die Schüler ansprechen könnten: Das Buch *Like me* von Thomas Feibel[56] in der Sekundarstufe I, in dem die Internetabhängigkeit von Schülern durchaus packend und lebensnah erzählt wird. Und *The Circle* auf Englisch oder Deutsch von Dave Eggers[57] in der Sekundarstufe II. In *The Circle* wird die

---

56 Thomas Feibel, *Like me,* Hamburg 2013

57 Dave Eggers, *The Circle,* New York 2013 oder *Der Circle,* Köln 2014. Es gibt in diesem Roman übrigens eine Person, Mercer, die sich gegen den Circle, der eine Art Konglomerat aus Facebook und Google ist und dem sich kaum jemand entziehen kann, wehren will. Am Ende gibt er allerdings auf und schreibt in einem Brief: »Wir werden unterirdisch leben und in der Wüste und in den Wäldern. Wir werden wie Flüchtlinge sein oder Eremiten, irgendeine bedauernswerte, aber notwendige Kombination von beidem.« (S. 490) Wird Mercers Schicksal (der Rückzug in die Einsamkeit und schließlich der Tod) das Schicksal derjenigen sein, die die Auswüchse der Digitalisierung für falsch halten?

Abhängigkeit der ganzen Welt von einem Global Player, der seine Macht zynisch ausnutzt, auf mitreißende Art geschildert. Und natürlich sollten Sachbücher gelesen werden. Spitzer und Schirrmacher, die ich bereits zitiert habe, und vor allem Jaron Laniers *Wem gehört die Zukunft*. Lanier hat übrigens im Jahr 2014 den Friedenspreis des deutschen Buchhandels erhalten. Eine seiner Kernthesen lautet:

»Frei sein bedeutet, eine Privatsphäre zu haben.«[58]

Vor zwanzig Jahren war das eine Binsenweisheit. Schule ist dafür da, dass Schüler wieder lernen, was eine Privatsphäre überhaupt ist. Schule sollte zumindest versuchen, es ihnen beizubringen. Natürlich sollte man auch über die zahlreichen Vorzüge des Internets diskutieren, allerdings hat das Internet in den Augen der Schüler nur Vorzüge, weshalb man den Fokus auf die Problematisierung richten müsste.

Das Fach Internet 21 wäre das Laptopfach par excellence, und auf einem Whiteboard surft man dann gemeinsam. Wie viele Fliegen könnte man eigentlich mit einer Klappe schlagen, würde man ein solches Fach einführen? Engagierte und kompetente Lehrer gäbe es mit Sicherheit genug.

Und, liebe Bildungspolitiker, ihr müsst es Schulen erlauben, Handys vor allem in der Sekundarstufe I (und an Grundschulen sowieso) komplett zu verbieten. Es darf nicht sein, dass Zehnjährige auf dem Schulhof mit nichts anderem als mit ihren mobilen Endgeräten beschäftigt sind. Langfristig werden sie sozial und emotional verkümmern, und sie werden sich jedes Jahr ein bisschen weniger bewegen. Früher ging es darum, wer den teuersten Pullover (Obergrenze: fünfzig Mark) hatte. Heute geht es darum, wer das iPhone 6 hat.

Wenn Zehnjährige auf dem Pausenhof nicht mehr herumlaufen, sondern stattdessen mit ihren Geräten herumsitzen, dann stillen sie ihren Bewegungsdrang im Klassenraum. Das weiß jeder. Das will niemand. Aber was macht ein Schulleiter, den man darum bittet, den Gebrauch der Handys zumindest durch einen Appell an die Eltern einzuschränken? Genau: Er verweist auf die Politik, die sagt, dass die Mitnahme von Handys nicht untersagt werden könne. Also muss die Politik etwas tun. Aber sollte sie die Notwendigkeit, den Handykonsum Zehnjähriger durch ein Dekret einzuschränken, nicht sehen,

---

58 Jaron Lanier, *Wem gehört die Zukunft?*, Hamburg 2014, S. 24.

müssen es andere ausbaden. Und das könnten die anderen auch tun, wenn sie denn bloß wollten. Schulleiter sind zum Beispiel nicht gezwungen, auf die Politik zu verweisen. Sie könnten sich wehren.

Appell an die Schulleiter

Schüler sollten auch in Zukunft wissen, wie man in einer Welt ohne Netz zurechtkommt. Deshalb solltet ihr, liebe Schulleiter, an Pilotprojekten, die für das Image der Schule kurzfristig von Nutzen sind, nicht teilnehmen, wenn dadurch ganze Jahrgänge gezwungen werden, sich Laptops anzuschaffen oder auf zur Verfügung gestellten Laptops zu lernen. Warum ich solche Klassen vor allem in der Sekundarstufe I ablehne, habe ich bereits ausführlich dargestellt.

Stattdessen sollten die Lehrer, die Lust haben auf solche Klassen und die sich engagieren wollen, die Möglichkeit erhalten, ihren Unterricht zum Beispiel einmal wöchentlich in einer Art Laptopraum oder im School-iPad-Raum mit Whiteboard stattfinden zu lassen. Dass Unterricht mit Laptops oder iPads in einzelnen Fächern stattfindet, halte selbst ich nicht nur für vollkommen unproblematisch, sondern für äußerst sinnvoll. Und das will schon etwas heißen. Ich befürchte allerdings, dass in naher Zukunft alle Lehrer mithilfe von Maschinen unterrichten müssen. Und das wiederum halte ich im wahrsten Sinn des Wortes für unmenschlich. Ihr könnt helfen, dass diese Befürchtung nicht Realität wird.

Wenn die Politik nicht das Fach »Internet 21« einführen will, dann sorgt ihr, liebe Schulleiter, doch einfach dafür, dass die Schüler die Chance haben, in AGs ein solches Fach quasi freiwillig zu belegen. Der Ansturm wäre immens. Und eine solche AG wäre für das Image der Schule, die sich den Anforderungen des 21. Jahrhunderts stellt, mit Sicherheit einen Link an zentraler Stelle auf der Schulhomepage wert.

Anstatt digital aufzurüsten, könntet ihr an die jeweiligen Bildungsministerien appellieren, damit in Sozialarbeit, die die Lehrer entlastet und den Kindern hilft, investiert wird. Die Sozialarbeit kommt unter anderem den Kindern zugute, die zu Hause seit dem ersten Lebensjahr vor die Glotze gesetzt worden sind. Und an vermutlich jeder Schule auf der ganzen Welt wirkt sich Sozialarbeit langfristig positiv auf das Lernklima aus.

Wenn die Politik die Mitnahme der Handys nicht offiziell einschränken möchte, dann solltet ihr das nicht einfach so akzeptieren. Empört euch! Unterlauft die Politik. Im Gegensatz zu vielen Bildungspolitikern seid ihr Pädagogen und wisst deshalb, dass es gar nicht gut sein kann, wenn vor allem Schüler unter fünfzehn Jahren in ihrer Freizeit – und dazu gehören die Pausen – sich mit nichts anderem mehr zu beschäftigen wissen als mit ihren Handys. Ich zähle die vielen Gründe nicht erneut auf. Schafft handyfreie Zonen, die natürlich gemütlicher sein müssen als die Raucherzonen auf den Bahnsteigen eines Großstadtbahnhofs. Die handyfreien Zonen sollten Ruhezonen sein. Lesezonen. Schafft handyfreie Zonen, in denen die Schüler sich bewegen können. Schafft Anreize, damit die Schüler – *eure* Schüler! – nicht verlernen, dass ein Leben ohne Facebook attraktiv sein kann. Schafft Anreize dafür, dass die Schüler auch in fünf Jahren in den Pausen miteinander reden. Schafft Anreize dafür, dass Schüler wieder lernen, sich zu entspannen. Man entspannt sich durch Bewegung oder durch Ruhe. Aber nicht, wenn man eine Minute vor dem Unterricht ein Bild gepostet oder eine Nachricht in irgendeine WhatsApp-Gruppe geschrieben hat – dann wartet man nämlich auf die Antwort beziehungsweise auf die Reaktionen. Und wenn die Reaktionen in der Pause, die ja nur noch eine Minute andauert, ausbleiben, wartet man darauf im Unterricht.

Wenn ihr die Mitnahme und das Benutzen der Handys an jedem (ersten) Freitag (im Monat) offiziell nach dem Vorbild der Spielzeugtage in Kindergärten erlaubt, dann würden sich die Schüler an diesem Tag ja vielleicht sogar ein wenig digital austoben und man hätte ein weiteres Argument, darauf zu achten, dass an allen anderen Tagen der Handykonsum nicht ausartet beziehungsweise weitestgehend eingeschränkt bleibt. Ich behaupte:

Alle hätten etwas davon!

Wenn die Politik zu feige ist das zu tun, was zwar unpopulär, aber sinnvoll ist, habt ihr, liebe Schulleiter, die Möglichkeit, eure Schule in eine Schule zu verwandeln, die Alternativen zum Handykonsum bietet. Ich hoffe, ihr habt auch den Mut dazu.

Appell an die Schülerinnen und Schüler

Liebe Schüler, erst mal geht es um eure Handys, weil eure Handys euer Verhalten nicht nur im Alltag, sondern auch in den Pausen und viel zu oft im Unterricht lenken. Weil eure Handys euch nicht nur »lenken«, sondern weil sie euch konkret »ablenken«. Und dass es manchmal blöd ist, wenn man mal wieder keine Ahnung hat, wo man gerade ist, das findet ihr doch auch. (Die meisten von euch jedenfalls.)

Mein Appell an euch: Erzieht eure Eltern, eure Lehrer und eure Schulleiter und beschämt die Politiker! Sowohl eure Eltern als auch eure Lehrer und eure Schulleiter und die Politiker denken tief in ihrem Inneren, dass die heutige Schülergeneration nichts anderes mehr im Kopf hat als Facebook, und dass die meisten Schüler *deshalb* ständig mit ihren Handys beschäftigt sind. Sie unterstellen euch eine derartige Abhängigkeit, dass sich niemand mehr traut, gegen den Handydauerkonsum vorzugehen, weil die genannten Personengruppen Entzugserscheinungen befürchten. Und mal unter uns: Die meisten Erwachsenen schimpfen zwar viel über euch und eure Handys, aber schaut euch die Erwachsenen doch mal genau an. Was machen sie, wenn ihr sie beobachtet? Richtig! Sie glotzen auch ständig auf ihre Handys und finden schon längst nicht mehr eigenständig den Weg, weil sie ohne ihr Navi vollkommen orientierungslos sind. Oder sie finden sich »total cool«, wenn auch sie sich einen Eimer Eiswasser über den Kopf schütten, ohne zu merken, wie lächerlich eine solche Aktion ab einem gewissen Alter ist.

Also zeigt den Erwachsenen, dass ihr im Gegensatz zu ihnen die Welt, in der ihr lebt, sehr wohl mit euren eigenen Sinnen wahrnehmt. Zeigt ihnen, dass ihr sehr wohl in der Lage seid, miteinander zu reden. Zeigt ihnen, dass ihr euch anders beschäftigen könnt, als zeitraubende Spiele auf euren Geräten zu spielen. Überrascht die Erwachsenen, indem ihr ihnen zeigt, dass ihr bei Weitem nicht so abhängig seid wie die Erwachsenen selbst. Und fordert eure Eltern auf, am Tisch und im Kino oder während eines Fahrradausflugs das Handy gefälligst auszuschalten. (Und erfreut euch anschließend an ihren fragenden Gesichtern.)

Verzichtet, das wäre ein erster Schritt, einfach mal zwei Stunden auf euer Handy. Trefft euch mit Freunden in der Stadt und lasst eure Handys zu Hause – demonstrativ auf dem Küchentisch. Wahrscheinlich haben eure Eltern dann Angst um euch, weil ihr in der großen weiten Welt ohne Orientierungshilfe unterwegs seid, aber erstens ist der Gedanke an ängstliche Eltern bei näherer Betrachtung doch recht amüsant und zweitens habt ihr in Wirklichkeit ja gar keine Probleme, euch zurechtzufinden. Das, was zunächst ein wenig ungewohnt sein wird, werdet ihr, davon bin ich überzeugt, schon bald als neue Freiheit genießen. Denn während der zwei Stunden seid ihr nur mit euren Freunden zusammen. Mit niemandem sonst. Niemand von euch bekommt eine Nachricht. Niemand guckt aufs Handy um zu schauen, ob es etwas Neues auf Facebook gibt. Und wenn es so schlimm gar nicht war ohne Handy, dann verzichtet das nächste Mal einen ganzen Nachmittag oder mal einen kompletten Sonntag darauf.

Macht etwas Verrücktes. Steigt mit einem Wochenendticket in einen Zug und in einer anderen, euch fremden Stadt aus und entdeckt diese Stadt. Oder macht einen Waldspaziergang. Ein Leben ohne Handy ist wie eine Schatzsuche. Ein Tag ohne Handy ist für euch wahrscheinlich so spannend, wie für euch (und mich) die erste Reise ohne Eltern oder der erste richtige Kuss war.

Früher war es mutig, im Dunkeln über Zäune in Gärten zu klettern und die Schülerin aus der Parallelklasse zu beobachten. Und auf der ersten Klassenfahrt waren diejenigen am mutigsten, die nicht geraucht haben, obwohl es alle anderen gemacht haben. Mutig ist man dann, wenn man etwas riskiert oder wenn man gegen den Strom schwimmt – aber das wisst ihr alles selbst.

Also seid mutig und schwimmt gegen den Strom. Werdet nicht Opfer jedes neuen Trends. Lasst euch nicht verrückt machen durch die vielen neuen Produkte, die den Markt überschwemmen und die jeder haben muss.

Nicht derjenige, der das neueste iPhone hat, ist heutzutage etwas Besonderes, sondern derjenige, der sagt, ihm reiche sein altes Handy. Nicht derjenige, der die meisten Freunde auf Facebook hat, ist ein Held, sondern derjenige, der sagt, er brauche keine virtuellen Freunde, weshalb er gar nicht auf Facebook sei. Nicht derjenige, der das schönste Foto von seinem letzten Rausch gepostet hat, ist der Größte, sondern derjenige, der von seinem letzten Rausch am lebhaftesten erzählen kann. Nicht immer alles haben und nicht Teil jedes Netzwerks sein zu müssen, ist Freiheit! Ihr glaubt es mir nicht? Probiert es aus.

Schaut euch um. Der französische Autor Eugène Ionesco hat ein wunderbares Theaterstück geschrieben. Es heißt »Die Nashörner«. In der Welt, die Ionesco beschreibt, fangen die Menschen an, sich einer nach dem anderen in Nashörner zu verwandeln. Sie beginnen sich unmenschlich zu verhalten. Ihnen wachsen Hörner, sie fangen an zu schnauben, und irgendwann sind sie die Mehrheit.

Der Held des Stücks heißt Behringer, und als sich dessen Freundin Daisy ebenfalls in ein Nashorn verwandelt, überlegt er, ob nicht all die anderen recht haben. Ob Menschen und menschliche Sprache nicht den Nashörnern und ihrer Kommunikation (schnauben) unterlegen sind. Schließlich greift er zur Waffe und sagt am Ende eines furiosen Monologs:

»Ich bin der letzte Mensch! Ich werde es bleiben bis zum Ende! Ich kapituliere nicht!«[59]

Wer sind im 21. Jahrhundert die Nashörner? Fragt euch das. Und dann wehrt euch! Zeigt, dass die anderen, eure Eltern und so viele Erwachsene, die Nashörner sind, aber nicht ihr.

Da es in diesem Buch zwar auch irgendwie um Handys und um das Internet, aber vor allem um die Zukunft der Schule geht, rufe ich euch nicht dazu auf, Schule ernst zu nehmen – das wäre allzu lächerlich. Aber ich rufe euch dazu auf, Schule als Chance und als Abenteuer zu begreifen. Schule kann etwas Wunderbares sein, wenn man in einem funktionierenden Klassenverband ist und die Lehrer nicht als Gegner ansieht. Jeder Einzelne von euch kann den Klassenverband stärken. Manchmal muss man selbst dafür mutig sein. Denn es ist durchaus mutig, den Nachbarn daran zu erinnern, dass man das Mädchen in der letzten Reihe einfach akzeptieren soll, wie es ist, obwohl es peinliche Musik hört und ständig mit ihren reichen Eltern protzt. Es ist mutig, während einer Gruppenarbeit den stets nörgelnden Jungen mit einzubeziehen und ihn bei der Präsentation glänzen zu lassen – anschließend wird er sich wohler in der Gemeinschaft fühlen.

Folgendes klingt zwar doof, aber es ist wirklich so, und deshalb solltet ihr es nicht vergessen: Ihr bekommt den Biounterricht, der manchmal langweilig ist, den Französischunterricht, der in der achten Stunde und deshalb so zermürbend ist, den Sportunterricht in einer Turnhalle und die vielen AGs … geschenkt! Ihr müsst wirklich nicht jeden Morgen aufstehen und ein Dankesgebet sprechen, weil ihr zur Schule gehen dürft. Ihr müsst euch auch nicht bei den Lehrern für ihre Arbeit bedanken. Aber hört auf zu meckern und zu jammern (wie so viele Lehrer), sondern nehmt das Geschenk zumin-

---

59 Eugène Ionesco, *Die Nashörner,* Frankfurt 2009, S. 122. (Der Originaltext *Les Rhinocéros* erschien 1959.)

dest an! Nehmt Schule als Chance wahr. Ihr seid nicht nur ein Teil der Allianz. Für euch – ausschließlich für euch findet der Zirkus, den man Schule nennt, statt! Nicht alle Lehrer, aber noch immer die meisten, sind Lehrer geworden, weil sie mit jungen Menschen zusammenarbeiten wollen. Mit euch! Die meisten Lehrer wünschen sich nichts so sehr, als jeden Tag mit euch eine Zeitlang in einem Raum zu stehen und euch etwas beizubringen, das euch im Leben etwas nützt. (Dass wir Lehrer euch das nicht immer spüren lassen, weiß ich selbst.)

Der Lehrer ist ein Teil der Allianz, der Schule momentan noch zu einem Ort der Mitmenschlichkeit macht. Das ist wörtlich zu nehmen: Menschen arbeiten hier mit Menschen, Menschen sind für Menschen da. Menschen reden und streiten mit Menschen. Menschen arbeiten miteinander auf ein- und dasselbe Ziel hin. Seid euch bewusst, dass ihr der andere Teil seid.

Geht in die Schule und versucht das, was ihr dort geschenkt bekommt, aufzusaugen. Freut euch darüber, einen Teil des Tages mit Gleichaltrigen verbringen zu dürfen, die oft dieselben oder ähnliche Interessen haben – das wird später nie wieder so sein. Und wenn ihr doch mal einen Lehrer habt, den die ganze Klasse irgendwie bekloppt findet, weil dieser Lehrer vielleicht ja sogar einfach bekloppt ist, dann bekämpft ihn gemeinsam: Am besten bekämpft man einen bekloppten Lehrer, indem man ihm beweist, dass er Unrecht hat. Beschämt den Lehrer, indem ihr euch in seinem Unterricht verhaltet wie bei eurem Lieblingslehrer. Indem ihr aufpasst, euch beteiligt, eure Handys nicht anrührt, Hausaufgaben macht … und wenn er ein paar Wochen später noch immer bekloppt ist, dann taugt der Lehrer nichts.

Aber die meisten Lehrer sind eh nicht bekloppt. Die meisten Lehrer haben es sich, ich wiederhole mich, ausgesucht, vierzig Jahre ihres Lebens mit jungen Menschen – mit euch – zu verbringen.

Lehrer sind bis zu einem gewissen Grad auf eurer Seite. Wenn ihr einen Nichtangriffspakt mit den Lehrern schließt, dann wird daraus irgendwann ein Freundschaftsabkommen werden.

Dann ist Schule ein Ort, an dem ihr euch wohlfühlen werdet. Und dass Schule ein solcher Ort ist, könnte und sollte das gemeinsame Ziel von euch Schülern und uns Lehrern sein. Denn wenn wir das nicht immer wieder zeigen und beweisen, dann wird es diesen magischen Ort, an dem ältere Menschen jüngeren Menschen etwas beibringen und sie bestenfalls ein wenig auf das Leben in einer unübersichtlicher werdenden Welt vorbereiten, in der jetzigen Form bald nicht mehr geben.

Und das wäre doch schade.

Oder?

Appell an die Lehrer

Meine lieben Kollegen!

Nichts ist so nervtötend wie Lehrer, die ihren Kollegen erzählen wollen, wie sie sich zu verhalten haben. Wenn ihr das Buch noch nicht abgebrochen habt, dann wisst ihr ungefähr, was hier stehen würde, würde ich an euch einen ähnlichen Appell wie an die Politiker, Schulleiter und Schüler richten (die meine Appelle allerdings vermutlich ebenfalls nervtötend finden).

Ich bin mir vollkommen bewusst, dass viele von euch viel mehr Unterrichtserfahrung haben als ich. Die Anzahl der Schulen, an denen ich unterrichtet habe, ist wahrscheinlich der einzige Erfahrungsvorsprung, den ich habe. Und sowohl durch meine Odyssee durch die Bildungsrepublik als auch durch meine Phasen vorübergehender Arbeitslosigkeit war es mir immer vergönnt, zu beobachten, zu beobachten und zu beobachten. Genügend Zeit über unseren Berufsstand und unser Bildungssystem nachzudenken, hatte ich auch. Darüber hinaus bin ich nicht mit einer Lehrerin verheiratet, sondern mit einer leitenden Angestellten in einem großen Unternehmen. Insofern weiß ich über Arbeitszeiten, Arbeitsbelastung und Konkurrenzkämpfe in der Wirtschaft, auf die wir wegen der dort gezahlten Gehälter immer wütende, aber auch neidische Blicke werfen, bestens Bescheid.

Deshalb wage ich zu behaupten: Unser Beruf hat unglaublich viele Vorzüge. Dazu gehört nicht das durchschnittliche Gehalt – und die Sicherheit unseres Arbeitsplatzes, um die wiederum wir beneidet werden, auch nicht. Das, was diesen Beruf zu etwas Einzigartigem macht, ist die Arbeit mit jungen Menschen. Oft ist diese Arbeit zermürbend. Oft erreicht man einzelne Schüler nicht. Oft scheitert man. Aber unser Beruf ermöglicht es uns, es mit den anderen oder den nächsten Schülern aufs Neue zu versuchen. Jede Klasse, die man übernimmt, ist der Beginn einer kleinen Reise. Klingt ein wenig pathetisch, fast schon romantisch, oder? Aber ich meine das ernst. Und nie weiß man, wo einen die begonnene Reise hinführt oder wo sie endet.

Ich glaube und hoffe, dass es Lehrer auch in hundert Jahren noch geben wird. Ich hoffe, dass man versteht, dass Klassenverbände unbedingt beibehalten werden müssen. Wir Lehrer sollten uns bewusst sein, dass der Kampf um unsere Existenz begonnen hat. Irgendwann in naher Zukunft werden Stellen nicht mehr besetzt werden. Irgendwann in naher Zukunft wird der Unterricht in bestimmten Fächern im Homeoffice stattfinden. In Laptopklassen wird es schon bald auf die technischen Fertigkeiten und nicht mehr auf die pädagogischen Fähigkeiten der Lehrkraft ankommen.

Deshalb sollten wir präsent sein. Wir sollten weiterhin oft vor der Klasse stehen und ganz bewusst nicht im Hintergrund verschwinden. Denn sollten wir die Schüler ständig selbstorganisiert lernen lassen und unsere Lehrkompetenz immer wieder an Schüler übertragen, dann werden die Schüler die Lehrer irgendwann für überflüssig halten. Wir sollten den Schülern also dringend zeigen und beweisen, dass wir nicht überflüssig sind und vor allem sollten wir durch unsere Präsenz unermüdlich demonstrieren, dass Menschen selbst im 21. Jahrhundert nicht durch Maschinen ersetzt werden können.

Wir sollten unseren Beruf als einen Beruf begreifen, der unbedingte Führungsqualitäten erfordert, denn im Zweifelsfall sind wir es, die führen müssen. Und dass junge Menschen, denen Lebenserfahrung fehlt, von älteren Menschen mit Lebenserfahrung geführt werden, dieser Grundsatz sollte nicht verhandelbar sein.

Schüler brauchen Lehrer. Lehrer brauchen Schüler.

Also lasst uns einfach weiterhin Lehrer sein!

Epilog: Tod eines Schülers

Den folgenden Bericht habe ich im Präsens geschrieben. Denn nie zuvor war ich von einem Ereignis derart betroffen. In zweierlei Hinsicht. Ich war zum einen der betroffene Lehrer, weil ich als Klassenlehrer zuständig war für das, was in der Woche nach Svens Tod geschah. (Er heißt in Wahrheit anders.) Und zum anderen war ich emotional betroffen, ja geradezu verstört wie noch nie zuvor in meinem Lehrerleben. Das Präsens vermittelt am ehesten einen Eindruck davon, wie unmittelbar das Ereignis meine Klasse und mich aus der Bahn geworfen hat. Vielleicht habe ich in dieser Woche endgültig begriffen, dass ein Klassenverband mitsamt Lehrer(n) der Kern des gesamten Bildungswesens ist. Deshalb gehört dieser Bericht in dieses Buch. Dass der Schulbetrieb noch immer ein zutiefst menschlicher Betrieb ist, das darf und sollte nie vergessen werden.

Im folgenden Bericht schildere ich die Ereignisse so, wie ich sie erlebt habe. Ich habe den Bericht kurz nach der Beerdigung geschrieben. Es ist vermutlich meine Art, mit Trauer umzugehen. Meine Gedanken, die ich beschreibe, sind die Gedanken an jenem Tag.

Die Schule beginnt nach den Sommerferien an einem Mittwoch. Doch schon am Montag und Dienstag treffen sich die Lehrer, um das kommende Schuljahr vorzubereiten. An solchen Tagen ist das Kollegium in der Regel zweigeteilt. Auf der einen Seite die Kollegen, die es kaum erwarten können. Auf der anderen Seite die Kollegen, denen es schwer fällt, nach den Sommerferien den Schalter wieder auf Schule umzulegen. Ich gehöre zu Letzteren. In diesem Jahr liegt es auch daran, dass die Ferien noch herrlicher waren als in den Jahren zuvor. Zwei Wochen Kanalinseln, eine Woche Bretagne, Paris, Bayreuth inklusive Besuch der Walküre, eine Woche Heimaturlaub in Kiel, das komplette Programm mal mit Kindern, mal ohne Kinder, mal mit Frau, mal ohne Frau. Wetter: Die Sonne schien überall! Kontakt zu meinen Schülern hatte ich auch. Einer meiner inzwischen durchweg volljährigen Schüler schickte mir zum Beispiel eine Mail, weil auf seinem Zeugnis eine Note fehlte. Sven, ein beneidenswert bescheidener, witziger und lebensbejahender und deshalb äußerst beliebter Schüler, meldete sich nicht.

Der Montag ist nicht wirklich spannend gewesen. Auch deshalb freue ich mich, dass ich für meine Tochter, sieben Jahre alt, für den Dienstag keine Betreuung finde. Ich nehme sie einfach mit und hoffe, gleich mehrere Fliegen mit einer Klappe zu schlagen: Erstens entlaste ich meine Frau, die sich sonst einen Tag Urlaub nehmen müsste. Zweitens tue ich meiner Tochter einen Gefallen, weil sie gern mit in die Schule kommt – das letzte Mal hatte einer meiner Schüler ihr Mau Mau beigebracht. Und drittens, nun ja, will ich meine Tochter als Alibi missbrauchen, um gleich nach der morgendlichen Teamsitzung gehen zu können.

Am Berufskolleg gibt es viele Abteilungen, und diese Abteilungen sind wiederum in Bildungsgänge aufgeteilt. Am Dienstagmorgen sitze ich in der Teamsitzung eines solchen Bildungsgangs. Knapp zwanzig Lehrer sind wir. Abgesehen davon, dass meine Tochter neben mir sitzt und malt, ist alles normal. Auch dass ich mir Notizen für das Buch, an dem ich arbeite, mache, ist normal. Nach etwa einer halben Stunde endet die Normalität dieser Sitzung jedoch. Nicht nur die Normalität der Sitzung. Sondern die Normalität meines Schulalltags. Denn plötzlich steht eine Kollegin neben mir – die anderen scheinen es gar nicht zu merken und diskutieren weiter über Klausurpläne – und zeigt mir auf ihrem Handy eine Nachricht von einer Freundin. Ein Sven habe in der Nacht einen Verkehrsunfall gehabt und sei gestorben, ob der nicht auf unsere Schule gegangen sei? Ich bin beunruhigt, aber mehr nicht. Irgendeine Nachricht, denke und hoffe ich. Ein Gerücht. Außerdem gibt es viele Schüler, die Sven heißen. Zehn Minuten später steht dieselbe Kollegin, dieses Mal mit Tränen in den Augen, wieder neben mir. Ihre Freundin hat den Nachnamen ergänzt. Nun ist es nicht mehr irgendein Sven. Nun ist es unser Sven. Ich atme langsam ein und aus. Ich nicke und verlasse, nachdem ich meiner Tochter gesagt habe, sie solle einfach weitermalen, den Raum und rufe einen Schüler an, dem ich zu hundert Prozent vertraue. Ich erzähle vom Gerücht und bitte darum herauszufinden, ob Sven … nach einem Zögern spreche ich es aus … »tot« sei.

Anschließend beginnt die längste halbe Stunde, die ich jemals in einem Schulgebäude verbracht habe. Eine weitere Kollegin hat vom Gerücht erfahren. Sie geht im Gang auf und ab. Weinend. Wir schauen uns an. Zucken die Achseln. Versuchen zu lächeln. Noch ist es ja bloß ein verdammtes Gerücht. Ich setze mich wieder in die Sitzung, das Handy in der Hand, halte es aber keine fünf Minuten aus. Meine Tochter nehme ich dieses Mal mit.

Ich stehe im Gang und schaue aus dem Fenster, als mein Handy klingelt. Am anderen Ende der Leitung ist der Schüler. Er sagt, dass er aus sicherer Quelle wisse, dass Sven tot sei. Obwohl ich kaum mehr sprechen kann, bitte ich ihn, niemanden zu informieren. Mir gelingt es noch ihn zu fragen, ob er Hilfe benötige. Nein, er komme klar, sagt er. Ich selbst komme nicht klar. Es ist merkwürdig, aber tatsächlich geht im selben Augenblick die Tür auf. Aus einer anderen Sitzung kommt eine Kollegin, keine Ahnung, warum, die bei uns im Haus wohnt und die meine Tochter gut kennt. Sie schaut mich an und fragt, was los sei.

»Sven … weißt du … Sven aus meiner Klasse …«

Sie nickt.

»… ist … tot …«

Weiter komme ich nicht. Ich breche in Tränen aus, obwohl ich genau das vermeiden will. Meine Tochter, die mich noch nie hat weinen sehen, blickt mich zutiefst verunsichert an. Meine Kollegin legt daraufhin den Arm um sie und sagt, dass manchmal auch Väter weinen müssen.

»Was mache ich denn nun?«, frage ich mit einer Stimme, die mir selbst fremd vorkommt.

Ja, was macht man in einer solchen Situation? Als Lehrer ist man ständig in irgendwelchen Situationen, die neu und manchmal auch unbequem oder sogar zermürbend sind. Das ist normal, schließlich arbeitet man mit Menschen, und letztendlich sorgt gerade das Unerwartete dafür, dass der Lehrerberuf nie langweilig ist. Fast immer findet man eine Lösung. Aber diese Situation ist nicht nur neu, unbequem und zermürbend für mich, diese Situation ist das, was für die meisten Lehrer mit Sicherheit der *worst case* ist. Noch schlimmer ist nur der Tod eines Schülers auf einem Schulausflug und, nun ja, ein Amoklauf. Aber solche Sachen passieren in der Regel ja sowieso nur den anderen, nicht einem selbst.

»Ich informiere erst mal das Team«, sage ich.

Meine Kollegin, mit der ich mich vor den Ferien mehrfach gezankt habe, nickt und »übernimmt« meine Tochter, und ich trete den ersten meiner vielen schweren Gänge, die mir bevorstehen, an und frage mich, wie überwältigend die Sorgen und die Trauer der Eltern, der Freundin und der Schüler sein müssen, wenn ich, der unmittelbar betroffene Lehrer, den Schmerz kaum aushalte.

Dass ich nicht nur die Rolle des betroffenen Lehrers übernehme, sondern auch die Rolle desjenigen, der alle anderen informieren muss, empfinde ich einerseits als Last, andererseits habe ich das eigenartige Gefühl, dass diese Reihenfolge genau die richtige ist. Als Autor lese ich manchmal vor größerem Publikum, und auf dem Gang zum Rednerpult beschleicht mich meistens ein mulmiges Gefühl. Als ich den Raum, in dem die Teamsitzung stattfindet, wieder betrete, habe ich nicht nur ein mulmiges Gefühl. Jetzt zieht sich mein Magen zusammen, und mir ist ein wenig schwindelig. Ich stelle mich neben denjenigen, der die Sitzung leitet, und nicke den beiden Kolleginnen zu, die bis zu diesem Augenblick vermutlich noch immer gehofft haben, dass alles bloß ein Gerücht sei. Ich sage, dass Sven – fast alle kennen ihn – einen Verkehrsunfall gehabt habe und tot sei. Niemand sagt etwas. Alle sind wie erstarrt. Ich setze mich, stehe aber sofort wieder auf. Der Bildungsgangleiter, mit dem ich mich vor den Ferien gestritten habe, schaut mich an. Mit Wärme und Herzlichkeit.

»Ich gehe dann jetzt zur Direktorin«, sage ich.

»Ja, das musst du wohl«, sagt er.

Der nächste Gang. Ich klopfe an die Tür. Die Direktorin öffnet, wirkt gehetzt und sagt:

»Noch zwei Minuten.«

Es werden unerträglich lange zwei Minuten. Tausend Fragen schießen mir durch den Kopf. Oder ist es vielleicht nur eine Frage, die dafür tausendmal? Die Frage, auf die ich keine Antwort weiß, lautet: Wie sieht am folgenden Tag der vierstündige Klassenlehrerunterricht in der Klasse aus?

Die Tür geht auf. Ich betrete den Raum, setze mich und sage zum dritten Mal meinen Satz und breche zum zweiten Mal in Tränen aus. Dieses Mal weine ich nicht. Dieses Mal heule ich. Meine Direktorin sagt, dass »das in Ordnung« sei, und es klingt so, als müsste es mir wirklich nicht peinlich sein. Sie selbst sucht und findet die Berufs-schulpfarrerin.

Ich bin übrigens bekennender Atheist. Ich kann mit Gott nicht nur nichts anfangen, sondern ich bin überzeugt davon, dass es ihn nicht gibt. Dass ich jemals die Hilfe einer Berufsschulpfarrerin in Anspruch nehmen würde, hätte ich nie für möglich gehalten. Aber ihre Nähe ist unglaublich beruhigend. Wir entscheiden, dass wir am folgenden Tag gemeinsam den »Unterricht« beginnen sollten. Die Pfarrerin, die nach einigen Telefonaten Svens Tod endgültig bestä-tigt, sagt, sie würde die Gestaltung der Stunden übernehmen. Ich selbst sage, dass ich die Klasse zumindest begrüßen und informie-ren möchte und dass ich nach der ersten Doppelstunde die Schüler zu einem gemeinsamen Spaziergang einladen werde.

Meine Tochter, die ich fast vergessen hätte, spielt mit einer Kol-legin, mit der ich mich ebenfalls vor den Ferien gezankt habe – vor den Ferien hatte ich keine gute Zeit an der Schule – *Mensch ärgere dich nicht.*

Nachmittags mache ich das, was heutzutage selbst Internetkritiker wie ich in solchen Situationen wohl einfach tun *müssen.* Ich googele den Unfall, komme schnell auf einen Artikel in der Lokalzeitung, schaue mir einem inneren Drang folgend die Fotoserie an, auf der das zerbeulte Auto aus allen Perspektiven gezeigt wird, klicke sogar auf das YouTube-Video, das wer auch immer ins Netz gestellt hat. Als die Kamera auf das Steuer zoomt, an dem Sven noch Stunden zuvor gesessen hat und vermutlich dachte, er würde achtzig Jahre alt werden, hätte ich mich fast übergeben. Eine Überschrift in einer weiteren Lokalzeitung lautet: Tod im getunten Opel! Noch einen Tag zuvor hätte ich gedacht: »Ach ihr jungen Leute, warum seid ihr so bekloppt und rast durch die Gegend?« Jetzt rege ich mich auf. Über die Zeitungen, die nur die Schlagzeile im Auge zu haben scheinen.

Abends lese ich die Informationen, die mir ein Verein zur Trauer-begleitung zugeschickt hat. Dort stehen viele Tipps, die selbstver-ständlich sind, zum Beispiel, dass in einer solchen Situation Gefühle gezeigt werden und dass auch geschwiegen werden dürfe. Darauf, Taschentücher einzustecken, wäre ich aber nicht gekommen. Viele Tipps sind nützlich für Lehrer, die einen Todesfall in einer fünften Klasse zu verarbeiten haben. Meine erwachsenen Schüler werde ich jedenfalls nicht malen lassen. Später sitze ich stumm im Wohnzimmer und starre Bücherregale an. Eine Stunde lang. Vielleicht sogar zwei. Was könnte ich vorlesen in einer solchen Situation? Ich bin ein Lehrer, der viel vorliest, auch erwachsenen Schülern. Und mir fällt zu jedem Anlass etwas ein. Am Ende stecke ich kein Buch ein.

Meine Frau fragt, was sie tun könne. Ich zucke die Achseln. Sie kann nichts tun. Niemand kann etwas tun. Ich denke an den Schüler, einem neunzehnjährigen jungen Mann, der vierundzwanzig Stunden zuvor noch gelebt hat. Ich denke an seine Eltern. An seine Freunde. Selten hat mich ein Todesfall derart betroffen gemacht. Dabei war ich doch »nur« sein Lehrer. Aber ist das nicht vielleicht sogar eine ganze Menge? Ist man als Lehrer, vor allem als Klassenlehrer, seinen Schülern nicht vielleicht doch viel näher, als man denkt?

Mittwochmorgen. Gemeinsam mit der Berufsschulpfarrerin warte ich auf die Schüler. Ich gehe auf und ab. Schaue aus dem Fenster. Schaue auf den Gang. Dann kommen sie. Einer nach dem anderen. Mehrere Jungs betreten weinend den Klassenraum. Ich stehe an der Tür, klopfe vielen auf die Schulter und hoffe, dass sie darin nicht eine Geste der Hilflosigkeit sehen. Irgendwer fehlt noch. Bis heute bekomme ich eine Gänsehaut, wenn ich daran denke, was geschehen wäre, hätte ich folgende Frage gestellt:

»Wer fehlt?«

In letzter Sekunde vermeide ich einen solchen Fehlstart, den ich mir nie verziehen hätte. Ich sage, und die Schüler sehen und hören, wie ich selbst zu kämpfen habe, dass Sven tot sei – ein Schüler wusste es noch nicht – und dass ich in dieser Situation nicht der Lehrer der Klasse, sondern Teil der Klasse sei, und dann setze ich mich neben einen Schüler. Die Pfarrerin, die ich vorgestellt habe, übernimmt. Die Schüler dürfen zunächst etwas sagen. Irgendetwas, was ihnen durch den Kopf geht. Einer sagt, dass er nur Leere empfinde, dass er alles nicht begreifen könne. Ein anderer sagt, dass er daran denke, dass er Sven fünf Euro schulde, ein anderer erzählt davon, was Sven noch alles vorgehabt habe. Viele sagen nichts. Ich sage, dass ich nie vergessen werde, wie Sven während des Unterrichts seine Handy-Siri gefragt habe, wann die Mauer gebaut worden sei und ich ihn daraufhin gefragt habe, ob Siri auch gut im Bett sei, und er geantwortet habe, dass das auf den Akku ankomme. Das war für mich Sven. Und wenn man ihm gesagt hat, dass sein Referat ganz großer Mist gewesen sei, dann hat er lächelnd die Achseln gezuckt und zugegeben, dass er das genauso sehe. Auch das habe ich erzählt. Die beiden engsten Freunde schlagen vor, gemeinsam in die Kirche zu gehen. Zu einem privaten Gottesdienst, wo jeder beten könne. Ich sage zur Klasse, dass ich dabei sein werde, dass ich aber nicht beten werde. Die Klasse nickt. Die Schüler kennen mich. Nach der Pause ist die Stimmung gelöster. Auf den Spaziergang kommen fast alle mit. Wir reden über Ferien. Irgendwann setzen wir uns an einem künstlichen See in die Sonne, es wird wieder ein wenig gelacht, und ich denke: So nah war ich der Klasse noch nie.

Der Klassengottesdienst am Freitag, zu dem auch die Direktorin, die den Schüler gar nicht kannte, und knapp fünfzehn Kollegen kommen, und die Beerdigung bilden den Abschluss der Woche, in der meine Klasse und ich den Tod eines Schülers zu verarbeiten hatten.

Schüler lesen auf dem Klassengottesdienst selbst geschriebene Erinnerungen vor. Knapp vierzig Schüler, die Parallelklasse ist auch eingeladen, sitzen vor Beginn des Gottesdienstes zehn Minuten lang in der Kirche. War ich jemals an einem Ort, an dem so still und mit so viel Würde getrauert worden ist? Die Generation WhatsApp, die selbst im Unterricht ständig »einen Blick« aufs Handy wirft, kann das. Nach dem Gottesdienst steht niemand auf. Die Pfarrerin flüstert mir zu, dass ich meine Klasse jetzt mitnehmen müsse. Ich stehe auf, gehe zur ersten Reihe und mache genau das: Ich nehme sie mit. Wir verlassen als Erste die Kirche. Viele Schüler weinen. Ich habe am Dienstag und Mittwoch geweint, jetzt gehe ich vor der Kirche umher, tröste, nehme Schüler in den Arm und spreche mit ihnen.

Was ich in diesen Tagen gelernt habe, ist, dass ein Klassenverband wie eine Familie ist. Man mag sich nicht immer. Manchmal streitet man sich sogar. Die Schüler streiten sich. Der Lehrer streitet sich mit den Schülern. Aber in einer Ausnahmesituation hält man zusammen. Und die Schüler und ich, wir waren in einer Ausnahmesituation. Dasselbe trifft auf das Kollegium zu. Nicht nur der gemeinsame Jahresabschluss oder ein Ausflug schweißen zusammen, sondern auch die gemeinsame Trauer. Was ich noch gelernt habe, ist Folgendes: Ich bin nicht der total professionelle Lehrer, der in einer solchen Situation über den Dingen steht. Vor Svens Tod hätte ich nie damit gerechnet, dass mich der Tod eines Schülers tagelang aus der Bahn werfen kann. Und nie hätte ich damit gerechnet, dass ich Beistand auch nur akzeptieren würde. Letztendlich habe ausgerechnet ich einer Berufsschulpfarrerin zu verdanken, dass ich den Dienstag, an dem Sven starb, und den Mittwoch, an dem ich zum ersten Mal nach Svens Tod Unterricht in der Klasse hatte, überstanden habe.

In jenem August kamen 677 Menschen in Deutschland im Straßenverkehr ums Leben. Einer von diesen 677 Menschen war Sven, ein beneidenswert bescheidener, witziger und lebensbejahender und deshalb äußerst beliebter Schüler.

Ein spannender Bericht über die Abgründe des Schulbetriebs

Arne Ulbricht
Lehrer - Traumberuf oder Horrorjob?
Ein Insiderbericht
2013. 157 Seiten, kartoniert
ISBN 978-3-525-70147-8
eBook: ISBN 978-3-647-70147-9

Dieses Buch steckt voller überraschender Episoden und zeugt von einem reichen, spannenden und manchmal das Absurde streifenden Erfahrungsschatz eines Lehrers, der bislang in vier Bundesländern an acht Schulen und an drei Schulen in Frankreich unterrichtet hat.

Das Buch ist sowohl ein leidenschaftliches Plädoyer für ein einheitliches Schulsystem als auch eine kämpferische Polemik gegen das Elend der Verbeamtung ... Und schließlich ist es auch eine Liebeserklärung an einen verrückten und nie langweiligen Beruf, über den jeder Mensch eine eigene Meinung hat.

www.v-r.de

Über den richtigen Umgang mit Digital Natives in der Schule

Philippe Wampfler
Generation »Social Media«
Wie digitale Kommunikation
Leben, Beziehungen und
Lernen Jugendlicher verändert
2014. 160 Seiten mit 15 Abb., kartoniert
ISBN 978-3-525-70168-3
eBook: ISBN 978-3-647-70168-4

Philippe Wampfler zeigt, wie sich Menschen durch ihre Techniknutzung verändern, wie sich ihre Beziehungen durch den Einbezug der digitalen Ebene wandelt und wie Lernen mit Neuen Medien möglich ist.

Ein kritischer Blick auf die Generation der »Digital Natives« beschreibt deren Verhalten unabhängig von digitaler Technologie und spezifisch medienbedingten Veränderungen. Eine wissenschaftlich fundierte Beschreibung der Veränderungen, die digitale Medien mit sich bringen, mündet in eine Medienpädagogik jenseits von Polemik und übertriebenen Befürchtungen, auf deren Grundlage wirkungsvolle Prävention der gefährlichen Aspekte der Nutzung Neuer Medien möglich wird.

www.v-r.de